Cinema for Spanish Conversation

Third Edition

Cinema for Spanish Conversation

Third Edition

Mary McVey Gill
Deana Smalley
María-Paz Haro

Focus Publishing

Foreign Language Cinema Series

Animation for Russian Conversation
Ciak... si parla italiano (Cinema for Italian Conversation)
Cinéphile: French Language and Culture through Film, Second Edition
Cinema for French Conversation, Third Edition
Cinema for German Conversation
Cinema for Portuguese Conversation
Cinema for Russian Conversation, Volume One
Cinema for Russian Conversation, Volume Two

Arbeitsbuch zu German Culture through Film (*in German*)
German Culture through Film (*in English*)

Apprentissage du cinéma français: French Cinema (*in French*)
French Cinema: The Student's Book (*in English*)

ISBN 13: 978-1-58510-374-4
ISBN 10: 1-58510-374-8

Cover: *Volver*, Sony Pictures Classics/Photofest © Sony Pictures Classics

This book is published by Focus Publishing / R. Pullins Company, PO Box 369, Newburyport MA 01950.

Printed in Canada

10 9 8 7 6 5 4 3 2

0811TC

Contents

* ***Hombres armados*** is set in an unspecified country in Latin America. See the **Nota cultural** for the chapter.

Preface

Since the first edition of this book was published, there has been a dramatic change in the use of video in the classroom as the technology becomes more accessible. We are very grateful to Focus Publishing for their dedication to materials that promote the use of film to teach Spanish.

Why a Spanish Conversation Book Based on Cinema?

There are many reasons:

- Movies appeal to students of all ages.
- There have been numerous studies showing that authentic language is the best "comprehensible input." Cinema offers natural language in context.
- Movies provide a context in history and culture, as well as language, on which a course can build.
- Videos and DVDs are highly versatile teaching tools. Students can watch them in or out of class. Instructors can use film clips in class or include them on exams. DVDs can also be programmed.
- The sixteen movies in this book present a wide variety of themes, genres, and cultural experiences.

Students who watch the movies chosen for this book will learn not only about "Big C" culture (e.g., the Mexican Revolution in *Como agua para chocolate*, life in Castro's Cuba in *Guantanamera*, Chile during the military coup of 1973 in *Machuca*, or the era of the Spanish Republic in *Belle Epoque*). They will also see daily-life culture in a wide variety of settings. How do people in the Hispanic world eat, cook, travel, play, get married, raise their children, spend their free time? What non-verbal communication do they use, how much distance is normal between people in different situations, how do they greet each other or express affection? It's impossible to watch these movies and *not* learn about culture through this engaging medium.

Changes in the Third Edition

- There are five new films: *La misma luna, Arráncame la vida, Machuca, Flores de otro mundo,* and *Volver.*
- To accompany the new films are five new readings with activities in the section **Más allá de la pantalla**.
- Introductory information about each film, its actors and directors, has been updated.
- The exercises and activities have been re-assessed throughout and in some cases revised.

Choice of Films

Choosing the films was extremely difficult, since there are so many wonderful movies in Spanish. The movies were chosen for quality, cultural and historical content, and appeal to students; however, the choice also depended heavily on availability. Many excellent films are simply too hard to get in the United States or Canada. We did not choose films primarily to have a balance in countries of origin. (Some countries have very highly developed cinematic industries with a long history of production and excellent distributing and marketing so that the films reach a global audience, but not all do.) Difficulty was another factor: some films are simply too complicated to be used successfully or the pronunciation is hard to understand. Another important criterion was that we did not want to expose students to excessive violence, and a large number of very high-quality films were excluded because of this factor. We did include some films that are R-rated for language and/or sex. See the chart following the preface for ratings and other information about each film. If R-rated movies are not appropriate for your students, these can simply be excluded.

Organization of the Book and Teaching Suggestions

The book requires students to have intermediate Spanish skills and can be used most successfully at high intermediate or advanced levels. It can be a primary or secondary text for a course. Subtitles can provide flexibility—they should be used unless the students are advanced. As with any real-world experience, students will not understand every word—a certain tolerance for ambiguity must be cultivated—but they will be highly motivated to understand material that they know was created for native speakers of Spanish. While students will not all be able to spend time in a Spanish-speaking country, they can travel through the eyes of filmmakers to many parts of the Hispanic world. We expect that this highly motivating context will work well for students wherever the book is used, especially in classes where listening comprehension and conversation are emphasized.

Following are suggestions for each section of any chapter:

Preparación

Vocabulario preliminar

These sections are optional and can be done in class or assigned as homework. With some exceptions, the words on the lists occur at least twice in the film and often three or more times. Words that students may need to discuss the film but that were not actually used in the movie itself are glossed later on if necessary. The first section of exercises was designed to give students key words and expressions they will need to understand and talk about the movie. The second section, which they will encounter after they have seen the film, features thematic vocabulary, including regionalisms, that are useful for further discussion. We did not include vulgar words or expressions, in general; you can explain these at your discretion.

Antes de ver la película

In most cases, these previewing exercises can be done in pairs or groups as well as with the whole class. The exercise called **Los personajes** should be read before the film is viewed but completed afterwards.

Investigación

These topics can be assigned to individuals or groups rather than to the whole class. Students can report back with just a few sentences or with a more in-depth answer, depending on their language level and the time available. Students using the Internet should be able to find information on the topics readily.

Exploración

Ideally, the students should read this section over before seeing the film to help them prepare for it. The exercises here are designed to get them to explore the basic content and plot of the movie.

Análisis y contraste cultural

Vocabulario

Again, these sections are optional and can be done in class or assigned as homework. See the information under **Vocabulario preliminar**.

Notas culturales

These notes are included to provide information that may be helpful in understanding the film. Students can read them on their own or you can discuss them in class.

Temas de conversación o de composición

As the title implies, these topics can be explored orally and/or assigned as short compositions. They can be done with the entire class or in groups or pairs. The questions in parentheses can be augmented or changed as the instructor chooses. These topics are optional and not all of them have to be covered.

Una escena memorable

Students can discuss or write about the scenes depicted, depending on the goals of the course.

Hablan los personajes

These can be covered quickly, with students giving short answers about who is quoted and in what context, or they can be explored in depth. Instructors may choose to ask further questions about the quotations and get students to elaborate on how they reflect the character in general or how they relate to the themes of the movie.

Hablando de la cultura

This section refers to a cultural point that is included in the film and it generally poses a question about cultural content or about how the movie would be different if it had been made in an

English-speaking country. Instructors may want to elaborate on these points or ask students what other cultural differences they noticed in the film.

Hablan los críticos y los directores

These optional sections feature quotations from the directors of the films or from critics. Students can answer the questions included for them or they can simply comment on whether they agree or disagree with the quotations and why.

Más allá de la película

These readings can be assigned at home or covered in class. You may want to simply have students read them and do the activities for extra credit. You can also have students work together in pairs or groups to complete the tasks. In some cases, you might want to use only part of a reading (for instance, in Chapter 7, you could do only the selections from Alberto Granados' diary, which will have fewer new vocabulary items than Ernesto Guevara's). The readings can be skipped entirely if you are focussing on listening and speaking skills.

Ideas for Additional Activities

Here are some ideas for activities that can be done with the films (as a class or in pairs or groups), depending on the goals of your course:

- Students tell what the movie would be like if it had been made in Hollywood. What things would be different? Or, if there is a Hollywood film with a similar plot, ask students if they've seen it and have them make comparisons.
- Students invent an alternative ending. (If you show the film in class, you could also stop the film partway through and have students guess the ending, writing it down without telling anyone else. Then ask for alternatives after the film has been viewed.)
- Students tell what the characters would be doing five (ten, twenty) years later.
- They write an epitaph, eulogy, or obituary for one of the characters.
- They write a CV, personals ad, or want ad for one of the characters.
- They write a review of the film.
- They compare films with other movies in Spanish (for instance, by the same director or on the same theme). They can rent and view other films on their own for extra credit. They can also write summaries or reviews of these or make a short oral report to the class.
- Students create questions they would ask of a specific character.
- They decide on the best gift for a certain character and tell why.
- They write an ad promoting the film.
- They write a diary entry for one of the characters.

- A variation on **Hablan los personajes**: Write quotations from the movie on slips of paper in two parts. (For instance, **"El que inventó esto… no ha visto un plátano ni de lejos."**) Students circulate around the room and try to find their partner, the person who has the other half of the quotation. They stand together, read the quotation aloud, and tell who said it, to whom, and/or in what situation.
- They play Twenty Questions: someone pretends to be one of the characters and the others ask yes/no questions until they guess correctly (or until twenty questions have been asked).
- Students write a question about the film (that they can answer) on a piece of paper. They get up and find another student to talk to and ask their question. After answering, the other student asks his or her question. The first student answers. (They help each other if necessary.) Students trade slips of paper and repeat the process with the new questions and new partners. Tell them to continue for a certain period of time or until they have asked and answered at least six questions.

Here are some ideas for activities that can be done after students have seen several films:

- Students write about or discuss the riskiest situation, the happiest moment, the worst decision, the most ethical choice, etc.
- They create and give a prize to the best actor/actress, best film, best script, most interesting plot, best music, and so forth.
- Students compare specific characters. How are they similar and how are they different? Which character is the most admirable? Evil? Memorable?, etc. Which character would they most like to meet?
- Students choose a scene or situation from one of the films and a character from another film. How would the character react in this situation?
- If vocabulary is an important part of the course, students can review: give them a list of categories (e.g., things to eat, places, things to wear, feelings, etc.) Then give them words orally and have them put the words into the appropriate categories.
- Students compare language used in two or more films; for instance, the use of **tú** vs. **usted** or the level of formality of the language in general.

Instructor's Manual

The instructor's manual includes:

1. an answer key for all exercises except the open-ended activities.
2. specific ideas for extra activities

Web Site

The Focus web site includes pages for this book. On the web pages are names and addresses of places to obtain the films and links to other sites of interest. www.pullins.com/txt/spanish.htm

Acknowledgments

We would like to express sincere gratitude to the wonderful people at Focus Publishing, especially our publisher, Ron Pullins, for his creativity, advice, support, and flexibility. This book would not have been possible without him. Thanks also to our editor, Hailey Klein, for her excellent work coordinating the project and her advice and suggestions throughout. Many thanks to Linda Diering for her artistic eye and creative work on the composition and layout of the book; to David Horvath for his insights on the marketing of the materials, and to Cindy Zawalich for supervising the permissions process. It is truly a joy to work with the people at Focus!

Sincere appreciation to Naldo Lombardi, formerly of Mount Royal Academy, for reading the manuscript and offering suggestions and expert advice. Finally, we owe a debt of gratitude to the following reviewers, whose comments (both positive and critical) helped us in the shaping of this project:

Sara E. Cooper of California State University at Chico
Hélène Laroche Davis of Notre Dame de Namur University
Marvin D'Lugo of Clark University
Anthony L. Geist of the University of Washington, Seattle
Pamela Hill of The Hockaday School, Dallas, Texas
Jeff Kirkman of Rutgers Preparatory School
Johanna Damgaard Liander of Harvard University
Antonio Losada of Rio Americano High School, Sacramento, California
Cristina Martínez-Carazo of the University of California at Davis

A Final Word about these Sixteen Films

¡Diviértanse! *(Enjoy!)*

M.M.G.
D.S.
M.-P.H.

About The Films

Spanish Title	English Title	Country	Date	Genre	Length	Rating
Arráncame la vida	*Tear This Heart Out*	Mexico	2008	drama/ romance	107 min.	unrated
Belle Epoque	no English title	Spain/Portugal/ France	1992	comedy/ romance	109 min.	R
Como agua para chocolate	*Like Water for Chocolate*	Mexico	1992	drama/ romance	105 min.	R
Diarios de motocicleta	*Motorcycle Diaries*	Argentina/ Chile/Peru/ US/UK/ France/ Germany	2004	adventure/ biography	128 min.	R
Flores de otro mundo	*Flowers from Another World*	Spain	1999	comedy/ drama	108 min.	unrated
Guantanamera	no English title	Cuba/ Germany/ Spain	1995	comedy	104 min.	unrated
La historia oficial	*The Official Story*	Argentina	1985	drama	112 min.	R
Hombres armados	*Men with Guns*	US	1997	drama	128 min.	R
Machuca	no English title	Chile/Spain/ France/Italy	2004	drama	115 min.	unrated
Mar adentro	*The Sea Inside*	Spain/France/ Italy	2004	biography/ drama	125 min.	PG-13
María llena eres de gracia	*Maria Full of Grace*	US/Colombia	2004	drama/ thriller	101 min.	R
La misma luna	*Under the Same Moon*	US/Mexico	2007	drama/ romance	110 min.	PG-13
El norte	no English title	UK/US	1983	drama	141 min.*	R
Nueba Yol	no English title	Dominican Republic	1996	comedy	104 min.	PG-13
Todo sobre mi madre	*All about My Mother*	Spain/France	1999	comedy/ drama	102 min.	R
Volver	no English title	Spain	2007	comedy	121 min.	R

* Part I (50 min.), Part II (38 min.), Part III (53 min.)

Vocabulario para hablar del cine

Cognados

actuar, la actuación
la cámara
el cine erótico
el cine de guerra (*war*) o de violencia
el cine de humor
el cine político
la cinematografía
la comedia musical
el documental
el/la director(a)
los efectos especiales
la escena
el/la espectador(a)
filmar, la filmación, el filme
el flashback
la imagen
improvisar
producir
el/la productor(a)
el/la protagonista
protagonizar
el punto de vista
la secuencia
el suspense
el tema
los títulos de crédito
el zoom

Otras palabras

el argumento	*plot*
el/la artista de cine	*movie actor (actress)*
el/la cineasta	*filmmaker*
la cinta	*tape; film*
el corte	*cut*
el cortometraje, el largometraje	*short (film), feature or full-length film*
dirigir	*to direct*
la distribuidora	*distributor*
doblar, el doblaje	*to dub, dubbing*
el elenco	*cast*
el encuadre	*framing (of a shot)*
el/la estrella de cine	*movie star*
estrenarse (una película)	*to premiere*
el guión, el/la guionista	*script, scriptwriter*
la iluminación	*lighting*
interpretar un papel, el/la intérprete	*to play a role, person who plays a role*
el lente	*lens*
la pantalla	*screen*
la película	*film*
los personajes secundarios	*minor or less important characters*
la puesta en escena	*staging, production*
el/la realizador(a)	*director*
el reparto	*cast*
rodar, el rodaje	*to film, shoot (a film); filming*
el sonido	*sound*
la toma	*shot, take*
la voz en off	*voice-over*

Capítulo 1

La misma luna

Presentación de la película: Carlitos Reyes vive en México con su abuela, Benita. Su madre, Rosario, trabaja en Los Ángeles, California. Un día domingo a las diez en punto su madre lo llama desde un teléfono público…

✷ La directora, Patricia Riggens, nació en Guadalajara, México. *La misma luna* es su primer largometraje. Ya había dirigido (y escrito) dos cortometrajes: *Family Portrait* (2004) y *La milpa* (2002). Ligiah Villalobos escribió el guión original. La película se rodó en México con excepción de las escenas exteriores en Los Ángeles.

✷ Adrián Alonso (Carlitos) nació en Ciudad de México en 1994. También actuó en *The Legend of Zorro* (2005) y *Al otro lado* (2004).

✷ Kate del Castillo (Rosario) ha trabajado en varias telenovelas muy populares y en las películas *Julia* (2008), *Bad Guys* (2006) y *American Visa* (2006).

✷ Eugenio Derbez (Enrique) es uno de los comediantes más famosos de Latinoamérica, muy conocido por sus programas de televisión, como "Al Derecho y al Derbez", "Derbez en cuando" y "La familia P. Luche".

✷ América Ferrera (Marta) ganó un "Golden Globe" a la mejor actriz de 2007 por su trabajo en la serie de televisión "Ugly Betty". Interpretó a Carmen en *The Sisterhood of the Traveling Pants* (2005) y *The Sisterhood of the Traveling Pants 2* (2008). Jesse García (David, el hermano de Marta) hizo el papel de Carlos en *Quinceañera* (2006).

Preparación

Vocabulario preliminar

Note: In Mexico, the use of diminutives is common; there are many of these, especially those ending in **-ito** or **-ita**, in this film. Some examples you will hear: **ahorita, abuelita, grandecito, m'hijito, chiquito, perrito, solito, ratito, casita**. The diminutive **paisanito** comes from **paisano**, referring to someone from the same country as the speaker (in this case, Mexico). You will also hear **no más** meaning *only* and **camión** meaning *bus* instead of *truck*.

Cognados		
el contacto	el mural	el secreto
ilegal	la piñata	el teléfono (público)
el/la inmigrante	la pizzería	el tomate
legal	el/la policía = police force	el walkman

La frontera (*Border*)	
el/la abogado(a)	*lawyer*
el aventón	*ride (colloquial, parts of Latin America)*
caminar	*to walk*
el camino	*road*
el camión	*truck (Mexico: bus)*
cruzar	*to cross*
extrañar	*to miss (a person or thing)*
el lado: al otro lado	*side: to the other side*
lejos	*far*
mandar (de regreso)	*to send (back)*
manejar	*to drive*
la "migra"	*short for* inmigración, *U.S. Immigration (U.S., Mexico, Central America)*

nadar	*to swim*
los papeles	*papers (i.e., legal documents)*
pasar	*to pass; to spend; to happen*
regresar	*to go back, return*
la troca	*truck (U.S., Mexico, parts of Central America)*

Otras palabras	
casarse	*to get married*
el compadre (la comadre)	*close friend, often a godparent of one's child*
el dinero	*money*
la dirección	*address*
morir (ue)	*to die*
el padrino (la madrina)	*godfather (godmother)*
perdonar	*to forgive, pardon*
el regalo (de cumpleaños)	*(birthday) present*
trabajar	*to work*

A. Una inmigrante mexicana. Escoja las palabras apropiadas para completar el párrafo.

Mi amiga Yolanda es mexicana pero vive aquí en Los Ángeles. (1) Trabajamos (Cruzamos / Trabajamos) juntas en una oficina en el centro. A mí no me gusta (2) manejar (manejar/nadar) y por eso no tengo auto, así que a veces Yolanda me da un (3) aventón (aventón/camión) al trabajo. Ella cruzó la (4) frontera (frontera/migra) con una visa de estudiante hace muchos años. El año pasado sacó sus papeles con la ayuda de un (5) abogado (abogado/inmigrante) y ahora es ciudadana *(citizen)*. (6) Extraña (Extraña/Perdona) mucho a su madre y a sus padrinos en México. Es difícil mantener el (7) contacto (contacto/secreto) cuando están tan (8) lejos (lejos/ricos), pero les manda dinero cada mes. Se va a casar en diciembre y quiere (9) regresar (regresar/caminar) a México con su esposo a pasar las fiestas allí.

B. **Asociaciones**. De la siguiente lista, escoja una palabra que se asocia con…

> ***Modelo:***
> "La creación" de Miguel Ángel en la Capilla Sixtina
> **mural**

camino	mural	teléfono
camión, "troca"	pizzería	tomate
dinero	policía	walkman
dirección		

1. AT&T – telefono
2. pesos o dólares – dinero
3. Domino's o Round Table – pizzería
4. Sony – walkman
5. Mack, Nissan King Cab, Toyota Tundra, Chevy Silverado – camión
6. 522 Maple Street, Anytown, New York 10460 – dirección
7. Heinz "ketchup" – tomate
8. el inspector Clouseau, Sherlock Holmes, Chief Wiggum – policia
9. Route 66, Rodeo Drive, Pennsylvania Avenue – camino

C. **¡Es lógico**! Escoja la respuesta más lógica.

1. ¿Te gustó el regalo que tu madrina te mandó para tu cumpleaños?
   a. Sí, lo mandé de regreso.
   b. Fue una piñata.
   c. Sí, me mandó un vestido muy bonito.
2. ¿Tienes documentos legales para cruzar la frontera y trabajar?
   a. Sí, tengo una visa.
   b. No, pero tengo un pasaporte para ir al otro lado.
   c. Es ilegal pasar por la frontera.
3. ¿Qué te pasa? ¿Hay algún problema?
   a. No, es que se casaron mis abuelos.
   b. Sí, es que se murió el gato.
   c. Sí, es que mi compadre tiene mucho dinero.

Antes de ver la película

> Your instructor may ask you to do this exercise with a partner (using the **tú** form of the verbs) and report the information to the class.

A. Preguntas

1. ¿Ha perdido usted a alguien importante en su vida? ¿Ha estado separado(a) de alguien? ¿Un(a) abuelo(a) u otro(a) familiar? ¿Un(a) amigo? ¿Lo (La) extrañaba mucho? ¿Por qué estaban separados?
2. ¿Ha estado usted en una ciudad fronteriza como El Paso, Tucson o San Diego? Si es así, ¿cuál? ¿Qué le pareció esa ciudad?
3. ¿Ha cruzado una frontera internacional (entre Estados Unidos y México o entre otros países)? Si es así, ¿dónde? ¿Qué le preguntaron los oficiales? Describa la experiencia.

B. Los personajes. Lea las descripciones y los nombres de los personajes. Trate de emparejar *(match)* cada personaje con su descripción; si no sabe todas las respuestas, adivine *(guess)*. Después de ver la película, vuelva a completar este ejercicio *(complete this exercise again)*.

F	1.	la abuela de Carlitos	a. Carlitos
e	2.	dos jóvenes mexicano-americanos	b. Rosario
i	3.	una mujer para quien Rosario trabaja	c. Óscar
J	4.	la amiga de Rosario	d. doña Carmen
A	5.	un niño mexicano de nueve años que va a Los Ángeles	e. Marta y David
h	6.	una mujer que salva *(saves)* a Carlitos de un drogadicto	f. Benita
____	7.	un trabajador inmigrante que vive en casa de Reyna	g. Paco
g	8.	un guardia de seguridad en Los Ángeles	h. Reyna
l	9.	un niño que trabaja en la calle en México	i. la señora McKenzie
d	10.	una mujer para quien Carlitos trabaja	j. Alicia
B	11.	la madre de Carlitos	k. Leonardo
____	12.	un señor que lleva a Carlitos a Los Ángeles en autobús	l. Chito
C	13.	el padre de Carlitos	m. Enrique

Investigación

Busque información sobre uno de los temas que siguen.

1. los inmigrantes indocumentados de Estados Unidos/Canadá
2. el muro *(wall)* entre Estados Unidos y México
3. los envíos de dinero *(sending of money, remittances)* entre Estados Unidos y México
4. el grupo de músicos Los Tigres del Norte
5. las lenguas indígenas de México

The **Investigación** sections suggest topics related to the movie that you may want to find out more about. Your instructor may assign these to individuals or groups and have them report the information to the class.

Note: Your instructor may ask you to read over the questions in the section **Exploración** before you see the film, in order to improve your understanding of it.

Exploración

A. **¿México, Estados Unidos o los dos países?** ¿Con qué lugar se asocia cada uno de los siguientes personajes u objetos de la película?

Modelos:

un teléfono público	la señora McKenzie
los dos países	**Estados Unidos**

1. Benita
2. un calendario
3. una fiesta de cumpleaños
4. un reloj
5. un examen de ciudadanía *(citizenship)*
6. un walkman
7. un abogado
8. un lugar con un teléfono público, una pizzería y un mural
9. doña Carmen
10. una estación de autobuses

B. **La historia**

1. ¿Por qué hay una fiesta en casa de Carlitos? ¿Quién mandó el dinero para comprar la piñata?
2. ¿Quiénes llegan a la fiesta? ¿Por qué les dice Benita, la abuela de Carlitos, que se vayan? ¿Qué les interesa a estas dos personas?
3. ¿Qué quieren hacer los tres hombres que hablan con doña Carmen? ¿Por qué quieren hablar con ella los dos jóvenes mexicano-americanos?

4. Cuando doña Carmen le pregunta a Carlitos qué quiere para su cumpleaños, ¿qué le dice él?
5. ¿Qué le pasa a Benita? ¿Qué decide hacer Carlitos?
6. ¿Qué problema tiene Carlitos en la estación de autobuses? ¿Por qué no le venden un boleto *(ticket)* para Los Ángeles?
7. ¿Por qué no puede Carlitos pagar a la persona que lo ayuda, al drogadicto?
8. ¿Quién tiene el walkman de Carlitos? ¿Qué le cuenta esta persona a doña Carmen?
9. ¿Por qué no puede Rosario llamar a la policía cuando la señora McKenzie no le paga el dinero que le debe?
10. Carlitos va con algunos hombres a recoger tomates. ¿Qué les pasa a los hombres mientras están trabajando? ¿Quiénes llegan?
11. ¿Quiénes les dan un aventón a Carlitos y Enrique a Tucson?
12. ¿Por qué le dice Enrique a Carlitos que debe ir a la policía? ¿Quiere Carlitos hacer eso?
13. ¿Qué decide hacer Rosario? ¿Por qué? ¿Qué le dice Alicia?
14. ¿Quién vive en Tucson, la ciudad donde Enrique y Carlitos están trabajando?
15. ¿Cree Carlitos que Rosario perdonará a Óscar?
16. Cuando llegan a Los Ángeles, ¿qué problema tienen Carlitos y Enrique? ¿Qué deciden hacer?
17. El día de la boda *(wedding)*, ¿qué decide Rosario?
18. ¿Qué le cuenta doña Carmen a Rosario?
19. ¿Quién acompaña a Rosario a la estación de autobuses?
20. Cuando Carlitos llega al teléfono desde donde su mamá lo llama, ¿quién lo espera allí?

Análisis y contraste cultural

Vocabulario

Verbos	
agarrar	*to catch; to hold onto*
bailar	*to dance*
cambiar	*to change*
contar (ue)	*to tell*
correr	*to run*
dejar	*to leave (behind); to allow, let*
encargarse (de)	*to take responsibility (for)*
encontrar (ue)	*to find*
levantarse	*to get up*
llevar	*to take; to carry (also, to wear)*
viajar	*to travel*

Saludos y expresiones de cortesía	
A sus órdenes./Para servirle.	*At your service (often said after introducing oneself).*
Bienvenido(a).	*Welcome.*
Buenas (tardes).	*Good afternoon.*
Con permiso.	*Excuse me (before walking in front of someone, turning one's back or leaving someone at a gathering, etc.).*
Disculpe.	*Excuse me (often, to attract someone's attention). Pardon me. (**usted** form)*
¡Qui úbole!	*Hi! (a greeting, like* **¡Hola!**, *colloquial, most of Latin America)*
Saludos a…	*Give my best to…, Say hi to…*

Otras palabras	
el/la abusador(a)	*someone who takes advantage of others*
la canción	*song*
el domicilio	*residence*
la lavandería	*laundry*
lavar la ropa	*to wash one's clothing*
la luna	*moon*
la parada (de autobuses)	*(bus) stop*
la razón: tener razón	*reason: to be right*
la tienda	*shop, store*

Expresiones regionales*	
abusado(a)	*sharp, careful*
¡Aguas!	*Look out!*
¡Ándale!	*That's it! Right! You got it!*
el/la chamaco(a)	*boy (girl)*
la chamba	*work*
¡Híjole!	*Wow! Jeeze!*
no más	*only*
Órale.	*All right. OK. That's it. (used mainly to encourage someone to do something or to accept an invitation)*
Ya mero.	*Almost.*

* These terms are not used exclusively in Mexico—some are heard elsewhere as well. All of them are colloquial.

A. Saludos y expresiones de cortesía. Complete las conversaciones con palabras de la lista "Saludos y expresiones de cortesía".

1. Buenas tardes, don Mario.
   Buenas tardes.
   Bienvenidos a mi casa. Adelante, por favor, entre.
2. Disculpe, señora. ¿Sabe usted si hay un banco por aquí cerca?
   Sí, el Banco Central está allí en la Avenida Hidalgo.
3. ¿Cómo se llama usted, señor?
   Marcos García, A sus órdenes. (Hay dos respuestas posibles.)
   Mucho gusto, señor García.
4. ¡Que úbole, Paco!
   ¡Hola! ¿Qué tal? ¿Cómo estás?
   Muy bien, ¿y tú?
   Bien, gracias.
   ¡Qué gusto de verte! ¡Saludos a a la familia!
5. ¡Qué fiesta más animada!
   Sí, pero ya es tarde. Me tengo que ir. con permiso.
   Adiós, pues.
   ¡Nos vemos!

B. En resumen (1). Complete las oraciones con verbos de la siguiente lista.

agarró	cuenta	llevan
bailar	dejas	se levantan
cambia	encargarse	viaja
corren	encuentra	

1. Rosario y Alicia se levantan muy temprano para ir a trabajar.
2. Los trabajadores inmigrantes ________________ cuando llega la "migra".
3. Enrique no quiere encargarse de Carlitos; dice que viaja solo.
4. Los Tigres del Norte se llevan a Carlitos y Enrique a Tucson.
5. "Ya mero me ________________", dice Carlitos a Enrique cuando sube a la camioneta *(van)* de Los Tigres del Norte.
6. Carlitos les dice a los músicos que la "migra" casi los ________________.
7. La señora Snyder le cuenta a Rosario que llegaron tarde porque fueron a un banquete: "You know how banquets are."
8. Rosario cambla de opinión y decide no casarse con Paco.
9. Paco dice que no sabe bilar.
10. Doña Carmen deja el número de teléfono de la señora Snyder en el álbum de Carlitos.

C. En resumen (2). Complete las oraciones con palabras de la lista "Otras palabras".

1. Rosario y Alicia van a la lavandería para lavar la ropa.
2. Cerca del teléfono público desde donde Rosario siempre llama a Carlitos, hay una tienda de cosas para fiestas y una parada de autobuses.
3. La dirección de Rosario que tienen Carlitos y Enrique no es de una casa, o domicilio.
4. La canción "Yo no soy abusadora" es de la cantante Laura León.
5. Alicia dice que Rosario tiene razón, que debe regresar a México.
6. En el hotel de Tucson Carlos mira la luna y piensa en su madre.

D. **¿Y en México?** Para cada palabra subrayada, dé una palabra que se podría oír en México. (Consulte la sección "Expresiones regionales".)

> ***Modelo:***
>
> Muy bien, pues. Así se baila.
>
> Ándale, pues. Así se baila.

1. ¡Cuidado! Viene el jefe. ¡Aguas!
2. Yo no puedo encargarme de un chico. El chamaco
3. Muy listo con las tarjetas que te di. abusado
4. Sólo tienes que llamarme y llego en seguida. No más
5. ¡Caramba! ¡Qué bonita foto! ¡Híjole!
6. No tengo trabajo. la chamba
7. Ve a hablar a tu papá. Ya, hazlo. órale
8. Casi es mi cumpleaños. Ya mero

NOTAS CULTURALES

Ciudad Juárez (Chihuahua, México) está a tres kilómetros (dos millas) de El Paso, Tejas. Las dos ciudades están junto al río Bravo (*Rio Grande*). La frontera entre Estados Unidos y México se extiende a lo largo de más de 3.000 kilómetros (casi 2.000 millas). Esta frontera se cruza legalmente unas 250 millones de veces todos los años. No se sabe cuántas veces se cruza ilegalmente, pero cada año mueren unas 350 personas tratando de cruzar la frontera sin papeles.

Los tres hombres que querían cruzar la frontera hablaban un idioma indígena entre sí, y doña Carmen no lo entiende. En México se hablan sesenta y dos idiomas indígenas, como el náhuatl y el maya.

Jorge Hernández y algunos de sus hermanos y primos fundaron el conjunto musical (la banda) Los Tigres del Norte cuando eran adolescentes en San José, California. Ahora tienen fama internacional y han ganado varios Grammys por sus álbumes de música norteña. A Carlitos le cantan "Por amor". La canción "Yo no soy abusadora" es de la actriz y cantante mexicana Laura León.

Temas de conversación o composición

Discuta con sus compañeros los temas que siguen.*

1. la frontera y la "migra" (¿Cómo cruzan Rosario y Alicia la frontera? ¿Llegan al otro lado las otras personas que iban con ellas? ¿Cómo piensan cruzar los tres hombres que hablan con doña Carmen? ¿Qué les pasa a los jóvenes mexicano-americanos? ¿Por qué no quería trabajar con ellos doña Carmen? ¿Por qué no quiere pasar a Carlitos? ¿Tiene doña Carmen principios morales o no? ¿Qué responsabilidad tienen los hombres que contratan *(hire)* a las personas sin papeles, como el hombre estadounidense en el lugar donde cultivan tomates? ¿Qué pasaría si nadie contratara a la gente sin papeles?)
2. la vida de Chito y la vida de Carlitos (¿Va a la escuela Chito? ¿Qué hace él? ¿Tiene ropa y zapatos nuevos como Carlitos? Según su opinión, ¿qué futuro tendrá?)
3. el trabajo (¿Quiénes buscan trabajo en esta película? ¿Qué clase de trabajos hacen? ¿Qué problemas tienen?)
4. la relación entre Carlitos, Rosario y Óscar (¿Cómo es Óscar? ¿Es una buena madre Rosario? ¿Hizo bien en ir a Los Ángeles para poder mandarles dinero a su madre y a su hijo? ¿Qué haría usted en esa situación?)
5. la música (¿Qué papel *[role]* tiene la música en esta película? ¿Los Tigres del Norte? ¿la canción "Superman es ilegal"? ¿Qué le pareció la escena en la que Enrique y Carlitos se

* Your instructor may ask you to report back to the class or write a paragraph about one of the topics.

cantan el uno al otro mientras lavan platos en el café? ¿Qué papel tiene la música en la fiesta de cumpleaños y en la fiesta de despedida *(farewell)* para Rosario?)

6. el título de la película (¿Qué le dijo Rosario a Carlitos que hiciera cuando la extrañara? ¿Cómo mantienen el contacto Rosario y Carlitos a pesar de la distancia que los separa? ¿Por qué son importantes las fotos en esta película? ¿las cartas?)

Una escena memorable

Describa la fiesta de cumpleaños de Carlitos. ¿Qué hace la gente? ¿Quiénes están en casa de Benita? ¿Qué le dice Manuel a Carlitos y cómo reacciona Benita?

Hablan los personajes

Analice las siguientes citas, explique de quién son y póngalas en contexto. (Para una lista de los personajes, ver "Antes de ver la película", ejercicio B. También están Los Tigres del Norte.)

1. "No llore. Carlitos, tú eres un Reyes y los Reyes somos fuertes."
2. "Paco es un gran tipo (*guy*). Tiene un buen trabajo y además le gustas. ¿Qué más quieres? Tu vida no tiene que detenerse *(come to a stop)* porque tu hijo no está aquí, ¿eh?"
3. "Se creen mejor que uno nada más porque nacieron del otro lado, ¿verdad?"
4. "Is it worth your tuition? You want to drop out of school or you want to get the money? It's your choice."

5. “Hay que ser bien valiente para hacer lo que estás haciendo, Rosario.”
6. “No, I just decided I’d like to try someone new.... You’ll find something else, cause you’re young.”
7. “Cantamos la historia de la gente, de sus vidas, de sus sueños... así como los tuyos.”
8. “Y ¿qué tienen de maravilloso nuestras vidas, a ver? Todo el tiempo corriendo de la migra, viviendo en una cochera *(garage)* y, lo que es peor, queriendo siempre estar en otra parte.”
9. “La gente cambia, Carlitos.”
10. “Nadie escoge vivir así, Carlitos, nadie. A menos que tenga una buena razón. Y estoy seguro que para ella tú eres esa razón.”

Hablando de la cultura...

El sistema de compadrazgo *(co-parenting)* existe en muchas regiones del mundo hispano, incluso México. El padrino de Carlitos asiste a su fiesta de cumpleaños (y probablemente a todas las ceremonias o celebraciones importantes de su vida). El padrino y la madrina tienen muchas responsabilidades, algunas financieras y otras sociales. El padrino de Carlitos es el compadre de Benita y ella es su comadre. Los padrinos son buenos amigos de la familia, aconsejan *(they give advice)* a los niños y ayudan a toda la familia en caso de emergencia. Paco le deja una carta a su padrino antes de irse de la casa y le dice a su abuela, ya muerta, “Mi padrino se va a encargar de ti.” ¿Tiene usted padrinos? ¿Qué papel tienen los padrinos en Estados Unidos o Canadá?

Hablan los críticos y los directores

La misma luna pone “una capa *(layer)* de dulce encima de los mexicanos, en un desesperado intento de vendérselos a los gringos, quienes no toleran ver una cultura representada como realmente es, y que requieren un tratamiento McDonalds (o Taco Bell, en este caso) para poder procesar las culturas ajenas *(foreign)*.... Chantajista *(Extortionist)* como una telenovela de Thalía, esta película parece más un cuento de hadas *(fairy tale)* que una historia de migrantes....”

—“*Bajo la misma luna* es el equivalente en cine de Taco Bell”,
***La Vanguardia* de México, 24 marzo 2008.**
http://www.vanguardia.com.mx/diario/detalle/blog/
bajo_la_misma_luna_es_el_equivalente_en_cine_de_taco_bell/140769

¿Está usted de acuerdo? ¿Necesita la gente anglosajona “una capa de dulce” para poder simpatizar con los inmigrantes?

"Riggen also has to make fresh and plausible another familiar element of the plot: the stranger who is initially indifferent to, and even annoyed by, the child's presence but who gradually experiences a change of heart. These are often the most interesting characters in quest narratives, because they do change. This role is filled by a hard-bitten young man, Enrique (Eugenio Derbez), also on the run from the INS. Derbez initially comes across as a jerk, but he manages to convey his change of heart and growing concern for Carlitos without projecting a single false note or evoking sentimentality. We can easily believe the unhappiness of del Castillo's Rosario. But it makes all the difference that we can also believe in Alonso's Carlitos and Derbez's Enrique, because they are pivotal to the action and, emotionally, they are the most unsettled of any of the characters. Their performances—and the movie's sideways glance at the culture of illegal immigrants, including a funny song about Superman ('He has no social security and no green card')—give the movie its nicely controlled vitality."

—Philip Marchand, "Under the Same Moon Shines Bright", *The Toronto Star*, el 4 de abril, 2008.

Para usted, ¿son realistas los personajes de la película? ¿Por qué sí o por qué no? ¿Qué escenas le parecen realistas? ¿Qué escenas no le parecen realistas?

Más allá de la película

Entrevista con Patricia Riggen

Jorge Caballero entrevista a la directora Patricia Riggen en su artículo "Patricia Riggen aborda° el tema de los migrantes por el desmembramiento° familiar".

broaches, approaches / split, break-up

...De visita en la ciudad de México, [Patricia] Riggen charló con *La Jornada*. Señaló° que su película, que habla sobre la migración de mexicanos hacia Estados Unidos, surgió° "con la intención de conmover°; mucha gente me cuestionó sobre hacer una cinta que tratara el tema de la migración, que era un tema muy manoseado°. Les respondí que es como el de la guerra° y que se podría abordar desde muchas perspectivas; yo lo abordé por el del desmembramiento que sufren las familias cuando la madre abandona a sus hijos para irse a trabajar a Estados Unidos."

She pointed out

came about / move, touch

muy...*overworked / war*

La cineasta extiende su respuesta: "También me han preguntado si está basada en una historia real; existen en Estados Unidos cuatro millones de mexicanas migrantes que se han visto forzadas° a abandonar a sus hijos, o sea, *La misma luna* está basada en cuatro millones de historias reales. Esta

se... *who've been forced*

cantidad es como si existiera una ciudad completa de madres sin hijos en Estados Unidos y otra de hijos sin madre en México, lo cual me parece una injusticia terrible."

La misma luna sigue la historia de un niño de nueve años educado° por su abuela en México, porque su mamá trabaja ilegalmente en Estados Unidos. Cuando la abuela muere, el pequeño emprende° un viaje para reencontrarse con su madre. El filme está protagonizado por Adrián Alonso, Kate del Castillo, Eugenio Derbez, América Ferrera y Los Tigres del Norte.

Patricia Riggen considera: "Mi punto de vista sobre el tema es diferente, porque es desde la mirada° de un niño; pero sobre todo la diferencia está en el tono en que está narrada la película. Estamos acostumbrados a ver cintas de migración que son muy oscuras° y deprimentes°, que son crueles; esta película es muy luminosa°, positiva y llena de esperanza. La hice para que le gustara a los migrantes no para agradar° a los que viven en la colonia Condesa°, a los que observan desde la comodidad° de una sala de cine VIP… Quise hacer una película que les gustara a los migrantes, por lo tanto° son personajes bellos, solidarios°, capaces de reírse de° su situación, son humanos. Además metí a los actores que les gustan y la música que escuchan, como Los Tigres del Norte.

"La película aún no se estrena°, pero es muy importante que llegue a ese público, porque es su historia. Creo que habrá opiniones de que es muy comercial, pero no es ésa la intención, nunca pensé en hacerla, porque ya tenía un trato° con un estudio para que me financiaran la película, pero me querían hacer unos cambios en la parte creativa, de contenido° y en el casting, así que rechacé° el dinero y decidí el camino independiente."

brought up

undertakes

viewpoint

dark / depressing

luminous, bright

please

colonia… *a wealthy area of Mexico City / comfort*

por… *therefore / supportive* / capaces… *capable of laughing about*

aún… *is still not being premiered*

agreement

content

I refused

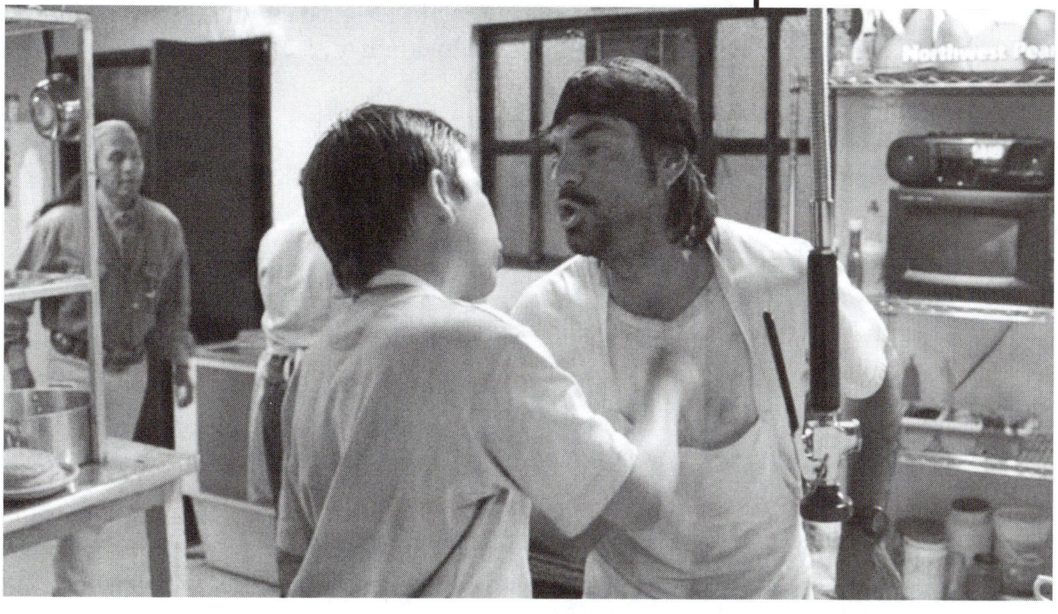

Mover y conmover

Portrait
poverty / gets more specific

La autora del documental *Retrato*° *de familia*, que aborda el tema de la pobreza° de los negros en Harlem, precisa°: "El guión de *La misma luna* cambió mucho de cómo lo recibí a cómo lo filmé, pero esencialmente trataba de la separación de una madre y su hijo por motivos económicos. Supe que había una buena historia para hacer lo que a mí me gusta: mover y conmover. No hay relación más fuerte que la de una madre con un hijo y, por lo tanto, no hay dolor° más fuerte que su separación… La película no es explícitamente política, me concentré° en el lado humano de un problema político. Quise convertir la estadística en algo con lo que uno se puede identificar…"

pain
me… *I concentrated*

Patricia Riggen finalizó: "La película no critica explícitamente las políticas migratorias del gobierno° estadounidense, como la construcción del muro° fronterizo, a la cual me sumo°. Más bien° trata de llamar la atención sobre la idea de que el problema está en el gobierno de México, que tiene la responsabilidad de ver por sus ciudadanos; preguntarnos qué está haciendo mal, para que millones de trabajadores mexicanos emigren a Estados Unidos en condiciones adversas. Es una muestra° de inequidad, injusticia, desesperanza° … nadie deja lo más preciado° de su vida, como son los hijos, y México les niega° esa esperanza a todos esos millones de mexicanos migrantes.

government
wall / a… *to which I add myself (as a critic)* / Más… *Instead*
sign / *hopelessness*
precious
denies

"Qué estamos haciendo mal en nuestro país que tiene al millonario número uno del mundo y otros tantos en el top 100; además México es el segundo país en comprar autos de superlujo°, de esos que valen más de 500 mil dólares, en la ciudad de México hay tres tiendas de diamantes° Tiffany's cuando en Nueva York hay una… para mí eso es indignante°. Hay que comenzar a responsabilizarnos de lo que estamos haciendo como gobierno y sociedad."

superluxury
diamonds
outrageous

—Jorge Caballero, "Patricia Riggen aborda el tema de los migrantes por el desmembramiento familiar", *La Jornada*, el 12 de septiembre de 2007.

Preguntas

1. Según Riggen, ¿está basada *La misma luna* en una historia real?
2. Aunque muchas películas tratan el tema de la migración, ¿por qué es diferente el punto de vista de este filme, según la directora?
3. Riggen dice que tenía un trato con un estudio pero que decidió hacer la película independientemente. ¿Por qué tomó esa decisión?
4. ¿Quería Riggen hacer una película política?
5. ¿Está a favor la directora de la construcción del muro fronterizo?

6. ¿Qué pregunta se debe hacer sobre el gobierno de México, según la directora?
7. ¿Qué ejemplos da Riggen de la riqueza de México? (NB: El mexicano Carlos Slim era el hombre más rico del mundo en 2007.)

Entrevista

Entreviste a un(a) inmigrante hispano(a) acerca de sus experiencias en este país y antes de venir aquí. Puede ir al departamento de inglés como lengua extranjera o al centro de la comunidad local--o su profesor(a) le puede ayudar a encontrar un ciberamigo(a) por Internet. Algunas preguntas posibles:

1. ¿Cómo era su vida antes de llegar aquí? ¿Dónde vivía? ¿Tenía trabajo? ¿Estudiaba?
2. ¿Cómo cambió su vida al llegar a este país?
3. ¿Qué extraña de su país? ¿La gente? ¿el clima? ¿alguna comida? ¿un día de fiesta especial?
4. ¿Piensa usted regresar a su país de origen algún día?

¿Tiene mucho en común la persona que usted entrevistó con los personajes de *La misma luna*? ¿En qué se parecen? ¿En qué se diferencian?

Capítulo 2

Arráncame la vida

Presentación de la película: Catalina Guzmán es una adolescente guapa e inteligente de clase media que vive en la ciudad de Puebla, México durante la década de 1930. A los dieciséis años se casa con uno de los líderes de la Revolución Mexicana, el general Andrés Ascencio. Ascencio tiene más de treinta años de edad y es candidato a gobernador del Estado de Puebla. Los padres de Catalina aceptan este matrimonio a pesar de los rumores que circulan sobre el general…

✷ El director, productor y guionista mexicano Roberto Sneider nació en la Ciudad de México en 1962. Se especializó en cine en la Universidad Iberoamericana. Su primer largometraje, *Dos crímenes* (1995), basado en la novela del mismo título de Jorge Ibargüengoitia, fue premiado en muchos festivales.

✷ *Arráncame la vida* recibió cuatro premios Ariel y el premio a la mejor película en el festival "Latin Beat" de Tokio. Con un presupuesto de 6,5 millones de dólares, es una de las películas más caras de la historia del cine mexicano y uno de sus mayores éxitos de taquilla (*box office*).

✷ Ángeles Mastretta, autora de la famosa novela del mismo título en que se basa la película, colaboró con Roberto Sneider en el guión.

✷ Daniel Giménez Cacho hace el papel del general Andrés Ascencio. Ha protagonizado *Sólo con tu pareja* (Alfonso Cuarón, 1991),

Midaq Alley (Jorge Fons, 1991) y *La mala educación* (Pedro Almodóvar, 2004). Obtuvo fama internacional por su participación en *Cronos* (Guillermo del Toro, 1993).

✷ María Claudia Talancón hace el papel de Catalina. Es más conocida en Estados Unidos como Coco, la inmigrante indocumentada de *Fast Food Nation* (Richard Linklater, 2006). También protagonizó *El crimen del padre Amaro* junto a Gael García Bernal (Carlos Carrera, 2002).

✷ La cantante Eugenia León, una de las más grandes voces de México, interpreta el papel de Toña la Negra, la famosa cantante mexicana.

Preparación

Vocabulario preliminar

Cognados		
divorciado(a) la flor	el/la líder la política	el/la sucesor(a)

Las relaciones personales	
el/la amante	*lover*
la comadre	*very close friend; godmother of one's child or mother of one's godchild*
el compadre	*very close friend; godfather of one's child or father of one's godchild*
el/la cómplice	*accomplice*
el/la viudo(a) (quedarse viudo[a])	*widow(er) (to be widowed)*

Las profesiones	
el/la director(a) de orquesta	*orchestra conductor*
el/la licenciado(a)	*lawyer*
el/la periodista	*journalist, reporter*
el/la político	*politician*
el/la trabajador(a)	*worker*

Otras palabras	
arrancar	*to tear out*
el asesinato	*murder*
las bellas artes	*fine arts*
la beneficencia pública	*public assistance*
el/la dueño(a)	*owner*
el edificio	*building*
embarazada (quedar embarazada)	*pregnant (to get pregnant)*
el ensayo	*rehearsal*
entrevistar (la entrevista)	*to interview (interview)*
la hierba	*herb*
el hospicio	*orphanage*
el jugo	*juice*
loco(a) (el/la loco[a])	*mad, insane (madman [madwoman])*
oler (ue) a (e.g., Huele a flores.)	*to smell of or like (e.g., It smells of flowers.)*
la presa	*dam*
sacar (a alguien) de	*to remove (somebody) from*
sentir(se) (ie)	*to feel*
la tumba	*grave*

A. Hablando de política. Complete las oraciones con palabras de la lista que sigue.

beneficencia	compadres	divorciado	entrevistar	sucesor
hospicio	líder	periodista	político	trabajadores

1. El presidente Plazas y Luis Ramírez son muy buenos amigos. ____________________ trabajadores son ____________________.
2. Dicen que el presidente Plazas va a nombrar a Ramírez como su ____________________.
3. Ha llegado una ____________________ de *La nación* para ____________________al presidente.
4. El candidato Jorge Pérez no tiene posibilidades porque está ____________________.
5. La presidenta de la ____________________ pública pidió dinero para los niños del ____________________.
6. Diego Laínez es el ____________________ de los ____________________ y nadie lo intimida (*intimidates*).
7. Laínez es un ____________________ muy astuto.

B. Un crimen. Escoja las palabras apropiadas para completar las oraciones.

1. El (director / líder) de la Orquesta Nacional fue víctima de (una presa / un asesinato).
2. El crimen tuvo lugar durante un (jugo / ensayo) en el Palacio (del Gobierno / de Bellas Artes).
3. La policía llegó y (sacó / arrancó) a la gente del (hospicio / edificio).
4. Se dice que la (cómplice / orquesta) del asesino es su (dueña / amante), Luisa Bermúdez.
5. No me extraña. Esa mujer está (embarazada / loca).
6. El (licenciado / político) Gutiérrez va a defender a los acusados en el juicio (*trial*).
7. La (viuda / periodista) del director llevó muchísimas (hierbas / flores) al cementerio.
8. Ahora la (tumba / política) de su esposo (siente / huele) a flores.

Antes de ver la película

> Your instructor may ask you to do this exercise with a partner (using the **tú** form of the verbs) and report the information to the class.

A. Relaciones personales. Conteste las siguientes preguntas.

1. ¿Ha estado usted en una relación en que no quería estar? ¿Por qué se quedaba con la otra persona? ¿La dejó usted por fin? ¿Cómo terminó la relación?
2. ¿Ha sido usted alguna vez cómplice de otra persona en algo que estaba en contra de (*against*) sus principios? ¿Por qué participó en esta complicidad?

B. Los personajes. Lea las descripciones y los nombres de los personajes. Después de ver la película, empareje cada personaje con su descripción.

____ 1. político de Puebla, candidato a gobernador y aspirante a presidente de la República
____ 2. hija de familia de clase media de Puebla
____ 3. director de orquesta de ideas progresistas, amigo de la familia de Andrés
____ 4. hija de Andrés y una amante
____ 5. padre de Catalina
____ 6. rival de Andrés para la presidencia y amigo de Carlos
____ 7. líder de los trabajadores, enemigo político de Andrés y amigo de Carlos
____ 8. político de Puebla, compadre de Andrés
____ 9. compañero del colegio de Catalina
____ 10. chofer de Andrés

a. Catalina Guzmán (Cati)
b. Juan
c. Rodolfo Campos (Fito, El gordo)
d. Rafael Cordera
e. Pablo
f. Martín Cienfuegos
g. Lilia
h. Carlos Vives
i. don Marcos
j. Andrés Ascensio

Investigación

Busque información sobre uno de los temas que siguen.

1. la ciudad de Puebla
2. el bolero (género musical) y las canciones "Arráncame la vida" y "Cenizas"
3. la canción "Cielito lindo"
4. Toña La Negra (cantante de Veracruz)
5. los orígenes del PRI (Partido Revolucionario Institucional)
6. la Guerra Cristera (1926–1929)

The **Investigación** sections suggest topics related to the movie that you may want to find out more about. Your instructor may assign these to individuals or groups and have them report the information to the class.

Note: Your instructor may ask you to read over the exercises in the section **Exploración** before you see the film, in order to improve your understanding of it.

Exploración

A. Algunas víctimas del general Ascencio. ¿Qué les pasa a los siguientes personajes? ¿Cuál es el motivo de Andrés en cada caso?

1. los habitantes del valle donde se va a construir una presa
2. la señora González
3. el licenciado Maynes
4. el editor (*publisher*) del *Avante*
5. Carlos Vives

B. **Cada uno tiene sus razones.** Explique las acciones de estos personajes.

1. Los padres de Catalina no protestan cuando Andrés lleva a su hija a Tecolutla "a conocer el mar".
2. Catalina va a consultar a una gitana (*gypsy*).
3. Las compañeras de la clase de cocina le hacen el vacío (*give the cold shoulder*) a Catalina.
4. Catalina tiene una aventura amorosa con Pablo, un amigo del colegio.
5. Catalina le pide a Andrés que saque a su papá de sus negocios.
6. Los militantes del partido de Rodolfo se roban las urnas (*ballot boxes*) durante las elecciones.
7. La familia de Andrés va a vivir a la Ciudad de México.
8. Andrés insiste en que Lilia se case con Guillermo (Memo).
9. Andrés lleva a su familia a Puebla para pasar el puente (*long weekend*).
10. Catalina va a visitar a la gitana por segunda vez.

C. **Asociaciones.** Explique quiénes se asocian con los elementos de la lista que sigue y por qué se asocian con ellos.

1. la canción "Cielito lindo"
2. unas locas, unos niños y un hospital
3. unas flores anaranjadas ("flores de muerto")
4. las canciones "Cenizas" (*Ashes*) y "Arráncame la vida"
5. unas hierbas

Análisis y contraste cultural

Vocabulario

Expresiones	
darse cuenta	*to realize*
dársele la gana	*to feel like (doing something)*
echar a perder	*to ruin*
estar bueno(a)	*to be a hunk (a dish), good-looking*
ir a los toros	*to go to a bullfight*
tenerle ganas a alguien	*to have the hots for somebody*
tener tedio	*to be bored*
y no pedazos: Ésa es hembra y no pedazos.	*true, real: Now that's a real woman.*

Expresiones regionales*	
la bola	*a (whole) bunch*
el/la chamaco(a)	*kid, youngster*
el/la charro(a)	*horseman (horsewoman), cowboy (cowgirl)*
chulo(a)	*sweetheart*
el/la escuincle(a)	*kid*
la feria	*small change; small donation*
¡Órale!	*Come on!*
la pendejada	*stupid thing to say or do (slightly vulgar)*
pendejo (el/la pendejo[a])	*idiot (stupid jerk) (slightly vulgar)*
la vieja	*girl, woman*

* These terms are not used exclusively in Mexico—some are heard elsewhere as well. All of them are colloquial.

Otras palabras	
dirigir	*to conduct (an orchestra); to lead*
faltar (Me falta[n]…)	*to lack, lack for (I need…)*
la ley	*law*
mandar	*to order about, tell (someone) what to do*
mandarse	*to be one's own boss*
el marido	*husband*
el/la militar	*soldier, military man (woman)*
los negocios	*business*

A. Un triángulo amoroso. Complete las oraciones con palabras de las listas "Otras palabras" y "Expresiones".

1. Andrés es uno de los __________________ que ganaron la Revolución Mexicana.
2. Andrés le tiene __________________ a Catalina. Le dice, "¡Qué __________________ estás!"
3. Andrés siempre hace lo que se le da __________________.
4. Andrés y sus asociados hacen las __________________ que necesitan.
5. Andrés no le quiere hablar a Catalina de los __________________ que tiene con Mike Heiss.
6. Poco a poco Catalina __________________ de qué tipo de persona es su __________________.
7. Carlos __________________ una orquesta en el Palacio de Bellas Artes.

8. Carlos comenta: "¡Qué país, Catalina! El que no tiene miedo tiene __________________."
9. A Catalina no le __________________ dinero, pero quiere ser libre; quiere __________________.
10. Catalina le dice a Carlos que no provoque a Andrés porque va a echar todo ________________.
11. La mañana después del concierto, Catalina no quiere ir a __________________ con Andrés.
12. Lilia no se deja intimidar por Guillermo. Por eso Andrés dice: "Ésa es hembra y no __________________."

B. **¿Y en México?** Para cada palabra subrayada, busque una palabra que se podría oír en México. (Consulte la sección "Expresiones regionales".)

> ***Modelo:***
>
> No seas tan severa con ella. Es sólo <u>una niña</u>.
>
> **No seas tan severa con ella. Es sólo una chamaca.**

1. Los amigos de mi hermano son <u>un montón</u> de locos.
2. Prometí llevar a los <u>niños</u> al parque.
3. <u>Vamos</u>, tómate el té.
4. Mi hijo me pidió un poco de <u>dinero suelto</u>.
5. Ese <u>vaquero</u> monta un caballo blanco.
6. ¿Qué te pasa, <u>mi amor</u>?
7. El novio de mi hermana es un <u>estúpido</u>.
8. Vamos, no digas <u>tonterías</u>.
9. Hace tiempo que Antonio sale con una <u>mujer</u> muy guapa.

NOTAS CULTURALES

"Los portales" son los arcos (*arches*) del zócalo o plaza principal de Puebla.

Andrés le dice a Catalina, "Te va a gustar México, ya verás." En algunas ocasiones "México" se refiere a la Ciudad de México (Distrito Federal), la capital del país.

El edificio que Andrés le compra a Catalina es La Casa de los Azulejos (*tiles*) en la Ciudad de México. Este palacio de la época colonial está cubierto con azulejos hechos en Puebla. Un restaurante Sanborns ocupa este edificio desde 1917. La cadena (*chain*) de restaurantes Sanborns fue fundada por dos hermanos estadounidenses.

Andrés le dice a Catalina que si quiere vivir en Los Pinos, debe contarle lo que se dijeron Vives y Cordera. Los Pinos es la Residencia Oficial de Los Pinos (*pine trees*) en la Ciudad de México, donde viven el presidente de México y su familia.

Carlos Vives dirige un concierto de música del gran compositor mexicano Silvestre Revueltas (1899-1940), de afiliaciones izquierdistas y tendencias socialistas, en la ciudad de Cholula, cerca de Puebla.

Catalina dice que Andrés tuvo "un buen puesto a las órdenes de Victoriano Huerta, el traidor de la revolución". Victoriano Huerta organizó el golpe (*coup*) en que murió asesinado Francisco Madero, elegido presidente después del triunfo de la Revolución Mexicana de 1910.

Andrés dice que Aguirre nacionalizó el petróleo. El presidente Aguirre es invención de Ángeles Mastretta. El presidente Lázaro Cárdenas nacionalizó el petróleo en 1938.

Una de las invitadas de Andrés y Catalina siente nostalgia por los tiempos de "don Porfirio". Porfirio Díaz fue el dictador derrocado (*ousted*) por la Revolución Mexicana de 1910.

La guerra a la que se refiere Carlos Vives y que figura en los titulares (*headlines*) del periódico es la Segunda Guerra Mundial. México entró en la guerra en 1942.

Temas de conversación o composición

Discuta con sus compañeros los temas que siguen.*

1. el título de la película (¿Por qué se llama *Arráncame la vida*? ¿Le gusta este título o sería mejor otro?)
2. el tema o mensaje de la película (¿Cuál es? ¿Qué nos quiere comunicar el director? ¿Qué posible relación tiene con el México de hoy?)
3. el crecimiento personal de Catalina (¿De qué se da cuenta Catalina poco a poco? ¿Cuáles son algunos de sus momentos de comprensión, de rebeldía y de autoafirmación? ¿Cuál es su dilema? ¿Qué la motiva finalmente a buscar una solución? ¿Está usted de acuerdo con esta solución?)
4. el machismo (la marginación de la mujer, la mujer como propiedad del hombre, el doble estándar respecto a la infidelidad)
5. la corrupción y el abuso del poder (¿Qué evidencias existen de la corrupción y el abuso del poder por parte de Andrés y de sus asociados?)
6. las relaciones entre los personajes (¿Cómo cambia la relación entre Catalina y Andrés durante la película? ¿En qué relaciones figura la complicidad? ¿la mentira? ¿la traición?)
7. la música (¿Cuál es la función de las canciones que se oyen en la película?)
8. el humor (¿Con qué personaje se asocia principalmente el humor? ¿Cuál es la función del humor en la película?)
9. el final (¿Qué le parece el final de la película? ¿Es triste o feliz? ¿Lógico o ilógico? ¿Inevitable o no? Proponga otro final.)

---

* Your instructor may ask you to report back to the class or write a paragraph about one of the topics.

Una escena memorable

¿Qué pasa en esta escena? ¿Cuál es la relación entre la letra (*lyrics*) de "Cenizas" y "Arráncame la vida" y los sentimientos de Catalina?

Hablan los personajes

Analice las siguientes citas, explique de quién son y póngalas en contexto. (Para una lista de los personajes, ver "Antes de ver la película", ejercicio B.)

1. "Tráigale su jugo a la niña, por favor."
2. "¿Y a usted qué le falta?"
3. "¿Te puedo decir (llamar) mamá?"
4. "Así tiene que ser. Sacarlos."
5. "Políticamente es una situación difícil."
6. "No te creo. Y tampoco te creo lo de la presa."
7. "Hay presidentes viudos, pero no divorciados."
8. "Ésos son puros cuentos (*lies*). Lo vamos a arreglar."
9. "Pero no te importa mientras tengas todo lo que quieres, ¿no?"
10. "Están dispuestos a lo que sea (*They'll stop at nothing*)... hacen política para hacer negocios. Se inventan las leyes que necesitan. Lo tienen todo."
11. "Ya se acabó el tiempo de militares y caciques (*local political bosses*) como tú. Ya se acabó la revolución, que ya hicieron lo que tenían que hacer."
12. "No pudo haber escogido mejor mi compadre."

Hablando de la cultura...

Durante la celebración del Día de los Muertos, en todo México se decoran las tumbas y los altares dedicados a los difuntos (*dead*) con flores de cempasúchil (*marigolds*), también llamadas "flores de muerto". Desde tiempos prehispánicos existe la creencia de que su color brillante ilumina el camino de las almas (*souls*) que visitan a los vivos (*the living*) el día primero y dos de noviembre. La palabra *cempasúchil* deriva de las palabras náhuatl *cempoalli*, veinte, y *xóchitl*, flor. La flor de cempasúchil no es una sola flor, sino un grupo de flores individuales que forman una flor compuesta (*compound*) en forma de pompón. No es costumbre regalar flores de cempasúchil porque se relacionan con la muerte.

Hablan los críticos y los directores

"La protagonista de *Arráncame la vida*... es una de esas cómplices que a veces van de víctimas *(who are sometimes victims)*, una de esas víctimas que a veces van de cómplices. Una Carmela Soprano del México de los años treinta... el retrato (*portrayal*) de la mujer del jefe... resulta una pizca más complaciente (*a bit more indulgent*) de lo que debiera, como una suerte (*kind*) de feminismo mal entendido..."

—"La chica del gánster", Javier Ocaña, 24 de julio, 2009
http://www.elpais.com/articulo/cine/chica/ganster/elpepuculcin/20090724elpepicin_9/Tes

¿Está usted de acuerdo en que Catalina se parece a Carmela Soprano de la serie de televisión "Los Soprano"? ¿Le parece que el retrato de Catalina es demasiado favorable? Explique.

El crítico de criticscinema.com opina que "...*Arráncame la vida* tiene los ingredientes necesarios para ser una gran película... pero la historia se queda corta (*falls short*). Centrada en el personaje femenino principal, la película sólo da pinceladas (*hints*) de lo que está ocurriendo a más de un palmo (*a few inches*) de ella... Lamentablemente, la película... pierde la posibilidad de enlazar (*connect*) de mejor forma la vida de su protagonista con la historia del país. *Arráncame la vida* se queda en (*ends up as*) una película muy bien hecha y que narra con estilo y calidad una historia particular que podría haber sido mucho más."

—"Crítica de 'Arráncame la vida' de Roberto Sneider"
http://www.criticscinema.com/criticas/peliculas/Arrancame_la_vida.shtml

Por contraste, según Fernanda Solórzano, "Si bien (*Although*) la novela de Mastretta hace una radiografía (*X-ray*) política del México de mediados del siglo XX, es gracias a Andrés Ascencio, a su esposa Catalina Guzmán y a su amante Carlos Vives que el autoritarismo, la corrupción y los modos de perpetuarse del partido oficial dejan de ser (*are no longer*) abstracciones. De haberse minimizado la historia del triángulo amoroso para... hacer un análisis más a fondo (*deeper*) del panorama político, la cinta se habría panfletizado (*become like a political brochure*) innecesariamente. No debe subestimarse al público en su capacidad de trazar (*draw*) paralelos entre el México de entonces y el de hoy..."

—*Arráncame la vida*, Fernanda Solórzano, octubre de 2008
http://www.letraslibres.com/index.php?art=13286

¿Con cuál de las críticas está usted más de acuerdo? ¿Opina usted que la historia pone demasiado énfasis en la historia de Catalina? ¿Cree que su historia ayuda a hacer más concretos los conceptos abstractos? ¿Le parece que un análisis más a fondo del panorama político habría convertido a la película en un folleto (*pamphlet*) político?

Más allá de la película

Entrevista con Roberto Sneider

le... *struck you most*

...¿Qué le llamó más la atención° del libro de Mastretta para querer hacer de él una película?

captivated
se... *I had an urge to see*
attracted
prevails / ways

Desde que la leí por primera vez me cautivaron° sus personajes, y me sumergió en un mundo lleno de imágenes y sensaciones que se me antojó ver° en la pantalla grande. Además me atrajo° mucho la manera en que explora paralelamente el crecimiento de una mujer, y la formación del sistema político que impera° en México en muchos sentidos° hasta hoy en día.

intervene

Algo que me interesó es la manera tan cándida y sincera en que nos cuenta como vive las cosas Catalina. La novela no permite que las necesidades narrativas o cuestiones moralistas se interpongan° a contarnos cómo siente las cosas este personaje que es al mismo tiempo reconocible y sorprendente.

out of control
fought
feared

Explora además los roles en la relación de pareja. Un tema que me interesa muchísimo desde siempre. Y lo hace en una época muy particular en la cual el machismo estaba desbordado°. Acababa de terminar la revolución y la imagen del macho mexicano que peleó° en la guerra era dominante. Esos hombres estaban en el poder, y eran tan queridos y admirados como temidos°.

enfrentarse... *confront*
charming

Entonces Ángeles pone a Catalina, una chica muy joven de clase media, a enfrentarse con° un poderoso macho de la época. Pero crea personajes complejos e interesantes. Andrés es un macho en todos los sentidos, pero también es encantador°, seductor, generoso, con un gran sentido del humor.

achieved
domineering / Por... *On the other hand*

Y nos damos cuenta de que en su época difícilmente hubiera logrado° todo lo que logra sin esa actitud avasallante°. Por otro lado° crea a una Catalina que no tiene experiencia, ni posición social, y ni siquiera educación.

She rejects
he holds

Pero es inteligente, vital, bella y fuerte. Un ser ético pero no moralista. Repudia° la forma de operar de su marido, pero ama los beneficios que le trae el poder que sustenta°. Está llena de contradicciones, como todos nosotros.

binding / readers
hooks

Y al explorar esa confrontación, primero nos muestra de qué forma Catalina es seducida por esa fuerza que es Andrés, para luego mostrarnos las consecuencias de ligar° su vida con la de él. Y a nosotros como lectores° nos enamora y nos engancha°—como a Catalina—antes de revelar su lado más oscuro. Y al hacerlo de esa forma nos identificamos, nos reconocemos en esos personajes y terminamos por descubrir de qué forma somos cómplices de que ese tipo de relaciones exista hasta nuestros días, tanto en el terreno amoroso como el político.

Me interesó el dilema que tiene Catalina. Se quiere liberar de la opresión machista de su época pero su obstáculo más importante es la fascinación por la fuerza viril y primitiva que Andrés representa, … los beneficios de hacerse cómplice. Tiene que vencer° sobre todo obstáculos dentro de sí misma para liberarse. Y eso es lo que me interesó. Es un relato que explora un personaje complejo en una situación que no permite respuestas fáciles. Una exploración que admite nuestra naturaleza animal y humana, pero que no por ello olvida el análisis racional de sus consecuencias. Siempre busco ese tipo de relatos…

overcome

¿Qué temas le interesan a la hora de ponerse al frente° de un proyecto cinematográfico? ¿Qué valor da a la música en sus producciones?

a… *when it comes to taking charge*

Lo que más me interesa siempre son los personajes, sus dilemas morales. El humor me parece indispensable.

La música es algo que realmente disfruto° mucho y una carrera a la que en un momento contemplé° dedicarme. Su relación con el cine es muy compleja, siempre fascinante. Me gusta mucho cómo puede llegar a la emoción sin aspavientos°, discretamente, o tomar un papel central. Cómo puede servir de contrapunto o acompañar. Y siempre busco la música incidental, que es parte de nuestros mundos y que ayuda a crear atmósferas. Además siempre disfruto mucho trabajar con creativos talentosos°, ya sean actores o músicos, diseñadores de producción, editores o fotógrafos.

I enjoy

I considered

fuss

creativos… *talented, creative people*

¿Qué virtudes y defectos encuentra en el cine latinoamericano que se hace en la actualidad? ¿Hacia dónde debería dirigirse?

Por lo menos en México, que es el cine que más conozco, se hace más cine que hace unos años. Y se están haciendo películas de distintos tamaños° y estilos, lo cual me parece importante y refrescante°.

sizes

refreshing

No tenemos por qué hacer todas las películas iguales o con un solo propósito o esquema°. Es importante que se haga cine más comercial y más experimental, que se hagan dramas y comedias, cine chico° y en cierta medida° cine grande. Nuestra realidad es compleja y diversa, y creo que tenemos que explorar y reflejar esa realidad de distintas formas.

propósito… *purpose or mind-set* / *small* / en… *to a certain extent*

Si de algo hemos pecado es de un cine tremendista°, muy reforzado°, creo yo, por los premios europeos. Parece que al existir un lado de nuestra realidad que es muy duro°, solo debiéramos hablar de eso, como si en otras partes todo fuera color de rosa. Existe una Latinoamérica bellísima y divertida, compleja, y me encantaría ver eso reflejado en nuestro cine.

Si… *If anything our cinema is too raw* / *reinforced*

harsh

De lo que podríamos tener un poco menos es de ese cine que mal imita al cine de fórmula de los Estados Unidos.

—Ada Aparicio Ortuñez, 29 de abril de 2008 Madrid [http://www.casamerica.es/txt/casa-de-america-virtual/cine/articulos-y-noticias/deberiamos-hacer-menos-cine-de-ese-que-imita-mal-la-formula-de-ee-uu]

Preguntas

1. ¿Qué explora el libro de Mastretta?
2. ¿Quiénes estaban en el poder después de la revolución? ¿Cuál era la actitud de la gente hacia ellos?
3. ¿Cómo es Catalina, según Sneider?
4. ¿Cómo es Andrés, según Sneider?
5. ¿Qué descubrimos al reconocernos en los personajes de Catalina y Andrés, según Sneider?
6. ¿Cuál es el dilema de Catalina? ¿Cuál es su obstáculo más importante?
7. ¿Qué temas le interesan a Sneider a la hora de ponerse al frente de un proyecto cinematográfico?
8. ¿Qué cualidades de la música le gustan mucho a Sneider?
9. ¿Qué tipos de películas se están haciendo en México?
10. ¿Qué le gustaría a Sneider ver reflejado en el cine latinoamericano?

Una perspectiva personal

¿A usted le gusta el cine de fórmula: es decir, las películas de trama (*plot*) previsible porque casi todas usan la misma "formula", como las comedias románticas o las películas de desastres o de horror? ¿Por qué sí o no? ¿Ha visto una película de fórmula latinoamericana? ¿Le parece, o no, una mala imitación de las películas de fórmula de Estados Unidos? Explique.

CAPÍTULO 3

Como agua para chocolate

Presentación de la película: Tita y Pedro se aman, pero Mamá Elena le prohíbe a Tita que se case con Pedro por ser la hija más pequeña. Según una vieja tradición familiar, la hija menor no puede casarse ni tener hijos porque tiene que cuidar a su madre hasta su muerte. Para estar cerca de Tita, Pedro acepta casarse con Rosaura, otra hija de Mamá Elena…

✷ En México se prepara el chocolate *(hot chocolate)* con agua caliente. La expresión "como agua para chocolate" se refiere a un estado de agitación intensa o excitación sexual.

✷ La película *Como agua para chocolate,* del actor y director Alfonso Arau, es una adaptación de la famosísima novela de su (entonces) esposa Laura Esquivel, autora del guión. La película recibió trece premios internacionales. En 1993 fue seleccionada para el Golden Globe en la categoría Mejor Película Extranjera. Las películas más recientes del director son *A Walk in the Clouds* (1995, Keanu Reeves, Aitana Sánchez-Gijón), *Picking Up the Pieces* (2000, Woody Allen, Sharon Stone, Cheech Marin, Lou Diamond Phillips) y *Zapata, el sueño del héroe* (2004, Alejandro Fernández).

Preparación

Vocabulario preliminar

Cognados		
aceptar	el/la mulato(a)	el rancho
decente	la necesidad	la rosa
el/la esposo(a)	permitir	el/la sargento(a)
el dólar	preparar	la tradición
el/la general(a)	prohibir	la visita

La Comida	
el caldo de res	*beef broth*
la codorniz	*quail*
la masa	*dough*
el pastel	*cake*
la receta	*recipe*
las torrejas de nata	*cream fritters*

Otras palabras	
el aliento	*breath*
amar (el amor)	*to love (love)*
el baño	*bathroom*
la boda	*wedding*
casarse	*to marry*
el cerillo	*match*
la cocina (el libro de cocina)	*kitchen (cookbook)*
cocinar	*to cook*
el/la cocinero(a)	*cook*
la colcha	*bedspread*
cuidar	*to take care of*
dejar	*to allow*
huir (la huida)	*to flee, run away (flight, escape)*
el/la invitado(a)	*guest*
la lágrima	*tear*

llorar	*to cry*
morir(se) (la muerte)	*to die (death)*
nacer (el nacimiento)	*to be born (birth)*
sentir(se)	*to feel*
tejer	*to knit*
el tepezcohuitle	*medicinal bark*
la verdad	*truth*
la vida	*life*
volverse loco(a)	*to go crazy*

A. **Una boda.** Escoja las palabras apropiadas para completar las oraciones.

1. En el rancho la (muerte / vida) es difícil porque hay mucho trabajo.
2. Cuando se casó mi hermana, asistió mucha gente a la (boda / lágrima).
3. Fue una lástima que el general le (cocinara / prohibiera) venir al sargento Gutiérrez.
4. Encontré una (receta / masa) para pastel de bodas en el libro de cocina de la abuela.
5. Tejí una (cocina / colcha) para regalársela a los novios.
6. Mamá (lloró / dejó) en la iglesia, pero se puso contenta en el banquete.
7. Celebramos mucho cuando (nació / murió) su primer hijo.

B. **Terminaciones.** Indique con un círculo la letra de la palabra o frase apropiada para terminar la oración.

1. Me sentía muy mal, pero ya estoy mejor porque Tita me curó con…
   a. tepezcohuitle.
   b. codornices.
   c. torrejas de nata.
2. Para la cena Chencha va a preparar…
   a. gases.
   b. caldo de res.
   c. cerillo.
3. No comprendo. ¿Por qué acepta casarse Pedro sin…
   a. baño?
   b. verdad?
   c. amor?
4. Tita está tan triste que creo que va a…
   a. volverse loca.
   b. cuidar.
   c. permitir.
5. Vino la famila Lobo a hacernos una…
   a. tradición.
   b. visita.
   c. necesidad.
6. Todos huyen de esa mujer porque tiene…
   a. mal aliento.
   b. un rancho grande.
   c. un esposo decente.

7. Voy al jardín *(garden)* para cuidar...
   a. las torrejas.
   b. los gases.
   c. las rosas.

8. Chencha, sírveles pastel a...
   a. la boda.
   b. los invitados.
   c. la cocina.

9. Su padre es blanco y su madre es negra. Es...
   a. pastel.
   b. cerillo.
   c. mulato.

Antes de ver la película

A. Prohibiciones

1. ¿Alguna vez le prohibieron asociarse con alguien o hacer algo que le importaba *(mattered)* mucho? Describa la situación. ¿Qué hizo usted?
2. En los tiempos de sus padres, de sus abuelos o de sus bisabuelos, ¿hubo alguna tradición injusta? ¿Cómo y cuándo se acabó esa tradición?

B. **Los personajes.** Mire las listas de personajes y cosas. Después de ver la película, diga con qué personaje, o personajes, se asocia cada cosa y explique por qué.

1. una colcha muy larga
2. el mal aliento y los gases
3. las torrejas de nata
4. una foto de un mulato
5. el caldo de res
6. unas rosas
7. las recetas de Tita
8. los cerillos
9. el tepezcohuitle

a. Alex
b. Chencha
c. Esperanza
d. Gertrudis
e. John Brown
f. Juan Alejándrez
g. Luz del Amanecer
h. Mamá Elena
i. Nacha
j. Paquita
k. Pedro
l. Rosaura
m. el sargento Treviño
n. Tita
o. el cura *(priest)*

Investigación

Busque información sobre uno de los temas que siguen.

1. las soldaderas *(women soldiers)* en la Revolución mexicana
2. Pancho Villa o Emiliano Zapata
3. el realismo mágico (una técnica literaria y cinematográfica que se usa en la película)
4. Laura Esquivel

The **Investigación** sections suggest topics related to the movie that you may want to find out more about. Your instructor may assign these to individuals or groups and have them report the information to the class.

Note: Your instructor may ask you to read over the exercises in the section **Exploración** before you see the film, in order to improve your understanding of it.

Exploración

A. Las circunstancias. Ponga en orden cronológico los siguientes eventos. Después explique las circunstancias de cada uno.

6 a. el viaje a Eagle Pass (Texas) de Chencha
10 b. la boda de Alex y Esperanza
4 c. la muerte de Roberto
3 d. el viaje a San Antonio (Texas) de Pedro, Rosaura y Roberto
5 e. el viaje a Eagle Pass de Tita y John
9 f. la muerte de Rosaura – hermanas de Tita
2 g. la huida de Gertrudis del rancho
7 h. la muerte de Mamá Elena
8 i. el regreso de Gertrudis al rancho
1 j. la boda de Pedro y Rosaura

B. ¿Por qué? Explique por qué pasan estas cosas.

1. ¿Por qué lloran y vomitan los invitados en la boda de Pedro y Rosaura?
2. ¿Por qué corre Gertrudis al baño después de comer las codornices?
3. ¿Por qué se vuelve loca Tita?
4. ¿Por qué llora Tita cuando se muere Mamá Elena?
5. ¿Por qué dice Rosaura que Esperanza no se casará?
6. ¿Por qué cree usted que Tita no se casa con John?
7. ¿Por qué hay conflicto entre Tita y Rosaura con respecto al futuro de Esperanza?

Análisis y contraste cultural

Vocabulario

La Comida	
la cebolla	*onion*
el chile (en nogada)	*chile (in walnut sauce)*
el olor	*fragrance*
partir	*to cut*
la rosca de Reyes	*large ring-shaped sweet bread baked for Epiphany*

Otras palabras	
acercarse	*to approach, get near*
aconsejar (el consejo)	*to advise (advice)*
adivinar	*to guess*
agarrar	*to grab, hold*
la caja	*box*
conveniente	*advisable, a good idea*
la criatura	*child*
el embarazo (embarazada)	*pregnancy (pregnant)*
enamorado(a)	*in love*
encender (ie)	*to light*
extrañar	*to miss*
el fantasma	*ghost*
mero(a)	*mere, simple; nearly, almost*
parecer	*to seem*
el pecho	*breast*
la pena	*sorrow*
soltar (ue)	*to let go of; to allow (tears) to flow*
la tía (tía abuela)	*aunt (great-aunt)*
la vela	*candle*

A. **La comida.** Complete las frases con palabras de la lista.

cebolla	olor	penas
chiles	partir	rosca
extraña	pechos	tía abuela

1. La narradora de la película y Tita, su __________________ , son muy sensibles *(sensitive)* a la __________________ .
2. Tita está muy triste y no tiene apetito. Nacha le ofrece algo de comer, diciéndole "Las __________________ con pan son menos."
3. Los __________________ vírgenes de Tita producen leche para el niño Roberto.
4. Juan encuentra a Gertrudis fácilmente, atraído *(attracted)* por el __________________ de las rosas.
5. Gertrudis regresa al rancho a __________________ la __________________ de Reyes y para tomarse una taza de chocolate.
6. Gertrudis __________________ la comida de su casa, sobre todo las torrejas de nata.
7. En la boda de Alex y Esperanza los invitados comen __________________ en nogada y de repente sienten intensos deseos amorosos.

Los fantasmas. Complete las frases con palabras de la lista.

aconsejan	encender	suéltenme
agarran	fantasmas	velas
caja		

1. Luz del Amanecer decía que todos nacemos con una __________________ de cerillos en nuestro interior y que no los podemos __________________ nosotros solos.
2. Los hombres que llegan al rancho __________________ a Mamá Elena y ella les grita, "¡ __________________ !"
3. Los __________________ de Nacha y Luz del Amanecer le __________________ a Tita que cure a Pedro con tepezcohuitle.
4. Al final de la película Tita y Pedro entran en un cuarto donde hay muchas __________________ encendidas por el fantasma de Nacha.

B. Las tres hermanas. Complete las frases con palabras de la lista.

adivina	embarazada	mera
consejos	embarazo	parece
conveniente	enamorados	se acerca
criatura		

1. Rosaura le pide __________________ a Tita porque Pedro ya no __________________ a ella.
2. Tita cree que está __________________ y Doña Paquita __________________ su secreto.
3. A Gertrudis le __________________ mal que Rosaura se haya casado con Pedro sin importarle que Tita y Pedro están muy __________________ .
4. Gertrudis le dice a Tita, "La __________________ verdad es que la verdad no existe."
5. Según Gertrudis, es __________________ que Tita hable con Pedro de su __________________.
6. Tita no quiere que le pongan (den) su nombre a la __________________ de Rosaura y Pedro.

NOTA CULTURAL

La novela *Como agua para chocolate,* en la que se basa la película, pertenece al género literario llamado "realismo mágico". Se trata de una técnica literaria caracterizada por la inclusión de elementos fantásticos en una narrativa realista. Si bien tiene antecedentes muy antiguos, han sido muchos los escritores latinoamericanos que la utilizaron en la segunda mitad del siglo XX.

Temas de conversación o composición

Discuta con sus compañeros los temas que siguen.*

1. la tradición y el cambio (¿Quiénes imponen [*impose*] la tradición? ¿Quiénes son víctimas de la tradición? ¿Quiénes se rebelan? ¿Cómo lo hacen? El mismo personaje que impone la tradición ¿también puede ser víctima de la opresión y los convencionalismos?)
2. la comida (¿Cree usted que el estado emocional de la persona que prepara la comida puede comunicarse a las personas que la comen? ¿que la comida puede curar

* Your instructor may ask you to report back to the class or write a paragraph about one of the topics.

enfermedades físicas y mentales? ¿Cómo interpreta usted la incapacidad [*inability*] de Mamá Elena y Rosaura de alimentar [*feed*] a sus hijos? ¿La indigestión de Rosaura?)

3. el "realismo mágico" (¿Qué elementos fantásticos hay en la película? ¿Cómo se emplea la hipérbole [la exageración]? ¿Cómo se combinan lo fantástico y lo real? ¿Cómo se relacionan los vivos y los muertos?)
4. el humor (Para usted, ¿cuál es el momento más cómico de la película? ¿Cómo se emplea el humor? ¿Ayuda el humor a comunicar el "mensaje" de la película?)
5. las relaciones familiares (¿Cómo se relacionan la madre y las hijas? ¿Las hermanas entre sí? ¿Los hombres y las mujeres? ¿Los amos [*masters*] y los sirvientes?)
6. la frontera (¿Parece fácil o difícil cruzar de Texas a México? ¿Cómo se relacionan los personajes que viven a ambos lados de la frontera? ¿Ha cambiado esta situación desde principios del siglo pasado?)
7. el final (¿Qué le parece el final de la película? ¿Es triste o feliz? ¿Lógico o ilógico? ¿Inevitable o no? Proponga otro final.)
8. el "mensaje" o tema central de la película (¿Qué nos quieren comunicar los cineastas [*filmmakers*]? ¿Lo consiguen o no? Explique.)

Una escena memorable

¿Quién es este personaje? ¿Dónde está? ¿Qué pasa en esta escena?

Hablan los personajes

Analice las siguientes citas, explique de quién son y póngalas en contexto. (Para una lista de los personajes, ver el ejercicio B en la sección "Antes de ver la película".)

1. "Uno no puede cambiar unos tacos por unas enchiladas así como así."
2. "Sí, suelta tus lágrimas, mi niña, porque mañana no quiero que naide (nadie) te vea llorar, y mucho menos Rosaura."
3. "El secreto está en que cuando lo cocine, lo haga con mucho amor."
4. "Además, los hombres no son tan importantes para vivir, padre, ni la revolución es tan peligrosa como la pintan. Peor es chile y el agua lejos."
5. "Hay muchas maneras de poner a secar una caja de cerillos húmeda *(damp)*. Puede estar segura de que sí tiene remedio."
6. "Las revoluciones no serían tan malas si uno pudiera comer a diario con su familia."
7. "No te preocupes, chiquita. La tradición morirá en mí. Nadie te hará daño."
8. "No me importa lo que piensen ni mi hija ni nadie más. Hemos pasado muchos años cuidándonos (preocupándonos) del quédirán (lo que dirá la gente)."

Hablando de la cultura...

El Día de los Reyes Magos *(Day of the Three Kings)* o la Epifanía es un día festivo muy importante en los países hispanos. Según la leyenda *(legend)*, el día seis de enero los tres Reyes Magos *(magi)* llegan montados en sus camellos con regalos para todos los niños. Los niños dejan comida para los camellos; los Reyes dejan regalos en los zapatos de los niños buenos y carbón *(coals)* en los de los niños malos. La rosca de Reyes (ver la foto de arriba) se prepara sólo en esta época del año y contiene una moneda *(coin)* o una figurita de porcelana que trae la buena suerte a la persona que la encuentra en su trozo *(piece)* de rosca.

En su familia ¿se celebra el Día de los Reyes Magos? ¿hay comidas que se comen sólo en determinadas épocas del año? Compare la tradición de los Reyes con la de Santa Claus.

Hablan los críticos y los directores

Según la opinión de Rita Kempley, "*Like Water for Chocolate* is a Mexican revolutionary-era *Heartburn*, an overly rich fable on the mysterious link between sex and food. It aims to portray the onset of Mexican feminism in 1910, but it's really just another hearth-set Cinderella story, one that connects cooking to sorcery and servitude ... an overwrought potboiler that punishes Tita for her sexual freedom."

—***Washington Post*, March 6, 1993.**

Ilan Stavans afirma que "the intellectual and spiritual weight of Esquivel's six protagonists—Tita, Mama Elena, Nacha, Rosaura, Gertrudis and Chencha—authoritarian well-to-do matrons, opinionated young girls, **soldaderas** and maids, serves to map the trajectory of feminist history in Mexican society; machismo is the book's hidden object of ridicule."

—Review of *Like Water for Chocolate, The Nation*, June 14, 1993, p. 846.

¿Está usted de acuerdo con uno de los dos críticos? ¿Tiene una opinión diferente? Explique.

Más allá de la película

En la siguiente selección de la novela Como agua para chocolate *de Laura Esquivel, Mámá Elena ha muerto. Tita, al vestirla para el velorio,° ha encontrado un dije° en forma de corazón y dentro del dije una pequeña llave.*

De inmediato relacionó la llave con la cerradura indicada.° De niña, un día jugando a las escondidillas° se había metido en el ropero° de Mamá Elena. Entre las sábanas° había descubierto un pequeño cofre.° Mientras Tita esperaba que la fueran a buscar trató inútilmente° de abrirlo, pues estaba bajo llave.° Mamá Elena a pesar de° no estar jugando a las escondidas fue quien la encontró al abrir el ropero. Había ido por una sábana o algo así y la cogió con las manos en la masa°...

Tita abrió el cofre con morbosa curiosidad. Contenía un paquete de cartas de un tal José Treviño y un diario. Las cartas estaban dirigidas a Mamá Elena. Tita las ordenó por fechas y se enteró de° la verdadera historia de amor de su madre. José había sido el amor de su vida. No le habían permitido casarse con él pues tenía en sus venas sangre negra. Una colonia de negros, huyendo° de la guerra civil en U.S.A. y del peligro que corrían° de ser linchados, había llegado a instalarse cerca del pueblo. José era el producto de los amores ilícitos entre José Treviño padre y una guapa negra. Cuando los padres de Mamá Elena habían descubierto el amor que existía entre su hija y este mulato, horrorizados la obligaron° inmediatamente a casarse con Juan De la Garza, su padre.

Esta acción no logró impedir° que aun estando casada siguiera manteniendo correspondencia secreta con José, y tal parecía que no se habían conformado° solamente con este tipo de comunicación, pues según estas cartas, Gertrudis era hija de José y no de su padre.

Mamá Elena había intentado° huir con José al enterarse de su embarazo, pero la noche en que lo esperaba escondida° tras los oscuros del balcón

wake
charm
cerradura... *correct lock*
hide-and-seek / se... *she had gotten into the armoire* / *sheets* / *chest*
unsuccessfully
bajo... *locked* / a... *despite*
cogió... *caught her red-handed*
se... *found out about*
fleeing
peligro... *danger they were in*
forced
no... *did not manage to prevent* / no... *had not been satisfied*
tried
hidden

presenció° cómo un hombre desconocido, sin motivo aparente, protegiéndose entre las sombras° de la noche atacaba a José eliminándolo de este mundo. Después de grandes sufrimientos Mamá Elena se resignó entonces a vivir al lado de su legítimo marido. Juan De la Garza por muchos años ignoró° toda esta historia, pero se enteró de ella precisamente cuando Tita nació. Había ido a la cantina a festejar° con unos amigos el nacimiento de su nueva hija y ahí alguna lengua venenosa° le había soltado° la información. La terrible noticia le provocó un infarto.° Eso era todo.

Tita se sentía culpable de haber participado de° este secreto. No sabía qué hacer con estas cartas. ... Guardó° todo tal como lo había encontrado y lo puso en su lugar.

Durante el entierro° Tita realmente lloró por su madre. Pero no por la mujer castrante que la había reprimido° toda la vida, sino por ese ser que había vivido un amor frustrado.°

she saw
shadows
was unaware of
celebrate
poisonous / let slip
heart attack
culpable... *guilty for having taken part in / She put away*
funeral
repressed
thwarted

Preguntas

1. ¿Por qué relaciona Tita la pequeña llave con un cofre que está en el ropero de su madre?
2. ¿Qué contiene el cofre?
3. ¿Por qué no le permitieron a Mamá Elena casarse con José Treviño, el amor de su vida?
4. ¿Qué hicieron los padres de Mamá Elena al descubrir el amor que existía entre su hija y José Treviño?
5. Según las cartas, ¿quién era el padre de Gertrudis?
6. ¿Qué pasó la noche que Mamá Elena intentó huir con José?
7. ¿Cómo se enteró De la Garza de toda la historia? ¿Qué pasó después?
8. ¿Por qué llora Tita durante el entierro?
9. ¿Ha notado usted alguna diferencia entre la versión de la novela y la de la película? ¿Por qué cree usted que se hizo este cambio al llevar la novela al cine?

Capítulo 4

Hombres armados

Presentación de la película: El doctor Humberto Fuentes es un hombre mayor que vive y trabaja en una ciudad grande. Dice que su "legado" *(legacy)* al mundo es el trabajo que ha hecho para la Alianza para el Progreso; hace años entrenó a un grupo de estudiantes de medicina del programa de la Alianza. Sus estudiantes fueron al campo a trabajar entre la gente más pobre del país. El doctor no conoce mucho el mundo, fuera del círculo de gente que trata en la capital. Cuando muere su esposa, decide empezar una búsqueda de sus estudiantes y de su "legado".

✷ John Sayles, el director, guionista y editor de la película, es un estadounidense de Schenectady, Nueva York. Es autor de novelas, cuentos, obras teatrales y guiones cinematográficos. Después de escribir varios guiones, en 1978 pudo hacer su primera película, *Return of the Secaucus Seven*, con solamente $60.000.

✷ Sayles aprendió español en 1991 cuando escribía su novela *Los Gusanos*, que trata de los cubanos de Miami. Hizo borradores *(drafts)* del guión para *Hombres armados (Men with Guns)* en español y después creó un borrador final en inglés; un traductor mexicano usó las dos versiones (español e inglés) para crear la versión final del guión. Sayles se comunicó en español con los actores de habla hispana durante la filmación de la película. Decidió filmar la película en español. Dice: "I've acted in a foreign language, and I found that 80 percent of your energy goes into the language and only 20 percent into being the character you want to be. It made no sense for me to have the actors struggling with their English, or doing their scenes phonetically, rather than concentrating on their acting."

✷ Otras películas de Sayles son: *Lianna, Brother from Another Planet, Matewan, Eight Men Out, The Secret of Roan Inish, Lone Star, Sunshine State, Silver City, Honeydripper* y *The Spiderwick Chronicles*. Trabaja en forma independiente para poder controlar el contenido de sus películas.

✷ El gran actor argentino Federico Luppi, un admirador de Sayles que leyó el guión y quiso participar en el proyecto, interpreta el papel de Humberto Fuentes. Mandy Patinkin y su esposa Kathryn Grody interpretan los papeles de los turistas Andrew y Harriet. Muchos de los otros actores se contrataron en México durante la filmación de la película.

Preparación

Vocabulario preliminar

Cognados		
atacar la batalla el/la comandante	curar el/la desertor(a) la guerrilla	el helicóptero la medicina el rumor

La guerra	
armado(a)	*armed, with weapons*
la bala (el balazo)	*bullet (shot with a bullet)*
disparar	*to shoot*
el ejército	*army*
el enemigo	*enemy*
el fusil	*gun*
matar	*to kill*
el/la soldado	*soldier*

Otras palabras	
asesinar	*to murder, assassinate*
avisar (el aviso)	*to warn (warning)*
callar(se)	*to (be) quiet*
el chofer	*driver*
ciego(a)	*blind*
entrenar (el entrenamiento)	*to train (training)*
el fantasma	*ghost*
el legado	*legacy*
la llanta	*tire*
prevenir	*to warn*
proteger	*to protect*
tener miedo	*to be afraid*

A. **Fuera de lugar.** Para cada oración, indique cuál de las palabras está fuera de lugar y no tendría sentido en el contexto.

> ***Modelo:***
> Según la radio, pasará un huracán por este pueblo. Hay que __________ (a. prevenir / b. callar / c. avisar) a los habitantes. **b. callar**

1. El pueblo fue atacado por __________________ (a. la guerrilla / b. el ejército / c. el legado).
2. El soldado recogió su __________________ (a. fusil / b. pistola / c. fantasma) y se fue.
3. En la farmacia venden __________________ (a. medicinas / b. llantas / c. aspirinas).
4. "Está muerta", dijo el detective. "¿Por qué la __________________ (a. mataron / b. curaron / c. asesinaron)?"
5. Siempre hay problemas en el pueblo cuando vienen hombres __________________ (a. ciegos / b. armados / c. militares).
6. Su esposo se murió en la __________________ (a. batalla / b. guerra / c. bala).

B. **El soldado.** Complete el párrafo con palabras de la siguiente lista.

atacó	desertor	entrenamiento	miedo
chofer	disparar	helicóptero	proteger
comandante	enemigo	llantas	rumores

El joven empezó un programa de **<u>entrenamiento</u>** para hacerse soldado. Después de unas semanas, tuvo la oportunidad de subir a un (1) ________________ para ver la zona desde el aire. También aprendió a manejar el jeep y sirvió de (2) ________________ al comandante. Aprendió a reparar el jeep, a cambiar las (3) ________________ , etcétera. El (4) ________________ le dijo que la guerrilla es el (5) ________________ del estado y de la paz. Siempre había muchos 6) ________________ de que la guerrilla iba a atacar al ejército. Todos sabemos que el ejército debe (7) ________________ a la gente, pero a veces no lo hace. Un día la guerrilla (8) ________________ al ejército. El joven soldado tenía una pistola pero no la pudo (9) ________________ porque no tenía balas. Tuvo (10) ________________ y corrió. Ahora es un (11) ________________ y no puede volver a su regimiento.

Antes de ver la película

> Your instructor may ask you to do this exercise with a partner (using the **tú** form of the verbs) and report the information to the class.

La falta de comunicación. Uno de los temas de *Hombres armados* es la falta de comunicación, el hecho de que a veces la gente no se entiende porque no habla la misma lengua. Conteste las siguientes preguntas.

1. ¿Ha viajado usted a otro país u otro lugar donde no entendía la lengua? ¿Qué lengua se hablaba allí? ¿Tuvo problemas en comunicarse? Dé un ejemplo.
2. ¿Ha tenido algún problema de comunicación con una persona extranjera aquí en este país? ¿Qué pasó?
3. ¿Cuáles son algunas maneras de expresar una falta de comunicación en español, o sea decirle a alguien que no lo (la) entiende?
4. ¿Qué piensa de las leyes “English only” de algunas regiones de Estados Unidos? ¿Es bueno prohibir el uso de las lenguas extranjeras? ¿Por qué podría ser bueno o malo?

Investigación

Busque información sobre uno de los temas que siguen.

1. la Alianza para el Progreso
2. Hernán Cortés y la conquista de México (que el doctor menciona en una conferencia)
3. el imperio de los aztecas
4. el imperio de los mayas
5. la teología de la liberación

The **Investigación** sections suggest topics related to the movie that you may want to find out more about. Your instructor may assign these to individuals or groups and have them report the information to the class.

Note: Your instructor may ask you to read over the exercises in the section **Exploración** before you see the film, in order to improve your understanding of it.

Exploración

A. La historia

1. ¿Quiénes son la mujer y la niña que se ven al principio de la película? ¿Qué hacen ellas?
2. El general habla de los "rumores" que los "rojillos" (quiere decir, comunistas) crean. Pero después, cuando el doctor Fuentes dice que va a ir a las montañas en vez de a la playa, ¿qué dice el general de sus "Tigres" en las montañas? ¿A quiénes están persiguiendo (*pursuing*)?
3. ¿Qué piensa Raúl, el novio de Ángela, de la Alianza para el Progreso? ¿Qué opina de los indios?
4. ¿A quién ve el doctor en el mercado? ¿Qué hace en Los Perdidos? ¿Qué dice de Cienfuegos, un estudiante del doctor, y del programa?
5. ¿Quiénes son Harriet y Andrew? ¿Qué buscan? Cuando preguntan sobre "los atrocidados" (es decir, las atrocidades) que han leído en los periódicos de Nueva York, ¿cómo reacciona el doctor?
6. Según la anciana ciega en Río Seco, ¿qué le pasó a Cienfuegos? ¿Por qué tiene ella el valor de hablar al doctor cuando los otros no le quieren hablar?
7. ¿Por qué va el doctor a la policía? ¿Qué le aconsejan allí? ¿Qué ironía hay en esta escena?
8. Cuando el doctor llega a Tierra Quemada, nadie le quiere hablar salvo una mujer con un bebé. ¿Por qué le habla? ¿Qué le aconseja el doctor?
9. ¿Quién es Conejo? Según él, ¿por qué llevaron al doctor Arenas a la escuela? En Tierra Quemada, ¿qué quería decir "educación"? ¿"operación"? ¿"graduarse"? ¿Qué quiere decir Conejo cuando dice "Nunca los mandaban a su pueblo"?
10. ¿Quién le roba la cartera al doctor? ¿Qué piensa Conejo de esta persona?

11. ¿Puede Domingo leer la etiqueta *(label)* de la medicina que el doctor Fuentes le da? ¿Por qué le inyecta a Conejo la medicina primero? ¿Sabe Conejo leer?
12. ¿De qué se da cuenta el doctor cuando examina la pistola de Domingo? ¿De qué se entera cuando va a la oficina del doctor de Soto (convertida en peluquería)? ¿Qué consigue Domingo en ese pueblo ("el Padre, el Hijo y el Espíritu Santo")?
13. ¿Dónde vemos al padre Portillo por primera vez? ¿Por qué se llama a sí mismo "el fantasma"?
14. ¿Qué le confiesa Domingo al padre Portillo?
15. ¿Por qué dice el doctor Fuentes que no tiene nada para Graciela, la mujer que no habla?
16. ¿Por qué quiere ir a Cerca del Cielo el doctor? ¿y Graciela? ¿y Domingo? ¿De dónde le vino al doctor la idea de la descripción de ese lugar ("un lugar donde alas de paz recogen las penas de tus hombros")? ¿Por qué dice Domingo que ese lugar no existe?
17. En las ruinas, Conejo dice que los indios van a la selva "para escapar de los blancos". En ese momento, ¿a quiénes ve allí?
18. ¿Quiénes traen a Domingo, amarrado *(tied)* de las manos, a las ruinas? ¿Qué dicen ellos de Cerca del Cielo? ¿De qué hablan dos de ellos ("chocolate con mango")?
19. ¿Cómo es Cerca del Cielo? ¿Qué hay allí? ¿Qué no hay allí?
20. ¿Cómo termina la película?

B. Descripciones. Complete las oraciones con sus propias palabras.

1. Conejo, el niño, es muy __________________ para su edad.
2. A Conejo le importa(n) __________________ .
3. El pueblo de Tierra Quemada, donde el doctor conoce a Conejo, es un lugar __________________.

4. El padre Portillo es un hombre ________________ .
5. El pueblo que se llama El Modelo, donde el doctor y Domingo conocen a Graciela, es ________________ .
6. Domingo es una persona ________________ .
7. La gente de los pueblos pequeños no quiere hablar con el doctor Fuentes porque él (no) es ________________ .

Análisis y contraste cultural

Vocabulario

La medicina	
el consultorio	*office (usually, medical)*
doler (el dolor)	*to hurt, ache (ache, pain)*
enfermo(a) (la enfermedad)	*sick (illness)*
herido(a)	*wounded*
herir (la herida)	*to wound (wound)*
mejorar(se)	*to improve, get better*
la pastilla	*pill*
la pena	*pain, ache, sorrow*
salvar	*to save (e.g., a life)*

La religión	
el alma	*(f.) soul*
el cielo	*heaven; sky*
dar la absolución (absolver)	*to absolve (e.g., of sin)*
la fe	*faith*
el infierno	*hell*
la parroquia	*parish, church*
pecar (el pecado)	*to sin (sin)*
predicar el Evangelio	*to preach the gospel*
el sacerdote	*priest*

La selva	
abrir un claro	*to open up a clearing (e.g., in a forest)*
el/la chiclero(a)	*person who gathers* **chicle**, *or gum, from trees*
esconder(se) (escondido)	*to hide (hidden)*
el monte	*brush, woods; mountain*
picar	*to bite, sting*
la selva	*jungle, forest*
la víbora	*snake*

Otras palabras	
confiar (en)	*to trust*
detener	*to stop, detain*
embarazar	*to get (someone) pregnant*
la esperanza	*hope*
el/la refugiado(a)	*refugee*
secuestrar	*to kidnap*

Para llamar la atención	
Disculpe. Disculpa.	*Excuse me.*
¡Oiga! ¡Oye!	*Hey! Listen!*
Perdone. Perdona.	*Forgive me. Excuse me.*

A. En resumen. Complete las oraciones con palabras de la siguiente lista.

almas	embarazó	parroquia	secuestró
claro	infierno	penas	víbora
duele	mejorarse	se esconden	

Modelo:

El policía dice que la guerrilla __**secuestró**__ a Cienfuegos.

1. El padre Portillo dice que no cree en el cielo, pero que conoce bien el ______________ .
2. Alguien le pregunta si ________________ a una muchacha del pueblo, y él dice que no.
3. Tampoco robó a la ________________ .

4. Quería salvar ________________ .
5. El doctor quería salvar vidas, o por lo menos aliviar (*relieve*) ________________ .
6. Domingo, el desertor, tiene una herida que le ________________ mucho.
7. El doctor le dice que si quiere ________________ , tiene que descansar.
8. Si los soldados preguntan, Domingo quiere que el doctor les diga que le picó una ________________ .
9. Los indígenas abrieron un ________________ en el monte para sembrar maíz.
10. Ellos ________________ en la selva porque no quieren que los hombres armados los encuentren.

B. En otras palabras.... Para cada oración a la izquierda, busque un equivalente a la derecha.

___ 1. ¿Confías en los doctores?
___ 2. El padre le dio la absolución.
___ 3. Predicaba el Evangelio allí.
___ 4. Detuvieron el automóvil.
___ 5. Perdone, ¿tiene unas pastillas para la gripe?
___ 6. ¿Crees en el cielo?

a. Enseñaba la palabra de Dios allí.
b. Disculpe, ¿hay alguna medicina para la gripe?
c. ¿Existirá el Paraíso?
d. ¿Tienes fe en los médicos?
e. Pararon el coche.
f. El sacerdote lo absolvió.

C. Familias de palabras. Para cada infinitivo, busque un sustantivo relacionado. Después, use el sustantivo en una de las oraciones que están abajo o invente su propia oración.

> ***Modelo:***
> refugiar
> **el refugiado (la refugiada)**
> Estaba en un campamento para **refugiados**.

	Infinitivo	Sustantivo
1.	pecar	________
2.	enfermar	________
3.	consultar	________
4.	herir	________
5.	esperar	________
6.	doler	________

a. Ya no tiene ninguna __________________ de que se mejore.
b. El __________________ del doctor está en la calle Quinta.
c. Tengo __________________ de estómago.
d. La tuberculosis es una __________________ muy grave.
e. Tenía una __________________ en la pierna.
f. Según algunas personas religiosas, el ser humano nace con el __________________ original.

D. **"Somos salineros, gente de sal."** Forme una palabra que termine en **-eros** para cada uno de los siguientes sustantivos.*

Modelo:
jardín **jardineros**

1. chicle __________________
2. leche __________________
3. carta __________________
4. joya __________________
5. zapato __________________

NOTA CULTURAL

Aunque esta película fue filmada en México, tiene elementos de muchos países. La ropa de las indígenas de Cerca del Cielo parece centroamericana o sudamericana. La música es de México, América Central, el Caribe, Colombia y otros lugares. Entre las lenguas indígenas que se hablan están el náhuatl, el tzotzil, el maya y el kuna. (Algunos de los actores hablaban solamente una lengua indígena y nunca habían visto una película.) En cada lugar, la gente trata de ganarse la vida como puede: con la sal, el chicle, el maíz, los plátanos, el café. Los nombres de los pueblos podrían ser de cualquier país hispano, como Río Seco, Los Mártires o Pico de Águila. El paisaje varía mucho y parece que la película no se sitúa en ningún lugar específico.

* Hint: Drop a final **-a** or **-o** and add **-eros**. If the final vowel is **-e**, just add **-ros**. If the final letter is a consonant, just add **-eros**.

Temas de conversación o composición

Discuta con sus compañeros los temas que siguen.*

1. el hecho de que la película no se sitúa en ningún lugar específico (¿Podría tener lugar en otro continente? ¿en otra época histórica?)
2. la pistola que Domingo tiene cuando regresa con las llantas (¿Qué otras personas la tienen después? ¿Qué simboliza, para usted? ¿Qué tiene que ver con el título de la película?)
3. la inocencia *versus* la falta de conciencia (¿Quiere el doctor Fuentes saber la verdad sobre su país? ¿Por qué le pregunta al padre Portillo sobre los pecados por omisión? ¿Qué le contesta el padre? Si el doctor Fuentes no hubiera muerto, ¿habría podido regresar a su rutina diaria en la ciudad?)
4. la compañía Kokal (Varias veces durante la película, se ven o se oyen anuncios para "Kokal", y el camión de la compañía se ve por todas partes. ¿Qué representa "Kokal", en su opinión?)
5. los turistas Andrew y Harriet (¿Por qué están allí de visita? ¿Qué estudian? ¿Les interesa la situación actual de los indígenas? ¿Les interesa lo que le está pasando al doctor Fuentes? ¿Qué les interesa?)
6. la lengua (¿Representa una barrera entre la gente? ¿Quiénes son bilingües? ¿Quiénes tienen problemas de comunicación? ¿Es humorística a veces la falta de comunicación? ¿Hay una ley en Estados Unidos según la cual todos los indígenas tienen que aprender inglés? ¿Entiende inglés el doctor Fuentes? ¿Entiende las lenguas indígenas? ¿Por qué es importante el idioma en esta película?)
7. el padre Portillo (¿Qué hacía en el pueblo? ¿Qué pasó allí? ¿Por qué le dice a Domingo "Yo lo absuelvo" cuando le había dicho antes que no lo podía absolver, que no era sacerdote? ¿Por qué se va con el soldado que detiene el auto del doctor cerca de El Modelo? Cuando le salva la vida a Domingo, ¿él se lo agradece?)
8. el legado del doctor Fuentes ("Cada hombre debe dejar un legado, algo que construyó, dejarle algo al mundo, pasarle el conocimiento a otro alguien que será su continuación." ¿Deja algo a alguien, al final? ¿Por qué sonríe Graciela al final de la película?)

---

* Your instructor may ask you to report back to the class or write a paragraph about one of the topics.

Una escena memorable

¿Dónde están Graciela y Domingo? ¿Qué pasa en esta escena? ¿Qué pasará después?

Hablan los personajes

Analice las siguientes citas, explique de quién son y póngalas en contexto. Los personajes: el doctor Fuentes, Conejo, el padre Portillo, Domingo, el policía, el general, la mujer ciega, Bravo (el estudiante del doctor).

1. "Eres como un chiquillo, Humberto. El mundo es un lugar salvaje."
2. "Cortés conquistó todo un imperio con unos cuantos hombres, pero tenía caballos y armas, cosas que sus contrincantes *(adversaries)* no. Ustedes van allí a lugares donde sus principales enemigos serán las bacterias y la ignorancia."
3. "Doctor Fuentes, usted es el hombre más preparado que he conocido. Pero también el más ignorante."
4. "Cuando un indio se pone el uniforme, se vuelve blanco."
5. "Aquí no. A lo mejor en México. Los aztecas.... No era nuestra gente. Eran otras tribus, que atacaban por el norte."
6. "Hemos tenido algunos problemas con los periodistas allí arriba. Suben a tomar fotografías y después desaparecen. Y a mí me echan la culpa *(blame)*."
7. "Los ricos usan el ejército pa' que saque a los indios de las tierras buenas y se mueran de hambre. Entonces pos (pues) los indios tienen que regresar a la pizca *(harvest)* del café. Ya luego vuelven con su paga miserable y estas sanguijuelas *(leeches)* los dejan secos."

8. "Un padre sin fe es como un soldado sin fusil."
9. "Yo quería salvar almas, pero más bien salvé una vida. Yo soñé su vida y usted la mía. … Quizá la inocencia es un pecado."
10. "Es obvio que no creo en el cielo, doctor. Pero en el infierno… podría darle un paseo por el infierno."
11. "Un pendejo *(idiot,* vulgar*)* o un cobarde. Pero si Dios no les permitiera la entrada al cielo a estas gentes, se quedaría muy solo."
12. Y ahora para los "expertos": Tres personajes dicen lo siguiente: "A la gente (común) le gusta/encanta el drama." ¿Quiénes son estos personajes?

Hablando de la cultura

El papel de la Iglesia Católica en un pueblo pequeño en Latinoamérica puede ser muy importante. ¿Cuál es el papel del padre Portillo en el pueblo donde predica el Evangelio? ¿Qué clase de ritos o ceremonias hace? ¿Cómo enseña el Evangelio? ¿Por qué no se fue del pueblo cuando empezaron los problemas? ¿Quería la gente que se fuera? ¿Por qué se fue cuando le "hicieron la prueba", y por qué se quedaron los demás? ¿Por qué no mandaron a alguien que lo trajera de nuevo al pueblo? ¿Conoce bien a la gente de su parroquia?

Hablan los críticos y los directores

"*Men with Guns* asks us to weigh the price between not knowing and knowing, between silence and acknowledging, between lies and truth, between 'innocence' and self-knowledge. During the mythological journey narrated in this film, all the central characters finally confront those choices, and we do so with them. Just as the doctor, the priest and the soldier in the movie realize how the personal—that which affects only them— also affects their country, we, watching the movie, make a similar journey. In that private, inner-space of our own where art is experienced, where anything is possible, where the imagination reminds us that we are alone and never alone in our common humanity, we feel what is at stake in this movie. I suppose we choose every day, in countless ways, between denial and self-knowledge: societies as a whole face such choices too…. I think a movie like John Sayles' *Men with Guns* tells us why it is always better to know, by showing us that not knowing makes us less fully human."

— Francisco Goldman
http://www.spe.sony.com/classics/menwithguns/reflections.html

¿Está usted de acuerdo? ¿Somos menos humanos si negamos la realidad e ignoramos lo que pasa a nuestro alrededor? ¿Escogemos todos los días entre la negación *(denial)* y el conocimiento de nosotros mismos *(self-knowledge)*?

"Probably the idea came during the Vietnam war. I wrote a short story in which I tried to get rid of the Western concept of free will. I was thinking about the fact that in wars, often there are more casualties who are civilians than combatants… As I was writing it *(Hombres armados)*, I made sure that almost all of the incidents are based on events that have happened somewhere else, almost to the exact detail. A lot of the dialogue in the beginning when Fuentes is being defensive, 'Oh this doesn't happen in our country,' and his son-in -law says, 'Our family has lived with these people for centuries,' that's pretty much verbatim what I heard as a kid in the American South when I went down there. 'They're our Negroes, we've lived with these people and it's only these outside agitators who've blown it out of proportion.' … There are things in this movie that come from Bosnia, from the former Soviet Union, from Africa, where a larger concept of government, whether it's colonialism or socialism, is blown away and old tribalisms reappear. But the common factor is that there are people who are just stuck in the middle."

— John Sayles, in an interview with Ray Pride 3/30/98,
http://desert.net/filmvault/chicago/m/menwithguns1.html

¿Tiene la película algo que ver con la historia de Estados Unidos? ¿Qué cree usted?

Más allá de la película

Entrevista con Federico Luppi: "Otra vez en la frontera"

¿Cuánto no sabía porque me mintieron y cuánto no sabía porque yo tenía una cómoda° mentira y no quería saber?, escuchó Federico Luppi, y la cuestión sobre el saber° retumbó° en su cabeza por esa frase que pronunció el director norteamericano John Sayles, antes de comenzar en Chiapas el rodaje de la película *Hombres armados.*

comfortable
knowing / resounded

El director de *El secreto de Roan Inish, Eight Men Out, Escrito en el agua* y *Lone Star*, entre otras, hizo hablar a la conciencia del doctor Fuentes,° personaje que interpretó Luppi en esta película.

hizo... *made the conscience of Dr. Fuentes speak*

Si bien se filmó en cuarenta locaciones de México—con actores y extras nativos que continuaban sus personajes cuando las luces de la filmación se iban para otro lado—la historia de *Hombres armados* transcurre° en un país no específico de América Latina.

occurs

Allí, un prestigioso médico que nunca había prestado° demasiada atención a las realidades políticas de su país se lanza° a buscar a un grupo de alumnos que formó para trabajar en zonas pobres. Ése es todo su legado y su orgullo.

paid
se... *sets out*

Pero al salir de su consultorio médico en la ciudad manejando una lustrosa° 4x4 se encuentra con toda la endemia° típica de América: las revoluciones, las contrarrevoluciones, la guerrilla, el ejército represor, la traición,° la miseria, la muerte. Un lugar donde los jóvenes pueden ser asesinados simplemente por brindar° cuidados médicos. Algo que, por cierto, no figuraba en ningún libro de medicina.

shiny
endemic problems
betrayal
offering

Cables a ninguna parte

De enero a febrero del '97, Federico Luppi recorrió cada una de las locaciones con el equipo de filmación de *Hombres armados.* Con ritmo de merengues, cumbias, percusiones africanas y sonidos° de marimbas, el desplazamiento° del doctor Fuentes se fue haciendo cada vez más° duro. Y el personaje de Fuentes todo el tiempo cuestionó a Luppi, el actor. "Es que debo reconocer que si bien soy una persona informada e interesada en todas estas cuestiones, al viajar a México sentí que me desayunaba de° muchas cosas", dijo a *La Nación* instalado en su austero escritorio del barrio de Belgrano [Buenos Aires]. Dice que quedó helado° en las famosas ruinas de Palenque, cuando unas chiquitas de no más de catorce años lo querían llevar a la cama a cambio de una cerveza. También se cruzó con muchos militares que constantemente "peinaban"° la zona cercana a Chiapas. Vio cómo mujeres indígenas escalaban° la selva con bebés cargados de sus espaldas y sobre sus pechos.° Habló con

sounds
displacement / se... *became more and more*
me... *I was getting fresh news about*
quedó... *he was stunned*
were combing / climbed up into / cargados... *carried on their backs and chests*

peones de cafetales° que ganan un equivalente a 18 dólares al mes. Llegó a un caserío° que estaba cruzado por cables y antenas de televisión, y deslizó,° ingenuamente, como lo haría después su personaje: "Ah, tienen televisor." Y el americano Sayles, que ya había recorrido la zona, dijo: "No, ponen antenas y cables que no van a ningún lado."

coffee fields

country house / he let slip

"Es que yo también fui un poco doctor Fuentes. Charlando con un hombre en un bananal le dije: 'Bueno, pero qué suerte que tienen ustedes con esos bananales, debe ser una banana muy sabrosa...'" El hombre lo miró extrañado° y le contestó: "No, pues, usted sabe señor que estamos atosigados° de comer plátano frito, plátano en puré, con frijoles. Es lo único que comemos."

surprised

obliged

"Lo interesante de la película es cómo el saber en el mundo occidental está determinado por la utilidad que pretende conseguir° un médico, un ingeniero, un abogado. Un saber que reditúa° y que está en función de una clasificación del mundo basada en que el tiempo es oro. Y de pronto, hay gente que descubre: "Ah, ¿todo esto ocurría? ¿Cómo no me enteré?"° El doctor Fuentes tampoco quiere saberlo, no por una natural malignidad. Ignora, vive en un código cotidiano° donde todo aquello es de otros.° O porque da mucho terror o porque lo queremos ignorar. Y el doctor Fuentes lo único que puede vislumbrar° ya en determinado momento es un lugar cerca del cielo donde cierta paz le permita morir. Recuerdo ese personaje de Borges que dice: "Hay un momento en la vida de un hombre que sabe para siempre quién es." Y eso le pasa a mi personaje. A mí, desgraciadamente, todavía no", dice Luppi.

pretends to acquire

produces (e.g., income)

¿Cómo... *How is it that I didn't find out?*

código... *daily code (e.g., of ethics)* / de... *someone else's (problem)* / *glimpse*

Para el actor que conoció el exilio (del '77 al '78, en España), y que sobrevivió en la Argentina a otro tipo de hombres armados, la película de Sayles es, de algún modo, una alegoría de la guerra. "¿Cuál es la diferencia entre un guerrillero hondureño, guatemalteco? ¿O qué pasó durante la guerra sucia en la Argentina? Tampoco hay diferencia entre quienes en nombre de un motivo matan y quienes en nombre de otros reprimen.° No tenemos que ir a México para verlo", se pregunta.

repress

Durante la filmación, el protagonista de *La Patagonia rebelde, Tiempo de revancha, Ultimos días de la víctima, Un lugar en el mundo, La ley de la frontera* y *Martín (Hache)* recordó muchas veces aquel libro de Eduardo Galeano, *Las venas abiertas de América Latina.* "Yo pensaba en eso de que haremos uno, dos, tres Vietnam de América Latina. Y me di cuenta de° que no existe. Respeto muchísimo a Galeano, pero esa idea es crear un buzón° más grande que la realidad. Y lo dice una persona que ha comprado muchos buzones: el socialismo, la izquierda, el futuro de la organización soviética, la indeclinable magnificencia de la China de Mao. Los compré, ayudé a venderlos, firmé, jetoneé.° Ojo,° que eso no me hace suponer° que sirvo para algo más que para actuar... Hace quince años tenía la pretensión irritante y soberbia° de suponer que tenía respuesta para todo. Ahora aprendí a preguntarme más. Y creo que América Latina te coloca en el borde mismo de la inutilidad° del discurso."

me... *I realized*
mailbox (here, paradigm)
I mouthed off, boasted / Don't get me wrong / suppose / proud
te... *puts you on the very edge of the uselessness*

Turistas armados

La película también muestra a otro tipo de "Fuentes", una pareja de turistas (interpretada por los americanos Mandy Patinkin y su mujer en la vida real, Kathryn Grody) que están tan interesados en conocer las historias sobre aquéllos a quienes les cortaron las manos y desconocen° lo que le está pasando a ese doctor al que saludan. "Es el turismo que no tiene real deseo de conocer, sino de excitarse", agregó Federico.

don't know

Haber conocido a John Sayles fue parte de la experiencia enriquecedora° de Luppi: "Es un tipo que conoce mucho y bien el mundo latinoamericano. No es paternalista ni condescendiente. Durante el rodaje también hablamos de Bosnia-Herzegovina, y hasta de la búsqueda de los restos° del Che [Ernesto "Che" Guevara] en Bolivia. Demostró que no es un tipo que sabe porque lee el *Times dominical.*° Y creo que en sus películas reveló una muy seria honestidad consigo mismo.° Es muy difícil que no te entusiasme° su forma de ver el mundo y todo lo que filma."

enriching
remains
Sunday
consigo... *with himself* / que... *not to let...excite you*

— Lorena García, *La Nación de Buenos Aires*, 21 de abril de 1998

Preguntas

1. ¿Quién es Federico Luppi? ¿Qué pregunta de John Sayles lo hizo pensar mucho?
2. ¿Adónde fue Luppi durante el rodaje de *Hombres armados*?
3. ¿Dónde entrevistaron a Luppi… o sea, ¿dónde vive?
4. ¿Por qué dice que es "un poco doctor Fuentes"?
5. ¿Por qué quedó helado en las ruinas de Palenque? ¿Qué otras cosas lo sorprendieron?
6. Según Luppi, ¿qué es el saber en el mundo occidental? ¿En qué idea se basa?
7. Según Luppi, ¿qué palabras del escritor argentino Jorge Luis Borges describen a Fuentes? ¿Lo describen a él?
8. ¿Dónde estaba Luppi en 1977 y 1978? ¿Por qué? ¿Qué sobrevivió?
9. ¿Qué "buzones" (paradigmas, maneras de mirar el mundo) había "comprado" Luppi en el pasado?
10. Según Luppi, ¿cómo es el turismo de los norteamericanos (Harriet y Andrew)?
11. ¿Qué opina Luppi de Sayles? ¿Qué quiere decir cuando dice que "no es un tipo que sabe porque lee el *Times dominical*"?

Usted y la lengua española

Según Federico Luppi, los turistas Harriet y Andrew son ejemplos del "turismo que no tiene real deseo de conocer, sino de excitarse". ¿Hay muchas personas como Harriet y Andrew, que aprenden español pero no lo utilizan para comunicarse, para aprender algo sobre la cultura de las personas de habla hispana? ¿Por qué estudia usted el español? ¿Cómo lo utiliza? ¿Qué hace para mejorar su conocimiento de la lengua castellana y de la cultura hispana?

Con un(a) compañero(a), haga una lista de los motivos para aprender la lengua española y otra lista de técnicas que podrían emplear para practicarla y mejorarla. Comparta las listas con la clase.

Capítulo 5

El norte

Presentación de la película: Rosa y Enrique huyen *(flee)* de su remoto pueblo maya después de la muerte de sus padres a manos de las tropas del ejército, y salen para "el norte" (Estados Unidos) en busca de una vida mejor y más segura.

✷ Durante la década de los ochenta en Guatemala se cometieron atrocidades militares contra las comunidades indígenas y se practicó una política de "tierra quemada". El ejército mató u obligó a exiliarse a miles de habitantes rurales y destruyó más de cuatrocientos pueblos indígenas. También hubo conflictos en Nicaragua y El Salvador que produjeron miles de muertes y refugiados políticos.

✷ *El norte* es el primer largometraje *(feature film)* de Gregory Nava, nacido en San Diego, de ascendencia mexicana y vasca *(Basque)*, y conocido como director de *My Family/Mi familia* (1995, Jimmy Smits, Jennifer López), *Selena* (1997, Jennifer López) *Why Do Fools Fall in Love* (1998, Halle Berry, Vivica A. Fox) y de la serie televisiva *American Family* (2002-2004, Edward James Olmos, Raquel Welch). El guión, escrito por el director y su esposa, Anna Thomas, fue seleccionado *(nominated)* en 1985 para el Oscar y el Writers Guild of America Screen Award al mejor guión original. Nava fue premiado con el Gran Prix des Amériques del

Festival Mundial de Cine de Montréal en 1984 por esta película. En 1995, *El norte* entró al prestigioso National Film Registry y ha sido designado *American Classic* por la Biblioteca del Congreso estadounidense. *El norte* se volvió a estrenar *(was re-released)* en 2001 y en 2009.

Preparación

Vocabulario preliminar

Note: In Guatemala many people use **vos** instead of **tú**, so expect to hear some verbs in the present tense with the emphasis on a different syllable than you are used to hearing and perhaps other modifications as well: **¿Y por qué salís, pues?** Some imperative forms also have a different accented syllable: **Sentate, dormite, acordate**. The **vos** form of the verb **ser** is **sos**: **Y si alguien te pregunta de dónde sos, decí que de Oaxaca.** In Guatemala the diminutive is used extensively (**bastantito, cuidadito, mismito**) and the intensifier **re-** is common (**rebueno** for **muy bueno**, **reduro** for **muy duro**).

Cognados		
el carro	grave (adj.)	el/la mexicano(a)
el dólar	el hospital	el norte
la familia	inmediatamente	la virgen

La gente	
el/la ahijado(a)	*godson (goddaughter)*
la comadre	*very close friend; godmother of one's child or mother of one's godchild*
el compadre	*very close friend; godfather of one's child or father of one's godchild; pl. godparents*
el coyote	*person who helps illegal immigrants enter the United States*
la gente	*people*
la madrina	*godmother*
el/la mano(a)	*buddy (used in direct address, short for hermano[a])*
el/la novio(a)	*sweetheart*
el padrino	*godfather*
el/la soldado	*soldier*

Otras palabras	
acordarse (ue)	*to remember*
ayudar	*to help*
componerse	*to get better, improve*
conseguir (i)	*to get, obtain*
difícil	*hard, difficult, tricky*
el drenaje	*sewer*
fuerte	*strong*
la lana	*money (colloquial)*
limpiar	*to clean*
la máquina	*machine*
parecer	*to seem; to look like*
pinche	*damn, measly, lousy, rotten (colloquial)*
el pisto	*money (colloquial)*
la suerte	*luck*
volverse (ue) loco(a)	*to go crazy*

A. Los compadres. Escoja la palabra apropiada para terminar la frase.

1. Doña Teresa es mi comadre. Es la (madrina / mana / novia) de mi hija mayor.
2. Los compadres son como miembros de la (ahijada / virgen / familia).
3. Mi hija María tiene miedo de que vuelvan los (soldados / novios / ahijados).
4. Necesita pisto para el viaje a Estados Unidos y su padrino la va a (acordarse / ayudar / parecer).
5. Él conoce a un buen (coyote / soldado / pisto) que va a ayudar a María a entrar en Estados Unidos.
6. Los mexicanos no dicen pisto como aquí en Guatemala, sino (gente / lana / drenaje).

B. Problemas. Berta, una inmigrante reciente, habla de sus problemas. Complete los párrafos con las palabras de la lista.

carro	lana	norte
difícil	limpiando	pinches
dólares	máquinas	

Mi hermana y yo necesitamos (1) ________________ para comprar un (2) ________________ , pero aquí en el (3) ________________ sólo ganamos cinco (4) ________________ por hora (5) ________________ casas. Aquí se usan (6) ________________ muy complicadas para lavar los platos y la ropa y es (7) ________________ operarlas. (8) ¡ ________________ máquinas!

conseguir	hospital	suerte
fuerte	inmediatamente	volverme loca
grave	se componen	

Si aprendemos inglés quizás podamos (1) ________________ un trabajo mejor. Lo peor es que ayer supimos por carta que Mamá está enferma. Se puso (2) ________________ y la llevaron (3) ________________ al (4) ________________ en Guadalajara. Mi hermana es más optimista que yo y dice que vamos a tener (5) ________________ . Soy una persona bastante (6) ________________ , pero si las cosas no (7) ________________ pronto creo que voy a (8) ________________ .

Antes de ver la película

A. Los inmigrantes

1. ¿De dónde inmigraron sus antepasados *(ancestors)*? ¿Por qué vinieron a este país?
2. ¿Conoce usted a algún inmigrante reciente? ¿Por qué vino a este país?
3. ¿Qué problemas cree usted que enfrentan *(face)* los inmigrantes ilegales en este país?

B. Los personajes. Lea los nombres de los siguientes personajes. Después de ver la película, empareje cada personaje con su descripción.

___ 1. Arturo	a. madrina de Rosa y Enrique
___ 2. Rosa	b. coyote amigo de don Ramón
___ 3. Enrique	c. hijo de Arturo
___ 4. Josefita	d. dueña *(owner)* de una fábrica en Chicago
___ 5. don Ramón	e. amigo mexicano de Enrique
___ 6. Jaime	f. padre de Enrique y Rosa
___ 7. Raimundo	g. amigo de la familia de Arturo que conoce el norte
___ 8. Monty	h. mexicano-americano que trabaja con Enrique y Jorge
___ 9. Jorge	i. hija de Arturo
___ 10. Nacha	j. dueño de un motel e intermediario entre inmigrantes y empleadores *(employers)*
___ 11. Carlos	
___ 12. Alice Harper	k. amiga mexicana de Rosa
	l. coyote joven

Investigación

The **Investigación** sections suggest topics related to the movie that you may want to find out more about. Your instructor may assign these to individuals or groups and have them report the information to the class.

Busque información sobre uno de los temas que siguen.

1. los refugiados políticos centroamericanos en la década de 1980
2. los inmigrantes indocumentados en Estados Unidos
3. las películas *My Family/Mi familia* y/o *Selena,* de Gregory Nava
4. el realismo mágico (una técnica literaria y cinematográfica usada en *El norte*)

Note: Your instructor may ask you to read over the exercises in the section **Exploración** before you see the film, in order to improve your understanding of it.

Exploración

A. **¿Cierto o falso?** Lea las siguientes oraciones. Indique C (cierto) o F (falso). Corrija las oraciones falsas.

___ 1. La familia Xuncax es una familia indígena.

___ 2. Josefita sabe por experiencia propia cómo es la vida en "el norte".

___ 3. Rosa y Enrique abandonan su pueblo porque tienen miedo.

___ 4. Rosa y Enrique creen que en "el norte" la vida será igual que en Guatemala.

___ 5. Enrique abandona a Rosa para aceptar un trabajo en Chicago.

B. **La historia**

Primera parte: Arturo Xuncax

1. ¿Por qué se reúnen en secreto los campesinos?
2. ¿Qué pasa durante la reunión?
3. ¿Qué hacen los soldados en el pueblo?
4. ¿Por qué están en peligro Enrique y Rosa?
5. ¿Qué piensan hacer Enrique y Rosa? ¿Cómo los ayudan don Ramón y Josefita?
6. ¿Qué esperanzas tienen Enrique y Rosa con respecto a la vida en "el norte"?

Segunda parte: El coyote

1. ¿Cómo llegan a Tijuana Rosa y Enrique? ¿Por qué tratan de pasar por *(pass for)* mexicanos?
2. ¿Qué les pasa con Jaime y, luego, con la policía de la inmigración?
3. ¿Cómo entran en California los dos hermanos? ¿Quién los ayuda? ¿A qué ciudad los lleva esta persona?

Tercera parte: El norte

1. ¿Qué trabajo consigue Rosa? ¿Cómo lo pierde? ¿En qué trabaja ella después?
2. ¿Qué trabajo consigue Enrique?
3. ¿Qué oportunidad se le ofrece a Enrique? ¿Por qué no quiere aceptarla?
4. ¿Cómo pierde Enrique su trabajo? ¿Qué decide hacer entonces?
5. ¿Por qué tiene miedo Rosa de ir al hospital? ¿Cómo se enfermó?
6. ¿Cómo termina la película?

Análisis y contraste cultural

Vocabulario

La injusticia social y el exilio	
el abuso	*abuse*
el/la campesino(a)	*country person (with connotations of poverty)*
el ejército	*army*
escaparse (de)	*to escape (from)*
el/la indio(a)	*Indian*
irse	*to leave, go away*
luchar	*to fight*
matar	*to kill*
morir(se) (ue, u)	*to die*
peligroso(a)	*dangerous*
el/la pobre	*poor person*
quedarse	*to stay*
el/la rico(a)	*rich person*
seguro(a)	*safe*
sentir (ie, i)	*to feel (emotion)*
tener miedo	*to be afraid*
la tierra	*land*
la vida	*life*

Los inmigrantes	
agarrar	*to catch; to take*
cruzar	*to cross*
extrañar	*to miss (one's home, family, country)*
la frontera	*border*
la guerra	*war*
el hogar	*home*
libre	*free*
el lugar	*place*
la migra	*U.S.I.N.S.; immigration police on the U.S.- Mexican border*
el/la pocho(a)	*Mexican-American, often referring to someone who has lost his or her Mexican culture*
regresar	*to return, come/go back; to send back*

A. Rosa y Enrique. Escoja la respuesta apropiada.

___ 1. ¿Por qué se reunieron los hombres en la vieja hacienda?
___ 2. ¿Qué no entienden los ricos?
___ 3. ¿Por qué se van para el norte Rosa y Enrique?
___ 4. ¿Podrán pasar por mexicanos?
___ 5. ¿Es peligroso cruzar la frontera?
___ 6. ¿Quién los va a ayudar a cruzar la frontera?
___ 7. ¿Es pocho el coyote?
___ 8. ¿Van a pasar por las montañas?
___ 9. ¿Qué les pasará si los agarra la migra?
___ 10. ¿Estarán contentos en el norte?

a. Espero que sí. La vida será más fácil, pero van a extrañar su hogar.
b. Van a necesitar un buen coyote.
c. No, es mexicano.
d. Sí, don Ramón dice que es como la guerra.
e. Los regresarán a Guatemala y se morirán a manos de los soldados.
f. No, es muy peligroso. Van a ir por otro lugar.
g. Aquí no están seguros ni libres. Los quieren matar.
h. Se reunieron para hablar de la situación; van a luchar por su tierra.
i. Que los pobres sienten, que son gente como ellos.
j. Claro que sí. La gente piensa que todos los indios son iguales.

B. Así comienza. Complete este resumen del principio de *El norte* con las palabras de la lista.

abusos	irse	peligroso
campesinos	matan	quedarse
ejército	miedo	se escapan

Lupe no quiere que su esposo vaya a la reunión secreta porque ella tiene (1) ________________ . Los soldados atacan a los (2) ________________ y los (3) ________________ a todos; al día siguiente entran al pueblo y se llevan a sus esposas y a otros parientes. Enrique y Rosa (4) ________________ del (5) ________________ porque no están en casa cuando llegan los soldados. Los dos hermanos no pueden (6) ________________ en San Pedro porque es muy (7) ________________ . Deciden (8) ________________ para el norte, donde no tendrán que sufrir más (9) ________________ por ser indígenas.

NOTA CULTURAL

Cuando se siente mal, Rosa va a ver a una curandera *(folk healer)*. Esta práctica es tradicional y común en muchos países hispanos. Por otra parte, la protagonista tiene miedo de que las autoridades la manden a Guatemala si va al hospital.

Temas de conversación o composición

Discuta con sus compañeros los temas que siguen.*

1. la migración (¿Qué peligros enfrentan los protagonistas al cruzar la frontera y después de llegar? ¿Qué experiencias nuevas tienen en Los Ángeles? ¿Se sienten desorientados? ¿Qué personas e instituciones se presentan como hostiles a los inmigrantes ilegales? ¿Hay personas e instituciones que los ayudan? ¿Le parece exacta, o no, la forma de mostrar la inmigración en la película?)
2. la asimilación (¿Cuáles son los valores de la cultura maya, según la película? ¿y de la cultura norteamericana? ¿Cuál es el dilema de Enrique cuando se le ofrece una gran oportunidad? ¿Qué sistema de valores elige, y qué tiene que sacrificar como consecuencia de su elección? Si hubiera elegido el otro sistema de valores, ¿qué habría

* Your instructor may ask you to report back to the class or write a paragraph about one of the topics.

sacrificado? ¿Se presentan la asimilación y la aculturación como algo positivo, negativo o ambiguo?)

3. la explotación (¿Cuáles son las condiciones de trabajo de los campesinos en Guatemala? ¿y de los inmigrantes ilegales en Los Ángeles? ¿Por qué hay conflictos entre los diferentes grupos explotados? Por ejemplo, ¿por qué llama Carlos a la policía de inmigración? ¿Quién es el intermediario entre los inmigrantes ilegales y las personas que los contratan [*hire*]? ¿Por qué quieren estas personas contratarlos aunque sea ilegal hacerlo? ¿Son también inmigrantes algunas de estas personas?)
4. los estereotipos (¿Cómo se combaten los estereotipos de los latinos en la película? ¿Son todos iguales o son diferentes los personajes latinos? ¿Se trata de una película de "buenos" contra "malos", o son los personajes más complicados?)
5. la violencia (¿Cómo se manifiestan los diferentes tipos de violencia en la película—física, verbal, estructural [de las estructuras políticas y sociales]? ¿Quiénes están en conflicto en cada una de las tres partes de la película?)
6. las imágenes simbólicas (¿Qué nos dice la yuxtaposición de las imágenes de la noria [*water wheel*] y la hormigonera [*cement mixer*] de la situación de los protagonistas? ¿y la repetición de la imagen de la cabeza cortada de Arturo? ¿y la insistencia en las imágenes circulares: la luna llena, el tambor [*drum*] de la procesión funeraria, los faros [*headlights*] de los vehículos? ¿y la araña [*spider*] en su telaraña [*web*]? ¿y los pájaros enjaulados [*caged*]? ¿Qué pueden representar las imágenes de las visiones o sueños de los protagonistas: las mariposas [*butterflies*], el cabrito [*goat*], las flores blancas, los pájaros blancos, el pescado en la cesta [*basket*] de flores?)
7. el mito de la "tierra prometida" (¿Cuáles son las esperanzas de Rosa y Enrique con respecto a la vida en "el norte"? ¿Se realizan, o no, sus sueños? ¿Por qué sí o no?)
8. el tema central o "mensaje" de la película (¿Por qué venían a Estados Unidos muchos inmigrantes ilegales de Centroamérica, como Rosa y Enrique? ¿Por qué vienen de México? ¿Cómo los afectan la discriminación y la hostilidad que encuentran en Estados Unidos? ¿Ha cambiado esta película la actitud que usted tenía con respecto a los inmigrantes ilegales?)
9. la estructura de la película (¿Qué contrastes hay entre la primera parte y la segunda? ¿entre la segunda parte y la tercera? ¿entre la primera parte y la tercera? ¿entre la manera de presentar los hechos "reales" y la manera de presentar los sueños y las visiones de los protagonistas? ¿Cómo contribuyen las imágenes repetidas a reforzar el "mensaje" de la película?)
10. el humor (¿Cuáles son las funciones del humor en *El norte*? ¿Contribuye a comunicar el "mensaje" de la película? Para usted, ¿cuál es el momento más cómico?)

Una escena memorable

¿Adónde va Enrique, y quién lo acompaña? ¿Quién los espera en la salida? ¿Qué pasa en esta escena que va a traer consecuencias terribles más tarde?

Hablan los personajes

Analice las siguientes citas, explicando de quién son y poniéndolas en contexto. (Para una lista de los personajes, ver el ejercicio B en la sección "Antes de ver la película".)

1. "Hace diez años más o menos que la cocinera de don Rodrigo me pasa todos sus *Buenhogar*. … Así que yo… pues, sé bastantito, mi hijo."
2. "Para el rico, el campesino solamente es brazo—eso creen que somos—puro brazo para trabajar."
3. "Y si alguien te pregunta de dónde sos, decí que de Oaxaca. La mayoría de gente ni cuenta se da que no sos de allá—se creen que todos los indios son iguales."
4. "Raimundo, you and me, we're public servants. The whole goddamn economy would collapse like that if it wasn't for the cheap labor we bring in."
5. "Pues, es ciudadano americano, pero tiene familia que viene de México. Por eso tiene que hacer la misma mierda de trabajo que nosotros."
6. "Mírame ahora. La gente me mirará y me respetará. En este país se trabaja reduro, pero también llegas a ser alguien."

7. "No somos libres."
8. "¿Cuándo vamos a encontrar un hogar?"
9. "¡Yo, yo, lléveme! Yo tengo brazos fuertes."

Hablando de la cultura…

Comente (1) la relación entre Arturo y Lupe Xuncax y sus compadres Josefita y Pedro; (2) la relación entre Josefita y Pedro y sus ahijados Enrique y Rosa. ¿Tiene usted padrinos o ahijados? ¿Conoce a alguien que tenga padrinos o ahijados? ¿Es una relación tan estrecha *(close)* como la que se presenta en *El norte*? ¿Son comunes, o no, estos tipos de relaciones entre las familias de habla inglesa?

Hablan los críticos y los directores

En las palabras de Steven E. Alford, "films about women and migration are inherently problematic because the issue inevitably becomes 'Hollywoodized.' Owing to market forces, filmmakers create melodramas out of facts, inevitably misrepresenting the source material owing to the constraints of the genre within which they work. Large social problems cannot be handled successfully in film, resulting in a 'synecdochization' of the problem, reducing the social problem to the drama of a minimal number of characters."

"Women and Migration in Film: The Examples of *The Border* and *El norte*,"
http://polaris.nova.edu/~alford/lectures/wmfilm.html

¿Está usted de acuerdo? ¿Por qué sí o no?

John Hess opina que "Enrique, having lost his only remaining family member, blends in with the rest of the immigrant workers he joins on a construction site. He has lost his hope, retaining only his ability to survive."

College Course File Central America: Film and Video,
http://www.igc.org/jhess/CourseFile.html

Según su opinión, ¿hay alguna esperanza para el futuro de Enrique, o no hay ninguna?

Más allá de la película

Lo latino marcha° en Hollywood

makes headway

El cine, escrito y dirigido por latinos, está en auge° en Estados Unidos. Estas cintas beben en fuentes° artísticas y culturales distintas a las anglosajonas, y proporcionan un enfoque original° a grandes temas del cine actual.°

El cine latino ha existido siempre en Estados Unidos, pero reducido a producciones de escaso presupuesto° que sólo llegaban a círculos muy cerrados. Por otro lado la industria de Hollywood, mayoritariamente *anglo*, ha presentado con demasiada frecuencia a los latinos como *los malos* de sus películas, fomentando° así el estereotipo de identificar lo latino con las bandas callejeras,° tráfico de drogas y abuso de la asistencia social.

Poco a poco se han suavizado° estos reduccionismos, sobre todo desde que Hollywood se dio cuenta de la creciente presencia de la comunidad latina en la sociedad norteamericana y, por tanto,° en las colas de los cines. Una presencia favorecida por su elevada natalidad° y el alto porcentaje de inmigrantes centroamericanos, que han creado un mercado potencial: más de treinta millones de espectadores.

en... *booming*
sources
proporcionan... *provide an original approach* / *present-day* / escaso... *low budget*
promoting
bandas... *street gangs*
softened
por... *therefore*
birth rate

Tímidos comienzos

En 1987 surgieron° películas de entidad° con argumentos° centrados en la comunidad latino-norteamericana. Destacaron° dos títulos: *Un lugar llamado Milagro* [*The Milagro Beanfield War*], de Robert Redford, sobre un pueblo *mexican-american* de California, y *La Bamba,* de Luis Valdez, intensa biografía del cantante chicano Ritchie Valens.

Ese mismo año, Gregory Nava, nacido en San Diego en el seno° de una familia de mexicanos de origen vasco, rodó su primera película de alto presupuesto: *La fuerza del destino* [*A Time of Destiny*], un notable melodrama sobre las dificultades de una familia vasca° emigrada a Estados Unidos. El film fracasó en taquilla° pero confirmó a la crítica la calidad° que Nava ya había mostrado en *El norte* (1984), una cinta de bajo presupuesto sobre la odisea de dos refugiados guatemaltecos, que fue candidata al Oscar al mejor guión y ganó el Gran Premio del Festival de Montreal.

Los años siguientes fueron de mantenimiento:° *Gringo viejo* [*Old Gringo*], de Luis Puenzo; *Los reyes del mambo tocan canciones de amor* [*The Mambo Kings*], de Arne Gilmcher; *Jugando en los campos del Señor* [*At Play in the Fields of the Lord*], de Héctor Babenco; *Bajo otra bandera* [*A Show of Force*], de Bruno Barreto y, sobre todo, *American Me* (1991), un crudo retrato° de las mafias chicanas de Los Ángeles con la que debutó como director Edward

appeared / *importance* / *plots*
stood out
bosom
Basque
francasó... *failed at the box office* / a... *to critics the quality*
maintenance
portrayal

James Olmos. Este actor chicano se había hecho popular en esos años como consecuencia de su candidatura al Oscar al mejor actor por su trabajo en *Stand and Deliver* (1988), y por su papel del teniente Castillo en la serie *Corrupción en Miami* [*Miami Vice*]. También se haría famoso por esas fechas otro gran actor chicano, Jimmy Smits, con su caracterización del abogado Víctor Cifuentes en la serie *La ley de Los Ángeles* [*L.A. Law*]. La enorme difusión de estas dos producciones televisivas supuso un nuevo espaldarazo° a la consolidación del cine latino en la industria de Hollywood.

supuso... *meant new support*

Éxito° comercial

Success

Se llega así a 1992, año en que se alcanza el punto de inflexión:° el éxito sorprendente de *El mariachi*, singular y baratísimo *thriller* de acción rodado por el chicano de Texas, Robert Rodríguez. Comprado y distribuido por Columbia TriStar, obtuvo un rotundo° éxito comercial, que coincidió, además, con el estreno° de *Como agua para chocolate*, del mexicano Alfonso Arau, que acabaría convirtiéndose en° la película extranjera de producción independiente más taquillera° de la historia en Estados Unidos.

se... *turning point was reached*
resounding
premiere
acabaría... *would become*
más... *biggest box-office hit*

Estos éxitos se vieron reforzados por la creciente popularidad de un buen número de actores latinos — Raúl Juliá, Andy García, Rosie Pérez, Antonio Banderas...— y por el interés que despertaron dos películas de escritores chicanos: *Atrapado por su pasado* [*Carlito's Way*], de Brian de Palma, basada en las obras de Edwin Torres; y *Sin miedo a la vida* [*Fearless*], de Peter Weir, adaptación de la novela de Rafael Yglesias, que también escribió el guión.

En la actualidad° toda esta corriente parece alcanzar una entidad distintiva, similar a la que logró° el cine afroamericano de la mano de cineastas como Spike Lee, John Singleton, Stephen Anderson o Boaz Yakin.

En... *Presently*
achieved

Exuberancia visual y realismo mágico

El cine latino se distingue a nivel° artístico por su vitalidad narrativa y colorismo, además por una peculiar mezcla lingüística° de inglés y español, y por el papel de la música como elemento de identidad cultural. Herederos de una ecléctica tradición, estos directores suelen dar° a sus películas una exuberante resolución visual, que aúna el homenaje° al rico folclore tradicional de sus pueblos de origen con una singular fascinación por la tierra. Esto otorga° a las ceremonias — bodas, entierros,° fiestas...— y a los entornos° naturales — también a los urbanos— una gran importancia dramática. Es el caso de la fiesta de la vendimia° y del viñedo° familiar en *Un paseo por las nubes*, y de la boda y la huerta° en *Mi familia*.

level
peculiar... *particular linguistic mixture*
suelen... *usually give*
aúna... *combines a tribute*
bestows
funerals / settings
grape harvest / vineyards
vegetable garden

Estos elementos naturalistas suelen estar envueltos° por una singular atmósfera de misterio, que tiene su origen en toda la corriente literaria latinoamericana del *realismo mágico*. Y confirmarían, además, ese predominio

enveloped

de los sentimientos frente a la racionalidad que, según Alfonso Arau, distingue la cultura latina de la anglosajona.

Familia: modelo vital

En cualquier caso, ese predominio no significa que estas películas sean más superficiales en sus tratamientos de fondo. En este sentido, son muy significativas las aportaciones° de este cine a uno de los grandes temas fílmicos contemporáneos: la familia. Frente al retrato conflictivo y desorientado de muchas películas *anglos*, los films latinos conceden gran valor a° la unidad familiar tradicional — con frecuencia, en familias numerosas°— y a la comprensión entre padres e hijos como factor decisivo de estabilidad personal e integración social.

De hecho,° la familia es el tema central de casi todas las películas antes citadas,° "La familia como fuerza° de vida está presente en el corazón de los latinos, en su propia° cultura y en cada una de sus experiencias", señalaba° Gregory Nava en San Sebastián. Además, este cine suele plantear° a la familia con un enfoque bastante universal, a pesar de° su aparente localismo. El propio Nava reconocía su asombro° cuando un director chino le manifestó° durante el festival que *Mi familia* reflejaba perfectamente a la familia china.

contributions

conceden... *value highly*

large

In fact

mentioned / force

own / pointed out

suele... *usually presents*

a... *despite* / El... *Nava himself acknowledged his astonishment / said*

Visión católica

Sin duda, en esta atractiva visión de las relaciones familiares influye la mayor profundidad° moral que muestran en sus films los directores latinos. Casi todos ellos parten, con matices, de° un modelo ético muy alejado° del relativismo de cierta cultura anglosajona. Esto explicaría también su acendrada° sensibilidad social — con una fuerte carga° crítica contra las insolidaridades del *sistema USA*— y su sugerente° visión del trabajo, en las antípodas de la moral materialista del triunfo a cualquier precio.

Esta solidez moral hay que atribuirla en buena medida al importante papel de la religión católica en la cultura hispanoamericana. Ciertamente, el catolicismo de los personajes se mezcla a menudo° con supersticiones, pero es decisivo en sus motivaciones y, desde luego, se presenta de un modo mucho más sugestivo° que en las películas *anglos*. Incluso en *Desesperado* [*Desperado*]— el film latino menos interesante de estos últimos años—, Robert Rodríguez muestra con simpatía a un sacerdote° ofreciéndose a confesar al asesino protagonista. Es la misma amabilidad con que Alfonso Arau presenta a un sacerdote bendiciendo la cosecha° de uva en *Un paseo por las nubes*, o con que Gregory Nava refleja en *Mi familia* las firmes convicciones católicas de la madre y la conflictiva historia de la hija que se hace monja.°

depth

parten… *take as their starting point, with nuances / remote*

true / charge

pleasant

se… *is often mixed*

attractive

priest

bendiciendo… *blessing the harvest*

nun

Viejos nuevos valores°

De todos modos, lo anterior° no significa que estas cintas estén exentas° de ese permisivismo moral—sobre todo en materia sexual—que caracteriza cierto cine norteamericano actual. Precisamente el vitalismo antes citado provoca en algunas películas latinas un tratamiento desmesurado° y excesivamente explícito del sexo y la violencia. A veces se plantea como denuncia de la dura° situación social que padece° la comunidad latina en Estados Unidos, como en *American Me*; pero, con frecuencia, responde a una burda° concesión a la galería,° como sucede en *Desesperado*. Incluso, este defecto viene provocado en ocasiones por un cierto temor° a que los tratamientos de fondo de la película resulten demasiado blandos y positivos para el supuestamente *endurecido*° público actual. Pienso que es lo que pasa en la cinta *Mi familia*.

En cualquier caso, no hay que olvidar que la mayoría de los directores latinos son hijos del desconcierto° ético de su tiempo, lo que en muchos de ellos — como en el caso de Alfonso Arau—, se ha concretado° en una cierta tendencia anarquista. Pero es un anarquismo amable, sin demasiados prejuicios ideológicos, abierto al afán° de recuperación de los *viejos nuevos valores* que se detectan cada vez más en la sociedad norteamericana; unos *nuevos valores* a los que estos cineastas, por su tradición cultural y religiosa, aportan enfoques

values

De… *Anyway, the previous paragraph / free*

unrestrained

harsh

suffers

blatant

gallery, undiscriminating general public / fear

hardened

uncertainty

se… *has been given concrete representation*

eagerness

interesantes. Seguramente, como afirmó en San Sebastián Gregory Nava, "en el futuro habrá en Estados Unidos una nueva cultura, bilingüe, que mezclará lo latino y lo anglosajón".

— **Jerónimo José Martín, *Aceprensa*, Nov. 1, 1995.**

Preguntas

1. ¿Cómo ha presentado con frecuencia la industria de Hollywood a los latinos, según el autor del artículo? ¿Qué estereotipo ha fomentado?
2. ¿Qué clase de películas surgieron en 1987? ¿De qué año es *El norte* de Gregory Nava? ¿En qué año rodó Nava su primera película de alto presupuesto?
3. ¿Cómo contribuyeron Edward James Olmos y Jimmy Smits a la consolidación del cine latino en Hollywood?
4. ¿Qué películas latinas fueron las primeras en lograr un rotundo éxito comercial? ¿En qué año se estrenaron?
5. ¿Cómo se distingue el cine latino a nivel artístico, según el autor? ¿En qué tiene su origen la atmósfera de misterio típico de este cine?
6. Según Alfonso Arau, ¿qué distingue la cultura latina de la anglosajona?
7. ¿Cómo se presenta a la familia en muchas películas anglos, según el autor? ¿y en las latinas? ¿Cuál es el tema central de casi todas las películas latinas que menciona?
8. Según el autor, ¿muestran mayor profundidad moral los directores anglos o los latinos? ¿Para él, a qué se debe este fenómeno?
9. Según el autor, ¿están libres las películas de directores latinos del permisivismo moral que caracteriza las películas de muchos directores anglos? ¿Qué afán se detecta cada vez más en la sociedad norteamericana, según su opinión?

Capítulo 6

María llena eres de gracia

Presentación de la película: María Álvarez tiene diecisiete años y vive en un pueblito colombiano. Es una muchacha inteligente, impulsiva y decidida *(determined)* que no está satifecha con su vida sin perspectivas *(prospects)*. Además, se encuentra en una situación difícil. Cuando se le presenta la oportunidad de ganar una buena suma de dinero transportando cápsulas de heroína en el estómago, María se lanza *(sets off)* a la aventura.

* El título de la película viene del "avemaría" *(Hail Mary)*, la tradicional oración católica que empieza "Dios te salve, María, llena eres de gracia, el Señor es contigo, bendita *(blessed)* tú eres entre todas las mujeres y bendito es el fruto de tu vientre *(womb)*, Jesús."

* *María llena eres de gracia*— "basada en mil historias reales"—es el primer largometraje del director y guionista estadounidense Joshua Marston. La película, filmada en español y con actores colombianos desconocidos incluso en Colombia, ha obtenido numerosos premios internacionales, entre ellos el Premio del Público en el Festival de Cine Independiente de Sundance y el Premio Alfred Bauer a la mejor *ópera prima* (primera película) en el Festival de Berlín.

✷ Joshua Marston es californiano de nacimiento y residente de Nueva York. Antes de estudiar producción de cine en New York University, cursó ciencias sociales en Berkeley, dio clases de inglés en Praga, trabajó como periodista (en París, para la revista *Life*, y para *ABC News* durante la primera Guerra del Golfo) y estudió ciencias políticas en Chicago. Aparte de *María llena eres de gracia*, Marston es el director de tres cortometrajes—*Bus to Queens* (1999), *Voice of an Angel* (2000), *Trifecta* (2001) —de varios episodios de series televisivos y de un segmento de la película colectiva *Paris, je t'aime* (*Paris, I Love You*) (2006).

✷ *María llena eres de gracia* es la primera película de Catalina Sandino Moreno, escogida por Marston entre 800 candidatas para personificar a su María. Por este trabajo, Catalina Sandino ganó el Oso de Plata a la mejor actriz en el Festival de Berlín, compartido *(shared)* con Charlize Theron, y fue la primera colombiana en recibir una nominación al Oscar a la mejor actriz. La novata *(newcomer)* bogotana (de Bogotá), que se puso a estudiar teatro para vencer *(overcome)* la timidez, fue elegida por la revista *Time* entre las diez mejores actrices de 2004. Otras películas de esta actriz: *Journey to the End of the Night, Paris, je t'aime, Fast Food Nation* y *The Hottest State* (2006); *El corazón de la tierra* y *Love in the Time of Cholera* (2007); y *Che* (2008).

Preparación

Vocabulario preliminar

Note: In parts of Colombia people use *usted* even with family members, close friends, and sweethearts. See also the information on the *vos* form, page 70.

Cognados		
el estómago la foto	la mula los rayos X	la rosa

El trabajo	
el camello	*(colloquial) job*
el cultivo	*plantation*
la flor	*flower*
la plata	*money*
renunciar	*to resign, quit (one's job)*

El nacimiento y la muerte	
el bebé	*baby*
el chino	*(colloquial) kid, baby*
el cuerpo	*body; cadaver*
ir del cuerpo	*to do one's business (euphemism)*
embarazada	*pregnant*
enfermarse	*to get sick*
morirse (ue)	*to die*
los preparativos	*preparations, arrangements*

El tráfico de drogas	
la aduana	*customs*
entregar	*to deliver*
hacer daño	*to hurt*
la pepa	*pellet (literally, seed, pit or stone of a fruit)*
tragar	*to swallow*

Otras palabras	
amar	*to love*
asustar(se)	*to frighten (to be frightened)*
dejar	*to allow*
la dirección	*address*
el pasaje	*ticket*
probar (ue)	*to prove*
la prueba	*test*
quedarse	*to stay*
quedarse con	*to keep (something)*
regresar	*to return, go back*
de regreso	*back*
reventarse (ie)	*to burst*
el tipo	*guy*
tratar (tratar de)	*to treat (to try to)*
volarse (ue)	*(colloquial) to run off*

A. Un nuevo bebé. Complete el mensaje de correo electrónico con palabras de la lista.

aman	dirección	flores	preparativos
camello	embarazada	foto	quedarse
chino	estómago	plata	regresa

Querida Alicia:

Le tengo una buena noticia. ¡Gloria está (1) ________________! Está bien, pero algo delicada del (2) ________________. Siente náuseas a veces por la mañana. Ella y Ricardo están muy contentos. ¡Se (3) ________________ tanto! Están muy ocupados con los (4) ________________ para la llegada del (5) ________________. La madre de Ricardo va a (6) ________________ con ellos para cuidarlo. Así Gloria no tendrá que renunciar a su (7) ________________ en el cultivo de (8) ________________. Qué bien, ¿verdad? Van a necesitar la (9) ________________ ahora más que nunca. Cuando llegue el bebé le mando una (10) ________________. ¿Cuál es su (11) ________________ de correo postal? Cuénteme cómo le va allá en Nueva York. ¿Cuándo (12) ________________ a Bogotá?

Un abrazo muy fuerte,

Silvia

B. Las mulas de drogas. Subraye la frase o palabra más lógica.

1. (Una prueba / Una mula / Un pasaje) es una persona que pasa de contrabando sustancias ilícitas.
2. Muchas mulas tragan (pepas / pasajes / rosas) de heroína y las transportan en el estómago.
3. Cuando en la aduana sospechan que una persona lleva drogas en (la pepa / el tipo / el cuerpo), pueden hacerle una prueba de rayos X.
4. Si se revienta una pepa en el estómago, la mula se enferma y, a menos que reciba asistencia médica a tiempo, se (asusta / muere / vuela).
5. Si una mula no (trata / traga / entrega) todas las pepas después de llegar a su destino, pueden hacerles (daño / fotos / una prueba) a sus familias.

Antes de ver la película

A. El narcotráfico internacional

1. ¿Qué sabe de la situación actual (presente) en Colombia? ¿Le gustaría pasar allí sus próximas vacaciones? Explique.
2. ¿Ha visto usted alguna película que trate el tema del narcotráfico? ¿Cuál? ¿Hay en ella personajes colombianos? Descríbala.
3. Según su opinión, ¿qué clase *(kind)* de persona trabaja como mula de droga?

B. **Los personajes.** Lea los nombres y las descripciones de los personajes. Después de ver la película, empareje cada personaje con su descripción.

___	1. compañero de trabajo de María y Blanca	a.	María
___	2. líder de la comunidad colombiana de Nueva York	b.	Diana
___	3. esposo de Carla	c.	Pacho
___	4. personaje principal, una joven insatisfecha	d.	Juan
___	5. hermana de María	e.	Blanca
___	6. hermana mayor de Lucy	f.	Felipe
___	7. hijo de Diana	g.	Franklin
___	8. mejor amiga de María	h.	Javier
___	9. mula que ha hecho dos viajes a Nueva York	i.	Lucy
___	10. hombre mayor, narcotraficante	j.	Carla
___	11. novio de María	k.	Pablo
___	12. joven sofisticado, primo de Felipe	l.	don Fernando

Investigación

Busque información sobre uno de los temas que siguen.

1. el fenómeno de las mulas en el tráfico de drogas
2. el Plan Colombia
3. la comunidad colombiana de Nueva York
4. Orlando Tobón, "el angel de las mulas" y "el alcalde de la pequeña Colombia" (don Fernando en la película, interpretado por Orlando Tobón)
5. los narcocorridos mexicanos en Colombia

The **Investigación** sections suggest topics related to the movie that you may want to find out more about. Your instructor may assign these to individuals or groups and have them report the information to the class.

Note: Your instructor may ask you to read over the exercises in the section **Exploración** before you see the film, in order to improve your understanding of it.

Exploración

A. ¿Por qué? Explique por qué pasan estas cosas.

> *Nota:*
>
> La madre de María y Diana se llama Juana y los dos tipos que recogen a las mulas en el aeropuerto se llaman Wilson (el alto) y Carlos.

1. María renuncia a su trabajo.
2. María no acepta casarse con Juan.
3. María discute con Juana y Diana en la farmacia.
4. María y Blanca salen corriendo del hotel en Nueva Jersey.
5. Don Fernando llama a la policía.
6. María y Blanca les entregan las pepas a los dos tipos.
7. María le da dinero a don Fernando.

B. ¿Qué pasa? Explique lo que pasa después de que ocurren estos hechos.

1. María llega a la casa de Lucy.
2. Lucy se enferma en el avión.
3. María, Blanca, Lucy y otra mula llegan a la aduana en Nueva York.
4. María entra en una clínica.
5. Carla recibe una llamada de don Fernando.

Análisis y contraste cultural

Vocabulario

Expresiones regionales*	
bacano(a)	*good, excellent, marvelous*
Camine.	*Come on.*
¿Cómo así?	*What do you mean?*
¿Entonces qué?	*What's up?*
Hágale pues.	*Go for it. Come on. All right then.*
el/la man	*guy (girl)*
el/la parce	*close friend*
quiubo (qué hubo)	*hi*
la vaina	*problem; thing, matter*
Ya va.	*I'm coming.*

* These terms are not used exclusively in Columbia—some are heard elsewhere as well.

Otras palabras	
aguantar	*to withstand, put up with*
ahorrar	*to save (money, time, etc.)*
el/la bobo(a)	*fool*
bajarse	*to get down; to get out or off (a car, plane, etc.)*
callarse	*to be quiet*
conseguir (i)	*to obtain*
importar	*to matter*
¿Qué le importa?	*What's it to you?*
la llamada	*(telephone) call*
merecer(se)	*to deserve*
la parte (ir a otra parte)	*place (to go somewhere else)*
Le va a tocar…	*You'll have to…*
pedir disculpas	*to apologize*
preocuparse	*to worry*
el rollo (de fotografía)	*roll (of film)*
seguir (i)	*to follow*
sentir(se) (ie)	*to feel (emotion)*
subir(se)	*to go or come up; to get in or on (a car, plane, etc.)*
Tranquilo(a).	*Don't worry.*

A. En Colombia. Complete las oraciones con palabras de la lista.

aguantar	calla	parte	rollos	tocar
boba	disculpas	preocupa	sube	

1. Diana se ________________ porque su hijo anda mal del estómago.
2. María no quiere ir con Juan a la casa de ella; quiere ir a otra ________________ .
3. María ________________ al techo (*roof*) y Juan le dice que baje.
4. Diana dice que María es una ________________ por renunciar a su trabajo.
5. Diana insulta a María y ésta le responde, "¿Por qué no se ________________ ?"
6. María no quiere pedirle ________________ a su supervisor.
7. María dice que en el trabajo la tratan mal y no tiene por qué ________________ esas vainas.
8. Juan le dice a María que le va a ________________ casarse con él.
9. Javier le da a María unos " ________________ de fotografía" que se van a "revelar" (*develop*) en Nueva York.

B. En Estados Unidos. Complete las oraciones con palabras de la lista.

ahorrar	llamada	siente	tranquila
importa	merece	sigue	

1. Cuando Lucy se enferma, María le dice, " ________________ . Apenas lleguemos le vamos a conseguir un doctor."
2. Los agentes de la aduana no creen que María haya podido ________________ tanto dinero.
3. A los dos tipos no les ________________ que Lucy esté gravemente enferma.
4. María hace una ________________ a Colombia y habla con su abuela.
5. Blanca ________________ a María por todas partes.
6. En la clínica, María se ________________ feliz al ver a su bebé y escuchar su corazón.
7. María les dice a los dos tipos que Lucy ________________ un entierro digno (*decent burial*).

C. De otra manera. Para cada palabra o frase subrayada, dé una palabra o frase de la lista "Expresiones regionales".

1. Es un trabajo excelente.
2. Venga, yo la llevo a Bogotá.
3. ¿Qué quiere decir? Yo no la entiendo.
7. ¿Sabe qué, amigo?
8. ¿Qué pasa?
9. Hola, Abuelita, ¿cómo está?

4. Conozco un tipo que lo organiza todo.
5. Pues va a tener que irse solito.
6. ¿Por qué debía aguantar esas cosas?
10. Está bien, vamos a bailar.
11. Espere, ya voy.

NOTAS CULTURALES

En décadas recientes Colombia ha sufrido, y todavía sufre, un conflicto armado interno entre el ejército, grupos insurgentes y fuerzas paramilitares contrainsurgentes ilegales. Muchas veces, los insurgentes y los paramilitares recurren *(resort)* al tráfico de drogas ilegales y a los secuestros *(kidnappings)* para financiar sus operaciones. Operan en remotas áreas rurales y a veces crean problemas de comunicaciones entre regiones. Debido a la inestabilidad política en Colombia, Marston tuvo que mudar el rodaje a Ecuador.

La industria de las rosas en la que trabajan María y Blanca es una de las industrias promocionadas por agencias de asistencia estadounidenses como alternativa a la producción de la coca.

Temas de conversación o composición

Discuta con sus compañeros los temas que siguen.*

1. el título (¿Cómo interpreta usted el título? ¿Está llena de gracia María? ¿En qué momentos o circunstancias? ¿Tiene algo en común este personaje con la Virgen María?)
2. el cartel (En el cartel que anuncia la película se ve una mano masculina administrando una cápsula de droga como si fuera una hostia *[communion wafer]* y a María en actitud de recibir la comunión. ¿Cómo lo interpreta usted?)
3. la explotación laboral (¿Se explota a los trabajadores del cultivo de flores? ¿Se les expone al peligro? ¿y a las mulas?)
4. los narcotraficantes (¿Qué clase de persona es Javier? ¿y Franklin? ¿y los dos tipos que recogen a las mulas en el aeropuerto y las llevan al hotel? ¿Son personajes estereotipados o no?)
5. el personaje de María (¿Qué clase de persona es? ¿Sabe lo que quiere, o sólo lo que no quiere? ¿Contribuye de alguna manera a crear sus propios problemas? ¿Por qué decide viajar de mula? ¿Es que no tiene opciones, o sí las tiene? ¿Sabe bien el peligro que corre? ¿Por qué decide ir a casa de la hermana de Lucy, según su opinión? ¿Se vuelve más madura *[mature]* como consecuencia de sus experiencias? ¿Por qué no regresa con Blanca a Colombia?)

* Your instructor may ask you to report back to the class or write a paragraph about one of the topics.

6. el personaje de Blanca (¿Qué clase de persona es? ¿Por qué decide viajar de mula? ¿Por qué sigue a María? ¿En qué ocasiones discute con ella? ¿Se vuelve más madura como consecuencia de sus experiencias? ¿Por qué no se queda con María en Nueva York?)
7. el personaje de Carla (¿Qué clase de persona es? ¿Por qué no fue Lucy a visitarla en las primeras dos ocasiones que estuvo en Nueva York? ¿Es fácil para Carla la vida en Nueva York? ¿Extraña *[Does she miss]* a su familia en Colombia? ¿Qué le envía a su familia? ¿Por qué no regresa a su país?)
8. el personaje de don Fernando (¿Qué clase de persona es? ¿En qué ayuda a María, a Blanca y a Carla? ¿Ayuda también a otros inmigrantes colombianos?)
9. el realismo (¿Le parece demasiado crudo *[raw]* el realismo de la película en algunos momentos? ¿Tiene elementos de documental *[documentary]*? ¿de melodrama?)
10. el suspense (¿Puede considerarse la cinta como película de suspense *[thriller]*?¿Cuáles son los momentos de mayor tensión? ¿Cómo se crea el suspense?)

Una escena memorable

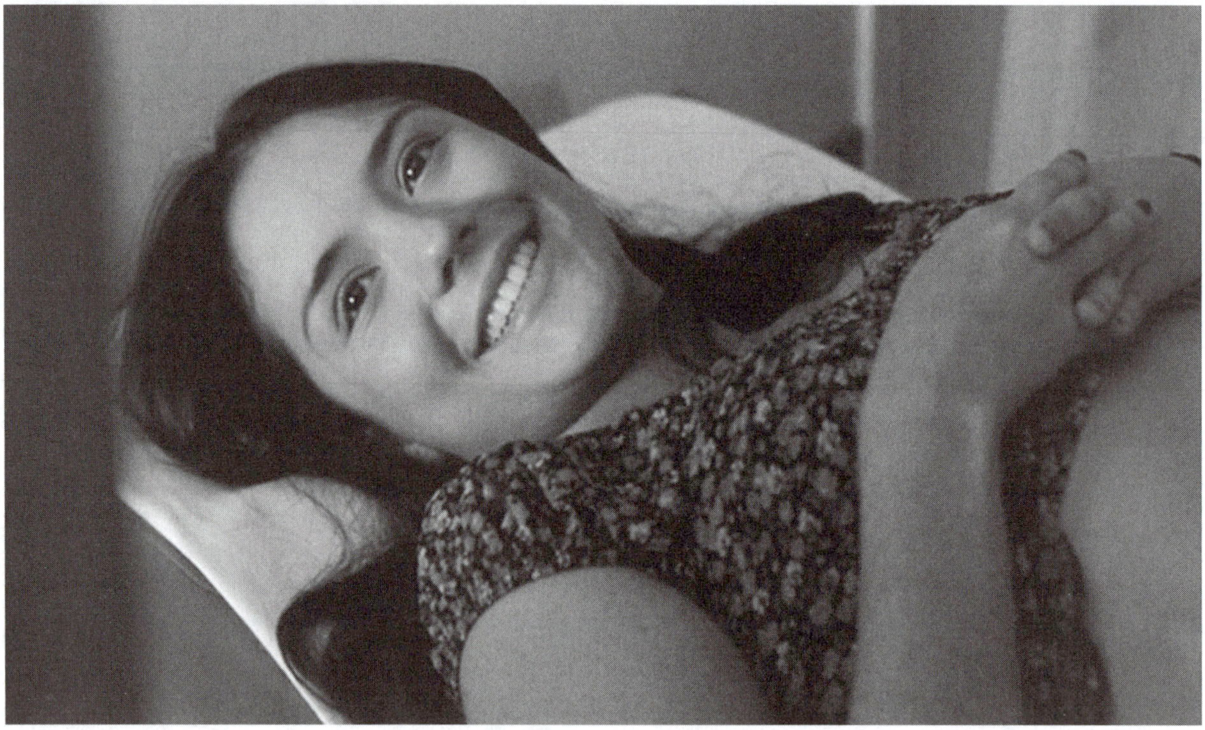

¿Dónde está María? ¿Por qué está sonriendo? ¿Qué pasa en la escena que sigue?

Hablan los personajes

Analice las siguientes citas, explique de quién son y póngalas en contexto. (Para una lista de los personajes, ver el ejercicio B en la sección "Antes de ver la película".)

1. "¿Por qué no piensa en la familia?"
2. "Al menos ese trabajo es decente."
3. "No me voy a ir para ningún lado y usted lo sabe."
4. "A mí no me va a tocar nada."
5. "Es un trabajo de mula."
6. "¿Te asustas fácil?"
7. "Eso… es demasiado perfecto. Todo es recto."
8. "Tenemos que regresar. "
9. "Por favor, necesito saber el nombre de tu amiga y una dirección en Colombia."
10. "Ustedes dos ya están entrenadas."
11. "Me duele mucho decirlo, pero es la verdad."
12. "Se ve linda. No entiendo por qué no me dijo algo. Se alejó mucho de mí."

Hablando de la cultura…

La arepa es una típica comida colombiana que consiste en una torta *(cake)* de maíz frita o asada *(grilled)* sin relleno *(filling)* o con relleno de huevo o queso blanco. Es el equivalente de la tortilla mexicana y está presente en casi todas las comidas. Durante la escena en la que María le revela su embarazo a Juan, los dos comen arepas. En el barrio colombiano de Queens también se pueden comprar; María está comiendo una arepa cuando se fija en *(she notices)* la clínica donde decide hacerse una revisión médica.

Hablan los críticos y los directores

"La película, merced a su temática *(thanks to its subject matter),* admite *(allows)* una lectura ideológica molesta *(irritating),* el sueño americano como alternativa única a la marginalidad latinoamericana."

—Fausto Nicolás Balbi, ***María llena eres de gracia,***
http://www.cineramaplus.com.ar.

¿Considera usted que la película presenta el sueño americano como única alternativa para los latinoamericanos marginados?

"Lo interesante es que el realizador *(director)* no juzga *(judge)* a los personajes ni tampoco la trama *(plot)* es un manifiesto contra la industria del tráfico de drogas."

—Hugo Zapata, ***María llena eres de gracia,***
http://www.cinesargentinos.com.ar.

¿Está usted de acuerdo? ¿Cree usted que el director no juzga a los personajes? El filme ¿es o no es un manifiesto político contra el tráfico de drogas?

"...la película es perfecta para todo el que quiera huir *(those who want to avoid)* del típico cine 'made in Hollywood'. Cine comprometido *(committed),* basado no en historias reales sino en miles de historias ciertas vividas por cientos de mujeres en América Latina."

—María Teresa Montero, ***"María llena eres de gracia," un descenso al infierno del narcotráfico,***
http://www.elmundo.es

¿Cómo son las típicas películas de Hollywood que tratan el tema de las drogas? ¿Qué elementos abundan (son abundantes) en ellas que están ausentes *(absent)* en *María llena eres de gracia?* ¿A quiénes se glorifica en esas películas? ¿De quién es el punto de vista que se adopta en ellas? ¿Y en *María llena eres de gracia?* ¿Comprende usted a las personas que huyen de las películas de Hollywood? ¿Conoce usted alguna película de Hollywood que sea comprometida?

> "Mi deseo fue mostrar quién es una 'mula', humanizar esta figura para que entendamos que el narcotráfico no es un problema militar sino social y económico."
>
> —**Joshua Marston, citado *(quoted)* en Rocío Ayuso, *María llena eres de gracia" mira lado humano de narcotráfico en español,* http://br.starmedia.com**

¿Logró el director su objetivo de humanizar la figura de la mula? ¿Demuestra la película de forma convincente que el narcotráfico es un problema social y económico?

Más allá de la película

Entrevista con Joshua Marston y Catalina Sandino: El viaje de María

Ganadora del premio de la audiencia en el Festival de Sundance y el premio a la mejor actriz en el Festival de Venecia, *María llena eres de gracia* es el viaje de una muchacha de diecisiete años desde Colombia a Nueva York. Ahora aspira al Oscar.

Catalina Sandino da vida a la protagonista María Álvarez, una joven que se gana la vida trabajando en una plantación de flores en un pueblo de Colombia. Cuando los problemas familiares y económicos se hacen insoportables° María decide hacer de "mula", transportando "pepas", bolas de heroína envueltas° en látex, en su estómago. El film es un crudo relato° de un viaje en el oscuro mundo del tráfico de droga y del nivel° de desesperación que hacen que muchos jóvenes lo vean como una opción aceptable.

unbearable
wrapped
crudo... *raw tale*
level

Rafael Estefanía habló con la protagonista Catalina Sandino y con el director, el estadounidense Joshua Marston, durante el Festival de Cine de San Sebastián, en España.

Joshua, siendo estadounidense y viviendo en New York, ¿como se interesó en una historia como ésta en primer lugar?

Viviendo en Brooklyn es imposible no ser consciente de lo que ocurre entre los inmigrantes. Un día por casualidad° conocí a una colombiana que me contó que había venido a los Estados Unidos de mula, trayendo droga en "pepas", bolas del tamaño° de un dedo, dentro de su estómago. Me quedé fascinado por la historia, fue muy impactante, porque aunque había oído sobre las mulas, nunca antes me había puesto en la piel° de la persona que hay detrás de la mula. A partir de ahí empecé a escribir un guión, y fueron dos años y medio de investigación;° hablé con gente en Estados Unidos y Colombia que

por... *by chance*
size
skin
research

había viajado de mula, pasé una semana en el aeropuerto de New York con la aduana y viajé a Colombia para ver una plantación de flores que es donde trabaja la protagonista.

En ese momento alguien me habló de Orlando Tobón, al que llaman "el ángel de las mulas", también conocido como "el alcalde° de la pequeña Colombia." Este hombre vive en New York desde hace treinta y cinco años, trabajando con la comunidad colombiana y recogiendo fondos° para repatriar los cuerpos de las mulas que murieron en el viaje. En los últimos veinte años ha mandado de vuelta a Colombia más de 400 cadáveres de mulas. ¡Es impresionante! Así que decidí incluir su historia en el guión y le di un papel a Orlando Tobón en el que se interpreta a sí mismo en la película.

mayor

recogiendo... *collecting funds*

¿Es el fenómeno de las mulas tan común como aparece en la película?

Según las estadísticas, el año pasado en el aeropuerto de JFK arrestaron a 150 personas tratando de entrar como mulas; si uno piensa que hay cuatro aeropuertos en Nueva York, las cifras° hablan de una media° de una persona diaria detenida.° Teniendo en cuenta° que las aduanas sólo descubren alrededor de un 10 por ciento de las mulas, estamos hablando de miles de personas viajando de Colombia a Estados Unidos como mulas.

figures / average

arrested / Teniendo... *Keeping in mind*

Catalina Sandino, una de las virtudes° de tu papel de María es que a través de él has contribuido a ponerle "cara" a las mulas.

virtues

Sí, totalmente, uno siempre oye en televisión que hay mulas y que son malas y que están en la cárcel° y eso es bueno. Yo creo que ahoritica al ver en esta historia el lado humano de la mula y no sólo visto como un traficante, la gente va a entender mejor la desesperación y el sufrimiento que llevan a una persona a hacer algo como esto. A través de la película la gente va a ver un lado de la historia que no conocía.

jail

Antes de hacer la película, ¿conocía a alguien que estuviera involucrado° en el mundo del narcotráfico?

involved

Cuando me dijeron que yo era María, yo no quise hablar con nadie que tuviera conocimientos de esto porque quería que mi personaje fuera igual al de la película. María no sabe nada de las drogas y yo tampoco, entonces entramos las dos juntas, descubrimos este mundo a la vez° y yo creo que eso fue muy importante en la evolución del personaje.

a... *at the same time*

¿Creen ustedes que la historia de María puede ayudar a crear conciencia° sobre el problema del tráfico de drogas entre los jóvenes?

crear... *raise awareness*

Catalina: Ni un libro ni un poema ni tampoco una película va a cambiar el mundo, lo que creo es que lo que *María llena eres de gracia* ha conseguido° es

achieved

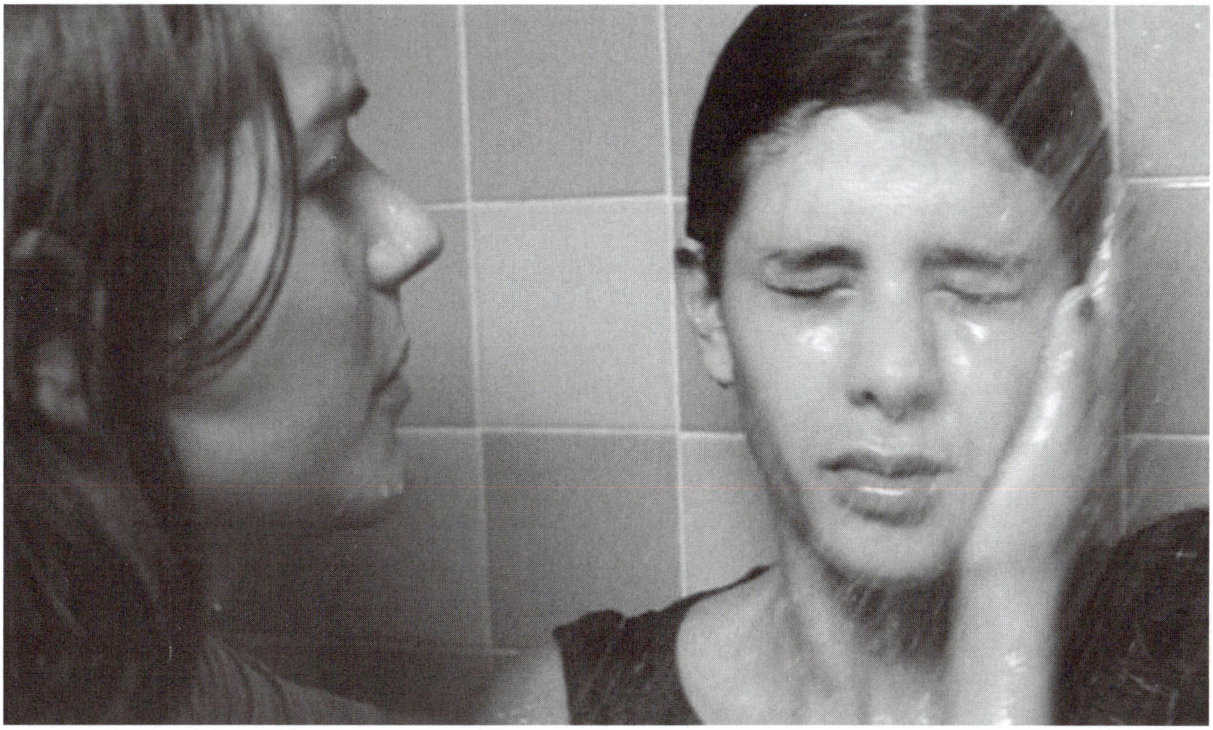

sacar el tema a la luz y mostrar la realidad de las mulas tal y como° es. Ahora le toca al público sacar° sus propias conclusiones.

Joshua: Ya hemos recibido una llamada de un joven colombiano de diecisiete años que iba a viajar de mula, ya estaba comprometido° y dos días antes de viajar fue a un cine en Bogotá, vio la película y cambió de idea.° Cuando nos llamó nos dijo que había visto la película tres veces y quería agradecernos° porque el ver la película le cambió la vida.

— Rafael Estefanía, BBC Mundo, 22 de febrero de 2005.

tal... *exactly as*
le... *it's up to the audience to come to*
committed
cambió... *changed his mind*
thank us

Preguntas

1. ¿Cómo se interesó Joshua Marston en el tema de las mulas?
2. ¿Cómo se preparó Marston para hacer su película?
3. ¿Quién es Orlando Tobón? ¿Por qué decidió Marston incluir su historia en el guión? ¿Quién interpreta el papel de Orlando Tobón en la película?
4. ¿Cuántas mulas son detenidas por día en Nueva York? ¿Qué porcentaje de las mulas son detenidas?

5. ¿Conocía Catalina Sandino a alguien que estuviera involucrado en el mundo del narcotráfico antes de hacer la película? ¿Por qué no quiso hablar con nadie que tuviera conocimientos de esto después de ser elegida para hacer el papel de María?
6. ¿Qué ha conseguido *María llena eres de gracia,* según la opinión de Sandino?
7. ¿Cómo le cambió la vida a un joven de diecisiete años el ver *María llena eres de gracia*?

Capítulo 7

Diarios de motocicleta

Presentación de la película: Dos jóvenes argentinos, Ernesto Guevara de la Serna y su amigo Alberto Granado, deciden hacer un viaje por la América del Sur para "explorar el continente latinoamericano que sólo conocemos por los libros". Ernesto es estudiante de medicina y su amigo Alberto es bioquímico. "Así como don Quijote tenía a Rocinante y San Martín tenía su mula", ellos tienen una vieja motocicleta Norton; con ese vehículo, salen de Buenos Aires para ir, primero, al sur. Tienen en común un "incansable amor a la ruta".

✷ Walter Salles, el director de la película, es brasileño (de Río de Janeiro). Sus filmes anteriores incluyen *Central do Brasil* (1998), *O Primeiro Dia* (1998), *Abril Despedaçado* (2001) y *Linha de Passe* (2008).

✷ Gael García Bernal (Ernesto) nació en Guadalajara, México, en 1978. A la edad de catorce años actuaba en *Abuelo y yo*, una telenovela. Hizo *Amores perros* en 2000 e *Y tu mamá también* en 2001. En 2002 hizo *El crimen del padre Amaro* e interpretó a Ernesto Guevara en la serie de televisión *Fidel*. Trabajó con Pedro Almodóvar en *La mala educación* (que también salió en 2004, igual que *Diarios de motocicleta*). Otras películas suyas: *The King* (2005), *La science des rêves* (2006) y *Rudo y Cursi* (2008). Habla español, francés, italiano e inglés.

✷ Rodrigo de la Serna (Alberto) ganó el premio Cóndor de Plata de 2005 de la Asociación de Críticos Cinematográficos de Argentina al mejor protagonista. Ha actuado en varias series de televisión; también actuó en *Nueces para el amor* (2000), *Gallito ciego* (2001), *Crónica de una fuga* (2006) y *Tetro* (2009). Es primo segundo de Ernesto Guevara de la Serna.

✷ José Rivera ganó el premio Goya 2005 al mejor guión adaptado. El guión se basó en los libros *Notas de viaje* de Ernesto Guevara y *Con el Che por Sudamérica* de Alberto Granado. Jorge Drexler ganó el Oscar por la canción "Al otro lado del río" (2005).

Preparación

Vocabulario preliminar

Note: See the information on the **vos** form on page 70. In Argentina the letters **ll** often sound like a **j** in English.

Cognados			
contagioso(a) el entusiasmo	el/la especialista franco(a)	la inyección el tumor	el/la voluntario(a)

La medicina	
el asma	*asthma*
el/la bioquímico(a)	*biochemist*
la enfermedad	*disease*
el/la enfermero(a)	*nurse*
la lepra	*leprosy (Hansen's disease)*
el leprólogo (la lepróloga)	*specialist in leprosy*
el leprosario	*treatment center for lepers*
el tratamiento	*treatment*
tratar	*to treat*

La ruta	
la balsa	*raft*
el barco	*ship*
el camión	*truck*
cruzar una frontera (un río, un lago)	*to cross a border (a river, a lake)*
embarcar	*to embark, set out*
extrañar	*to miss*
la lancha	*(small) boat*
partir	*to leave, depart*
el pasaje	*ticket (for a train, bus, plane, etc.)*

Otras palabras	
botar	*to kick out*
el brindis	*toast*
el/la campesino(a)	*someone who works the land*
el/la dueño(a)	*owner*
el guante	*glove*
indígena	*native, indigenous*
mentir (ie)	*to lie*
la mentira	*lie*
el muro	*wall*
el partido	*party (as in politics); game, match*
la regla	*rule*
el terreno	*piece of land*
el tiro	*gunshot*
pegar un tiro	*to shoot, hit (with a gunshot)*
al tiro	*right away (Chile)*

A. **Fuera de lugar.** Para cada oración, indique cuál de las palabras está fuera de lugar y no tendría sentido en el contexto.

> ***Modelo:***
>
> A mí no me gusta viajar en avión. Prefiero viajar en (a. pasaje / b. tren / c. barco).
>
> **a. pasaje**

1. Vamos a cruzar el río en ________________ (a. balsa / b. lancha / c. camión).
2. ¿Cuándo empezaron el viaje? ________________ (a. Embarcamos / b. Extrañamos / c. Partimos) el seis de abril.
3. Mi hijo es ________________ (a. bioquímico / b. leprólogo / c. leprosario).
4. Una enfermedad muy difícil de tratar en el pasado era ________________ (a. el brindis / b. la lepra / c. el asma).
5. Mi hermano nunca miente y a veces ofende a la gente. Es demasiado ________________ (a. simpático / b. franco / c. honesto).

B. **¡Es lógico!** Escoja la respuesta más lógica.

1. ¿Es verdad que los voluntarios tenemos que usar guantes aquí en la clínica?
   a. Sí, las reglas son muy estrictas.
   b. Sí, sólo los enfermeros usan guantes.
   c. Sí, es una mentira.
2. ¿Por qué botaste ese pan?
   a. Porque ya no lo quiero.
   b. Porque es muy bueno.
   c. Porque es para el desayuno.
3. ¿Qué enfermedad tiene ese señor que está allí?
   a. Tiene una inyección.
   b. Tiene un tumor; parece que es cáncer.
   c. Tiene un tratamiento.

C. **Un viaje a Cuzco.** Complete el párrafo con palabras de la siguiente lista.

al tiro	dueño	frontera	Partido
campesino	entusiasmo	indígena	pasaje
contagioso	especialista	muros	terreno

Soy chilena pero tuve la suerte de poder viajar a Cuzco, la antigua capital inca, el verano pasado. Fui a Perú en tren; tenía un (1) ________________ que no costaba mucho y quería viajar por tierra para ver los paisajes. Cuando cruzamos la (2) ________________ con Perú, un peruano que estaba en el tren reaccionó con mucha alegría. Su (3) ________________ fue (4) ________________ , y yo también me sentía bien. El peruano, un señor mayor que estaba sentado a mi lado, me enseñó algunas palabras en quechua, la lengua (5) ________________ . Me dijo que su padre era (6) ________________ o peón y que trabajaba una *chacra*, palabra quechua que quiere decir (7) ________________ o "pedazo de tierra". Cuando era pequeño, este señor fue a vivir con su tío a la ciudad, donde pudo estudiar; ahora es (8) ________________ de un pequeño negocio. Me invitó a su casa a conocer a su familia. Su hija es médica, (9) ________________ en dermatología, y su hijo es secretario del (10) ________________ Demócrata Cristiano. Me llevaron a ver la ciudad de Cuzco, que es bellísima. Los (11) ________________ y monumentos que los incas hicieron son impresionantes. También aprendí que nosotros los chilenos tenemos fama de decir "po" en vez de *pues* y (12) ________________ en vez de *rápido* o *inmediatamente*. Al salir de Chile y viajar empecé a conocer mejor mi propio país.

Antes de ver la película

Los viajes. Conteste las siguientes preguntas.

> Your instructor may ask you to do this exercise with a partner (using the **tú** form of the verbs) and report the information to the class.

1. ¿Ha viajado usted alguna vez en moto? ¿en bicicleta? ¿a pie? ¿Adónde? Describa el viaje.
2. ¿Cuál es la peor experiencia que ha tenido durante un viaje? ¿Ha pasado una noche muy mala en una tienda *(tent)* de campaña o en una plaza sin dinero?
3. ¿Ha tenido alguna vez una experiencia estupenda durante un viaje?
4. ¿Le gusta viajar con itinerario fijo o prefiere los viajes "espontáneos"?
5. ¿Cuáles son algunas maneras de despedirse *(say good-bye)* en español?

Investigación

Busque información sobre

> ...port the information to the class.

1. el papel de Er... cubana de 1...
2. el Che en
3. la muerte de...
4. Francisco Pizarro
5. César Vallejo

Note: Your instructor may ask you to read over the exercises in the section **Exploración** before you see the film, in order to improve your understanding of it.

Exploración

A. ¿Alberto o Ernesto? Algunas de las siguientes oraciones describen a Alberto y otras describen a Ernesto. Marque **A** (Alberto) o **E** (Ernesto), según el caso.

___ 1. Baila muy bien.

___ 2. Es muy franco y honesto.

___ 3. Le escribe muchas cartas a su madre durante el viaje.

___ 4. Es bioquímico.

___ 5. Lee muy rápidamente.

___ 6. Es el dueño de una motocicleta Norton.

___ 7. Cuida a su compañero cuando tiene ataques de asma.

___ 8. Cruza un río nadando.

___ 9. Cumple 24 años en San Pablo, Brasil.

___ 10. Acepta un trabajo en Caracas, Venezuela.

B. La historia

1. ¿Qué sabemos de Ernesto antes de que salga de viaje con Alberto? ¿Qué deporte le gusta? ¿Qué enfermedad tiene? ¿Qué estudia?
2. ¿Qué sabemos de Alberto antes de que salga de viaje? ¿Cuál es su profesión? ¿A qué deporte juega?
3. ¿Por qué van a Miramar? ¿Quién es Chichina? ¿De qué clase social es ella, alta o media? ¿Está contenta la madre de Chichina con Ernesto?
4. El Che le escribe a su madre que aunque los dos viajeros no tienen mucho dinero tienen "un arma secreta: la infalible labia de Alberto". ¿Qué quiere decir?
5. ¿Qué dice el artículo en el periódico de Temuco (*El Diario Austral*) sobre los dos viajeros? ¿Por qué tienen que salir corriendo del baile?
6. ¿Cómo saben las hermanas chilenas que Ernesto y Alberto son argentinos? ¿Por qué sale Alberto solo con ellas? ¿Qué hace Ernesto?
7. ¿Por qué le dice Alberto "¡Cómo te quiero Celia de la Serna!" en el correo de Valparaíso? ¿Qué noticia recibe Ernesto allí?
8. ¿Por qué dejó su tierra natal el matrimonio *(married couple)* chileno? ¿Por qué los busca la policía (de qué partido son)? ¿Por qué están viajando? ¿Cómo reaccionan cuando Ernesto les dice que están "viajando por viajar"?
9. ¿Quién es don Néstor? ¿Qué aprenden los jóvenes de él y de las dos mujeres indígenas de Cuzco?

10. Los dos viajeros conocen a un campesino en el camino. Dice que estaba cultivando un terreno pero que cuando empezó a producir, el dueño lo "botó" sin darle su porcentaje del producto de la cosecha (*harvest*). ¿Por qué no llamó a la policía?
11. ¿Qué idea tiene Alberto para reactivar la revolución de Tupac Amaru? Según Ernesto, ¿por qué no sirve ese plan?
12. ¿Quién es el doctor Hugo Pesce de Lima, Perú? ¿En qué campo se especializa? ¿En qué forma ayuda a los jóvenes?
13. ¿Qué le pasa a Ernesto en el barco que los lleva a San Pablo, Brasil? ¿Qué separa a los pacientes de los doctores, enfermeras y monjas *(nuns)?*
14. El doctor Bresciani les dice a los dos voluntarios argentinos que las monjas son muy estrictas. ¿Qué decisión toman los jóvenes en cuanto a los guantes? ¿Cómo reacciona la madre superiora, la Madre San Alberto?
15. ¿Cuál es el problema de Silvia, una de las pacientes? Ernesto le dice que la primera palabra que aprendió a decir fue "inyección" pero que el hecho de que naciera con asma también le dio algunas ventajas. ¿Qué ventajas menciona?
16. ¿Por qué nada Ernesto hasta el otro lado del río aunque sabe que es muy peligroso hacerlo?
17. ¿Qué le da Alberto a Ernesto en el aeropuerto de Caracas? Le dice que tiene que decirle algo muy importante. ¿Qué es?
18. ¿Qué hizo Alberto en el año 1960 (un año después de la Revolución Cubana)?

Análisis y contraste cultural

Vocabulario

La motocicleta	
arreglar	*to fix*
los frenos	*brakes*
frenar	*to brake*
el/la mecánico	*mechanic*
poderoso(a)	*powerful*
roto(a)	*broken*

Algunas partes del cuerpo: Repaso rápido	
el brazo	*arm*
la columna	*spine*
el corazón	*heart*
el cuello	*neck*
la mano	*hand*
el ojo	*eye*
el pulmón	*lung*

Algunas despedidas	
Adiós.	*Good-bye.*
Buenas noches.	*Good night (used upon retiring).*
Buen viaje.	*Have a good trip.*
Chau.	*Bye (from the Italian "ciao").*
Cuídese. (Cuídate.)	*Take care.*
Hasta luego.	*See you later.*

Otras palabras	
agradecido(a)	*grateful*
fascinado(a)	*fascinated*
festejar	*to celebrate*
flaco(a)	*thin, skinny*
gordo(a)	*fat*
gratis	*free of charge*
la malla	*bathing suit (Argentina)*
marcar un gol	*to score a goal*
merecer (zc)	*to deserve*
la misa	*mass*
el perro	*dog*
el personal	*staff*
la plata	*money (colloquial)*
la prueba de campo	*field test*
robar	*to rob, steal*
la sorpresa	*surprise*
Tranquilo(a).	*Calm down.*

A. Resumen. Complete las oraciones con palabras de la siguiente lista.

agradecido	gratis	personal	rotos
festejar	merecen	prueba de campo	sorpresa
frena	misa	roba	Tranquilo

1. Los viajeros tienen un accidente cuando la moto no ________________ . Los frenos están ________________ .
2. Dos chilenas invitan a Ernesto y a Alberto a comer empanadas; mucha gente les da comida ________________ .
3. Alberto decide hacer una ________________ para saber cómo son las mujeres chilenas.
4. Después de darle una inyección de adrenalina a Ernesto, Alberto le dice: "________________ . Ya pasó."
5. El doctor Pesce dice que tiene una ________________ para Alberto y Ernesto: su novela.
6. Los pacientes viven a un lado del río, y el ________________ del leprosario (los médicos, enfermeros, etc.) vive al otro lado.
7. Ernesto y Alberto piensan que ________________ comer aunque no fueron a ________________ .

8. Silvia ________________ comida para dársela a Ernesto y a Alberto.
9. Ernesto quiere ________________ su cumpleaños con los pacientes.
10. Enrique dice que está muy ________________ a la gente que trabaja en el leprosario por su cariño y hospitalidad.

B. **Nombres y más nombres.** Complete las oraciones con palabras de las listas.*

1. A "Fuser" (**Fu**ribundo **Ser**na) también le dicen el Che ________________ .
2. A "Mial" (**Mi Al**berto) también le dicen el Che ________________ .
3. Los jóvenes se refieren a la motocicleta Norton con el nombre "la ________________ ". Más tarde el mecánico chileno que no la puede ________________ la llama "la difunta" *(the deceased).*
4. A la novia de Ernesto la llaman "Chichina". Quiere que Ernesto le traiga una ________________ de Miami.
5. Comeback, el regalo de Ernesto a Chichina, es un ________________ . Su nombre indica que Ernesto va a volver.
6. Ernesto le dice "el Maestro" al doctor Pesce. Cuando el doctor le pide opinión sobre su novela, Alberto dice que quedó ________________ y que nadie puede contar una historia como el doctor.
7. Cuando Ernesto le escribe a su madre, la llama "Vieja" (mamá en la lengua informal de Argentina); ella le manda ________________ (dinero) de vez en cuando.
8. El líder de los pacientes de San Pablo se llama Papá Carlito. Le gusta jugar fútbol y a veces marca algún ________________ .

C. **El cuerpo.** Complete las oraciones con palabras de la lista "Algunas partes del cuerpo humano".

1. Según Ernesto, Cuzco es el ________________ de América.
2. A Silvia le duele mucho el ________________ .
3. El doctor Bresciani dice que las camas son duras pero que eso es bueno para la ________________ .
4. Don Néstor agarra la hoja de coca con las dos ________________ .
5. El señor von Puttkamer tiene un tumor en el ________________ .
6. Los ________________ de doña Rosa reflejan una gran tristeza.
7. Ernesto dice que nació con malos ________________ .

---

* Otros apodos *(nicknames)* que no están en la película: el Pelao (para referirse a Ernesto, que tenía el pelo muy corto; la palabra **pelado** quiere decir "sin pelo"), Petiso (para referirse a Alberto, porque no es muy alto; quiere decir "bajo" en el Cono Sur).

D. Despedidas.

1. ¿Qué se le puede decir a un amigo que sale de viaje? ¿que se retira para ir a acostarse?
2. ¿Cómo se dice "Take care"?
3. ¿Cuál es una palabra italiana que se usa mucho en vez de "adiós" en el Cono Sur?

NOTA CULTURAL

En la película se ven escenas de Cuzco, de Machu Picchu y de Lima, Perú. Francisco Pizarro conquistó a los incas y llevó la capital de Cuzco a Lima, donde hicieron un puerto grande para los barcos que venían de España. Alberto habla de Tupac Amaru, un nombre muy famoso en la historia latinoamericana. Tupac Amaru, sobrino del emperador de los incas, Atahualpa, y Tupac Amaru II (su bisnieto), lideraron rebeliones contra los españoles; los dos fueron ejecutados de manera muy brutal, el primero en 1572 y el segundo en 1780. En Cuzco, se ven muros y monumentos que los indígenas hicieron; todos se construyeron sin usar la rueda *(wheel),* que los incas no conocían. También se ven las hojas de coca que los indígenas usan hoy día para aliviar (*alleviate*) los efectos del frío y del hambre.

Temas de conversación o composición

Discuta con sus compañeros los temas que siguen.*

1. la franqueza de Ernesto (¿Qué le dice Ernesto al señor Von Puttkamer en el sur de Argentina después de examinarle el cuello? ¿Cómo reacciona Alberto? ¿Qué le dice Ernesto al doctor Pesce sobre su novela? ¿Qué piensa usted de esta clase de franqueza? ¿Hay situaciones en que Ernesto miente o exagera? ¿Cuándo?)
2. el dinero de Chichina (¿Qué quiere Chichina que Ernesto compre con el dinero que le da? ¿Qué quiere comprar Alberto con ese dinero? ¿Qué le dice Ernesto? ¿A quién le da el dinero Ernesto al final? Si Ernesto se hubiera casado con Chichina, ¿cómo habría sido su vida, según su opinión?)
3. la religión (¿Son religiosos los dos jóvenes? ¿Cómo se sabe? ¿Por qué dicen que el comportamiento *[behavior]* de la madre superiora cuando no les da comida es "poco cristiano"? ¿Está usted de acuerdo? ¿Cómo definen los jóvenes el cristianismo? ¿Qué ejemplos de generosidad vemos en la película?)
4. la tierra y la revolución (El doctor Pesce habla de José Carlos Mariátegui [1894-1930], fundador del Partido Socialista de Perú y autor de *Siete ensayos de interpretación de la realidad peruana*; según este pensador, el problema principal de Latinoamérica es la tierra. ¿Cómo trata la película este tema? ¿Qué le pasó al matrimonio chileno? ¿Qué compañía o empresa tiene el control de la mina? ¿Qué le pasó al campesino peruano?)
5. el nacionalismo versus una visión global (¿Son nacionalistas los dos viajeros? ¿Cómo cambia su visión del continente sudamericano a lo largo del viaje? ¿Qué dice Ernesto acerca de este tema en un brindis en San Pablo? ¿Se considera usted nacionalista? ¿Por qué sí o por qué no?)
6. el Che y la literatura (¿A Ernesto le gusta leer? ¿Qué ejemplos de poesía hay en la película? Alberto hace referencia a don Quijote y a su caballo Rocinante, un tema que fascinaba a Ernesto. Muchos han dicho que "el Che flaco" y "el Che gordo" tienen mucho en común con don Quijote y Sancho Panza. ¿Está usted de acuerdo? ¿Hay otras referencias literarias en la película?)**

---

* Your instructor may ask you to report back to the class or write a paragraph about one of the topics.

** En preparación para hacer su papel, Gael García Bernal leyó los libros que Ernesto leía en aquella época, recibió clases de español argentino y se entrenó para ponerse en excelente forma física. Rodrigo de la Serna recibió lecciones de mambo y tango y aprendió a hablar con acento de Córdoba.

Una escena memorable

¿Qué pasa en esta escena? ¿Qué celebran? La balsa que los jóvenes reciben de regalo se llama "el Mambo Tango". ¿De qué país el tango es el baile nacional? ¿Por qué es apropiado este nombre? ¿Qué hace Ernesto esa noche, después de esta celebración?

Hablan los personajes

Analice las siguientes citas, explique de quién son y póngalas en contexto. Los personajes, además de Alberto y Ernesto: Chichina, el doctor Pesce, el doctor Bresciani, Papá Carlito, Silvia, y el minero.

1. "Y mamá le prometió a la Virgen del Valle que iría caminando a su santuario si cortásemos *(if we broke off)*."
2. "Podrías decir una mentira de vez en cuando para ayudarnos."
3. "Ahora vamos a la mina. Si tenemos suerte, encontraré trabajo allí. Parece que es tan peligroso que ni siquiera se fijan en qué partido es uno."
4. "Te estaré extrañando, Negra…. ¿Qué hacemos? ¿Seguimos?"
5. "Al salir de la mina, sentimos que la realidad empezaba a cambiar… ¿o éramos nosotros?"
6. "¿Cómo es que siento una nostalgia por un mundo que no conocí?"

7. "Les miro a los ojos a ti, Alberto, y a ti, Ernesto, y veo en ustedes un gran idealismo pero también muchas dudas. Por eso me alegro que vayan a San Pablo. Me parece que allí encontrarán algo importante. Importante para ustedes."
8. "Yo digo, mire, sin exagerar, que nadie puede contar una historia como usted."
9. "¿Y es por eso que te has hecho médico? ¿Porque estás enfermo? … Estás perdiendo el tiempo. Esta vida es un calvario *(Calvary, place of suffering).*"
10. "Papá Carlito se está quedando muy triste."
11. "Constituimos una sola raza mestiza desde México hasta el estrecho *(strait)* de Magallanes."
12. "Yo ya no soy yo; por lo menos no soy el mismo yo interior."

Hablando de la cultura…

Los dos jóvenes encuentran muchas sorpresas en las diferentes regiones del continente. ¿Cuáles son algunas costumbres que conocen durante el viaje? ¿Hay comidas o bebidas que no conocían en Argentina? ¿libros y pensadores? ¿Cuáles son algunas costumbres argentinas que la película muestra? (En el sur de Argentina, también hay algunas cosas que les sorprenden a los jóvenes.)

Hablan los críticos y los directores

"El eficaz guión escrito por José Rivera contiene algunas frases ciertamente mejorables que hace que el retrato del joven Che roce por momentos lo hagiográfico *(comes close to being saintly at times),* aunque en general consigue evitar ese riesgo apostando por (*it avoids this risk by betting on*) situaciones y diálogos muy naturales que hacen aún más cercano al futuro mito y a su compañero… Emoción e integridad son las claves que describen una obra hermosa e inspiradora que lanza su mirada solidaria *(casts a sympathetic look)* sobre aquéllos cuya vida no ha cambiado nada con eso que llamamos progreso."

—*Diarios de motocicleta, The Night of the Hunter y otras muchas grandes películas,*
octubre 2004. http://hunter.blogalia.com/historias/22023

¿Cree que la imagen del joven Che "roce por momentos lo hagiográfico"? Es decir, es demasiado favorable al Che la película? ¿Por qué sí o por qué no?

"Igualmente importante para la autenticidad del filme y del retrato que en él se hace de las diferentes culturas visitadas fue la decisión de emplear actores locales. Se celebraron sesiones de casting en toda Latinoamérica, en las que se seleccionaron actores argentinos, chilenos y peruanos… Una excepción a esta regla *(rule)* fue, sin embargo, el actor elegido para representar a Ernesto Guevara: el excelente actor mexicano Gael García Bernal, a quien Salles describe como 'uno de los actores más singulares y con más talento de su generación'. Intrigado por la oportunidad de encarnar *(portray)* al legendario revolucionario en sus años mozos *(youthful)*, Bernal aceptó la propuesta *(offer)*. En palabras del propio Bernal, 'El Che ha tenido una influencia muy fuerte en nuestras vidas, especialmente en las de quienes nacimos después de la revolución cubana… [Mi generación] nació con la idea de un héroe latinoamericano moderno, un hombre que luchó por sus ideas, un argentino que peleó *(fought)* en un país que no era el suyo, que se convirtió en ciudadano *(citizen)* de Latinoamérica, del mundo… Creo que esta historia podría animar a la gente a intentar encontrar sus propias creencias…' "

—http://www.labutaca.net/films/26/diariosdemotocicleta1.htm

¿Qué otros personajes históricos podrían considerarse "ciudadanos del mundo"? ¿Hay héroes hoy en día? ¿Cuál es la diferencia entre un héroe y un ídolo? ¿Tiene usted un héroe? Si es así, ¿quién es?

"Salles y su equipo se inspiraron en las fotografías que Guevara tomó durante el viaje, y también en la evocativa obra del fotógrafo aimará *(Aymara Indian)* Martín Chambi. El diseñador de la producción, Carlos Conti, trabajó en la reconstrucción del período, incluyendo alusiones al contexto histórico, pero dando al mismo tiempo un aire contemporáneo a la producción para subrayar la intemporalidad *(underscore the timelessness)* de los temas tratados."

—http://www.labutaca.net/films/26/diariosdemotocicleta1.htm

¿Cómo usa el director las escenas en blanco y negro? ¿Qué efecto tienen?

"La decisión de rodar la película en orden cronológico hizo posible además que emergiesen ciertos paralelos entre la producción y el viaje que se cuenta. Respetando el espíritu del viaje original, Salles animó a los actores a improvisar con la gente que se iban encontrando en el camino… 'Poco a poco', relata Salles, 'introdujimos escenas que integraban en la estructura fílmica lo que la realidad tan generosamente nos aportaba… En cierto sentido, creo que estas escenas están más cerca del espíritu original del viaje…' "

—http://www.labutaca.net/films/26/diariosdemotocicleta1.htm

¿En qué orden rodaron la película? ¿Qué escenas eran, probablemente, improvisadas? ¿Parecen auténticas? ¿Por qué sí o por qué no? Dé ejemplos.

"La película se configura así como una especie de *road movie* de factura clásica -y más cercana al gusto de Hollywood que anteriores trabajos de Salles, no en vano detrás de ella está la mano de Redford–en la que, en un principio, ambos se preocupan mucho más de cuestiones relacionadas con el amor, el sexo y la continua falta de dinero para comer o para reparar esa vetusta *(old, worn out)* moto Norton—apodada *(nicknamed)*, un tanto jocosamente *(jokingly)*, La Poderosa—que de esa otra cara del continente que recorren…"

—http://www.labutaca.net/films/26/diariosdemotocicleta2.htm

¿Tiene la película algo en común con las "road movies" de Hollywood? Si es así, ¿qué? ¿En qué es distinta?

Más allá de la película

Ernesto Guevara: *Notas de viaje*, Selecciones

La sonrisa° de la Gioconda

…me fui a ver una vieja asmática que era clienta de La Gioconda. La pobre daba lástima, se respiraba en su pieza aquel olor acre de sudor concentrado y patas sucias,° mezclado al polvo° de unos sillones, única paquetería° de la casa. Sumaba° a su estado asmático una regular descompensación° cardíaca. En estos casos es cuando el médico consciente de su total inferioridad frente al medio,° desea un cambio de cosas, algo que suprima° la injusticia que supone el que la pobre vieja hubiera estado sirviendo° hasta hacía un mes para ganarse el sustento,° hipando y penando,° pero manteniendo frente a la vida una actitud erecta. …Allí, en estos últimos momentos de gente cuyo horizonte más lejano fue siempre el día de mañana, es donde se capta la profunda tragedia que encierra° la vida del proletario de todo el mundo; hay en esos ojos moribundos un sumiso pedido de disculpas° y también, muchas veces, un desesperado pedido de consuelo que se pierde en el vacío,° como se perderá pronto su cuerpo en la magnitud del misterio que nos rodea.° Hasta cuándo seguirá este orden de cosas basado en un absurdo sentido de casta es algo que no está en mí contestar… (p. 50)

smile

aquel… *that acrid odor of concentrated sweat and dirty feet / dust / furnishings / was added / weakness*

environment / suppresses

supone… *supposes that the poor old woman had been serving /* para… *to earn her living /* hipando… *panting and suffering*

surrounds

sumiso… *submissive request for forgiveness /* desesperado… *desperate plea for consolation which is lost in the emptiness / surrounds*

Esta vez, fracaso

Allí [en el pueblo de Baquedano] nos hicimos amigos de un matrimonio de obreros chilenos que eran comunistas. A la luz de una vela con que nos alumbrábamos° para cebar° el mate y comer un pedazo de pan y queso, las facciones contraídas° del obrero ponían una nota misteriosa y trágica, en su idioma sencillo y expresivo contaba de sus tres meses de cárcel, de la mujer hambrienta° que lo seguía con ejemplar lealtad,° de sus hijos, dejados en la casa de un piadoso° vecino, de su infructuoso° peregrinar° en busca de trabajo, de los compañeros misteriosamente desaparecidos, de los que se cuenta que fueron fondeados en° el mar. El matrimonio aterido,° en la noche del desierto, acurrucados° uno contra el otro, era una viva representación del proletariado de cualquier parte del mundo. No tenían ni una mísera manta con que taparse,° de modo que le dimos una de las nuestras y en la otra nos arropamos° como pudimos Alberto y yo. Fue ésa una de las veces en que he pasado más frío, pero también, en la que me sentí un poco más hermanado° con esta, para mí extraña especie humana… (p. 56)

— **Ernesto Guevara, *Notas de viaje*, Casa Editora Abril, 1992**

lighted / prepare, steep

facciones… *contracted features*

famished / loyalty

compassionate / fruitless / pilgrimage

fueron… *were sent to the bottom of / blue with cold / curled up*

manta…*blanket to cover themselves* / nos… *we wrapped ourselves up*

united as brothers

Alberto Granado: *Con el Che por Sudamérica*, Selecciones

Miramar, enero 13 de 1952

...He conocido a mucha gente de un nivel social que no he tratado antes, y francamente me hace sentir orgulloso de mi origen de clase. Nunca en mi vida me había tropezado,° ni mucho menos alternado,° con este tipo de gente. Es increíble cómo piensan, cómo razonan. Son seres que creen que por derecho divino o algo semejante merecen vivir despreocupados° de todo lo que no sea el pensar en su posición social, o en la manera más estúpida de aburrirse en grupo... ¡Cómo no van a poner cara de asombro y susto° cuando se habla delante de ellos de un poco de igualdad, o cuando se les trata de hacer ver que todos esos seres que giran a su alrededor,° que les sirven, que recogen todo lo que ellos dejan tirado, necesitan también vivir. Que son seres humanos a quienes también les gusta tomar baños de mar, o sentirse acariciados° por el sol! (pp. 20-21)

come across / interacted

unconcerned

poner... *look amazed and frightened*

giran... *revolve around them*

caressed

Chuquicamata, marzo 14 de 1952

Nos levantamos temprano y fuimos a ver a míster Mackeboy, el yanqui administrador de la mina. Su Exigentísima° Majestad, como le bautizamos,° nos hizo hacer una larga antesala.° En un español yanquinizado nos hizo ver que eso no es un centro turístico, ni una entidad de caridad° y nos endilgó° un guía para que nos hiciera conocer la mina.

Por supuesto, el viaje que hicimos hoy no hizo más que confirmar la opinión formada en el recorrido de ayer, es decir que todo esto es de una riqueza incalculable.... (p. 81)

taxing, exacting / baptized

nos... *made us wait a long time*

entidad... *charitable organization / assigned (usually refers to something bad or unpleasant)*

Cuzco, abril 2 de 1952

Un cholo°... nos contaba, con su lenguaje modesto, la forma en que es estafado° por los dueños de la tierra. Hace unos diez años se casó y fabricó una casita en plena selva, a unos 600 metros de altura. Estuvo tres años talando monte, quemando rastrojo° y preparando la tierra para hacerla cultivable. Durante todo ese tiempo el dueño de la tierra no le dijo nada, pero cuando estaba lista la cosecha° lo mandó a desalojar° con la policía. Se fue con su mujer y dos hijos que tenía ya, mucho más arriba. Estuvo tres o cuatro años talando la selva, y cuando pensaba disfrutar° del fruto de su trabajo el dueño volvió a desalojarlo. El Pelao y yo nos miramos entre asombrados° y violentos° de ver tanta mansedumbre° en la forma de contar esa tremenda injusticia sin castigo,° y tanta sumisión fatalista. (p. 111)

Indian or mestizo who speaks Spanish or who has adopted Spanish customs / swindled, ripped off

talando... *cutting brush, burning stubble*

harvest, crop / lo... *had him thrown out*

enjoy

amazed / furious

docility

sin... *unpunished*

— **Alberto Granado, *Con el Che por Sudamérica*, Editorial Letras Cubanas, 1986.**

Preguntas

Notas de viaje

1. ¿En qué circunstancias vivía la mujer que Ernesto fue a ver, la clienta de La Gioconda? ¿Qué quería decir Ernesto cuando escribió que su "horizonte más lejano fue siempre el día de mañana"? ¿Pudo ayudarla? ¿Cómo se sentía él?
2. ¿A quiénes conocieron Ernesto y Alberto en Baquedano? ¿De qué partido político eran? ¿Qué les contó el señor? ¿Qué les dieron Ernesto y Alberto?

Con el Che por Sudamérica

1. Según Alberto, ¿cómo es la familia de Chichina? ¿Qué les interesa? ¿Cómo es su vida?
2. ¿Es de clase alta Alberto?
3. ¿Cómo reaccionan los familiares de Chichina cuando Alberto les habla de "un poco de igualdad"? (Es la primera vez que Alberto ve el mar y está muy contento; reconoce que los sirvientes de la casa de Chichina también disfrutarían de un paseo a la playa.)
4. ¿Quién es míster Mackeboy? ¿Qué les dice a Ernesto y a Alberto? ¿A qué conclusión llegan Ernesto y Alberto?
5. ¿A quién conocieron Alberto y Ernesto en Cuzco? ¿Qué historia les cuenta? ¿Cómo reaccionan los dos jóvenes?

Una carta a Ernesto

Imagine que usted es Chichina y escríbale una carta de amor o de rechazo (*rejection*) a Ernesto. ¿Qué opina su familia de Ernesto y Alberto?

Alternativamente, imagine que es la madre de Ernesto y escríbale una carta. ¿Qué consejos le da a su hijo?

Capítulo 8

La historia oficial

Presentación de la película: Alicia lleva una vida feliz, próspera y protegida, hasta que una vieja amiga vuelve después de una larga y misteriosa ausencia. Poco a poco, Alicia se da cuenta de los abusos contra los derechos humanos que se cometen en su país. Le nace una sospecha terrible, e inicia una búsqueda que podría destruir su felicidad.

* La acción de *La historia oficial* ocurre en Argentina durante los momentos finales de un gobierno represivo de derechas *(right-wing)* (1976-1983). Miles de personas fueron secuestradas *(kidnapped)*, torturadas y asesinadas por razones políticas. La mayor parte de las víctimas eran jóvenes de 21 a 35 años. Además, desaparecieron unos cuatrocientos niños que nacieron mientras sus madres estaban detenidas. Esta campaña de terror se llama "la guerra sucia".

* Durante esta época, Argentina sufrió una desastrosa guerra con Inglaterra por las Islas Malvinas *(Falkland Islands)*. La economía era un caos. Las madres y las abuelas de los "desaparecidos" (la gente que había desaparecido) empezaron a hacer protestas públicas. Por fin en 1983 la dictadura terminó y se celebraron elecciones democráticas. El gobierno del nuevo presidente Raúl Alfonsín devolvió la democracia al país y reorganizó las fuerzas armadas. Llevó a muchos de los líderes

políticos y militares de la dictadura ante los tribunales de justicia.

✷ *La historia oficial* es la primera película de largometraje de Luis Puenzo. El filme ganó diecisiete premios internacionales, entre ellos un Oscar y un Golden Globe a la Mejor Película Extranjera en 1986. El guión, escrito por Puenzo y la conocida autora teatral y guionista Aída Bortnik, fue seleccionado para el Oscar en la categoría de Mejor Guión Original. Otras películas de Puenzo son *Gringo Viejo (Old Gringo)* (1989, Gregory Peck, Jane Fonda), *La peste* (*The Plague*) (1992, William Hurt, Robert Duvall, Raúl Juliá) y *La puta y la ballena* (*The Whore and the Whale*) (2004, Aitana Sánchez-Gijón).

✷ Norma Aleandro, una de las actrices más importantes de Argentina, tuvo que irse al exilio por sus opiniones políticas a fines de la década de los setenta y no volvió a su país hasta 1982. Ganó el premio a la mejor actriz en el Festival Internacional de Cine de Cannes en 1985 por su interpretación de Alicia en *La historia oficial*. En 1987 fue seleccionada para el Oscar por su trabajo en *Gaby, a True Story*. Otras películas suyas: *Seres queridos* (2004), *Cama adentro* (2004) y *Música en espera* (2009).

Preparación

Vocabulario preliminar

Note: In Argentina the letters **ll** often sound like **j** in English: **llorar**, for instance, might be pronounced as if it began with an English **j**. See the information on the **vos** form on page 70.

Cognados			
adoptado(a) anticuado(a)	la disciplina imbécil	la memoria subversivo(a)	tranquilo(a)

Otras palabras	
acordarse de, recordar (ue)	*to remember*
asustarse (el susto)	*to be frightened (fright)*
cuidar(se)	*to take care (of oneself)*
culpable (la culpa)	*guilty (guilt)*
cumplir (cinco) años	*to turn (five) years old*
denunciar	*to inform on, denounce, report (e.g., to the police)*
el/la desaparecido(a)	*person who has been "disappeared" or eliminated*

el escándalo (armar escándalo)	*(literally, "scandal") upheaval (to raise a big fuss)*
flaco(a)	*thin, skinny*
gordo(a)	*fat, heavy (also, a term of affection)*
llorar	*to cry*
los negocios	*business*
no tener (haber) remedio	*to have no alternative*
la nota	*grade (which go from 1-10 in Argentina, where 10 is highest)*
peligroso(a) (el peligro)	*dangerous (danger)*
sobrevivir	*to survive*
solidario(a)	*steadfast, mutually responsible (e.g., a friend)*
solitario(a)	*single, alone*
tener miedo (dar miedo)	*to be afraid (make afraid)*

A. Antónimos. Para cada palabra subrayada, dé un antónimo de la lista de cognados u otras palabras.

> ***Modelo:***
> Se olvidó de que era su aniversario de boda.
> **Se acordó de que era su aniversario de boda.**

1. Sus ideas son muy modernas.
2. Ese señor es inocente.
3. Es una situación muy segura.
4. Dijo que soy un genio total.
5. Ni una sola persona murió.

B. ¡Es lógico! Escoja la respuesta más lógica.

1. ¡Ay! ¿Qué pasó? Ese ruido, ¿qué fue?
   a. Tranquila. No te asustes.
   b. No tengo remedio.
   c. No te acuerdes.
2. Silvia ha perdido varios kilos últimamente.
   a. Sí, está peligrosa.
   b. Sí, está gorda.
   c. Sí, está flaca.
3. Y esa señora, ¿por qué armó un escándalo en la escuela?
   a. Porque su hijo sacó una mala nota en matemáticas.
   b. Porque su hijo cumplió años.
   c. Porque su hijo es adoptado.

4. ¡Qué falta de disciplina en esa clase!
   a. Los alumnos son unos desaparecidos incorregibles.
   b. Los alumnos tienen miedo, ¿no?
   c. Los alumnos no escuchan al profesor.
5. Pedro es muy buena gente y siempre me ayuda.
   a. Sí, es un amigo muy secreto.
   b. Sí, es un amigo muy solidario.
   c. Sí, es un amigo muy solitario.
6. A mi esposo no le interesa la política, sólo los negocios.
   a. Trabaja en un banco, ¿verdad?
   b. ¿Estudia medicina?
   c. Así son los subversivos.
7. Miguelito está llorando, pobrecito.
   a. ¿Supo cuidarse?
   b. ¿Cuál es el problema?
   c. Vamos a denunciarlo.

Antes de ver la película

A. Verdades y mentiras

1. ¿De dónde saca usted información sobre lo que pasa en este país o en el mundo?
2. ¿Cree todo lo que lee en los periódicos, oye por la radio o ve en las noticias de televisión? ¿Por qué sí o por qué no? Si no, dé un ejemplo de algo que leyó, oyó o vio, y que no era verdad.
3. ¿Ha estado en una situación en la cual creyó a alguien que le estaba mintiendo? Describa la situación. ¿Por qué le mintieron? ¿Cómo se sintió cuando descubrió la verdad?

B. Los personajes.

Los personajes. Lea las descripciones y los nombres de los personajes. Después de ver la película, empareje cada personaje con su descripción.

B	1. profesora de historia y madre adoptiva de Gaby	a.	Benítez
G	2. hombre de negocios, esposo de Alicia y padre adoptivo de Gaby	b.	Ana
B	3. vieja amiga de Alicia que vuelve del exilio	c.	Gaby
h	4. probable abuela biológica de Gaby	d.	Alicia
A	5. colega de Alicia	e.	Costa
E	6. alumno de Alicia	f.	Enrique
i	7. padre de Roberto	g.	Roberto
f	8. hermano de Roberto	h.	Sara
C	9. hija adoptiva de Alicia y Roberto	i.	José

Investigación

The **Investigación** sections suggest topics related to the movie that you may want to find out more about. Your instructor may assign these to individuals or groups and have them report the information to the class.

Busque información sobre uno de los temas que siguen.

1. Isabel Perón, tercera esposa de Juan Perón
2. la guerra de las Malvinas
3. Raúl Alfonsín
4. la Comisión Nacional sobre la Desaparición de Personas (CONADEP)
5. lo que les pasó a los generales que estaban en el poder durante la dictadura

Note: Your instructor may ask you to read over the exercises in the section **Exploración** before you see the film, in order to improve your understanding of it.

Exploración

A. ¿Cierto o falso? Lea las siguientes oraciones. Indique **C** (cierto) o **F** (falso). Corrija las oraciones falsas.

___ 1. Los alumnos de Alicia creen que sus libros de historia cuentan la verdad.

___ 2. Gaby fue abandonada por su madre biológica.

___ 3. De niña, Alicia fue abandonada por sus padres.

___ 4. Roberto y sus asociados son enemigos de la junta militar.

___ 5. El gobierno militar está desintegrándose.

___ 6. Roberto y sus asociados tienen miedo de ser procesados (*put on trial*) por sus crímenes.

B. La historia

1. ¿A qué clase social pertenece Alicia? ¿Cuál es su profesión?
2. ¿Quiénes son las personas asociadas con Roberto?
3. ¿Cuál es la historia de Ana?
4. ¿Cómo ayudan los alumnos de Alicia para que ella abra los ojos?
5. ¿Cuál es la historia de Benítez? ¿Por qué le devuelve a Alicia el expediente *(file)* de Costa?
6. ¿Por qué tiene miedo Macci? ¿Cuál es la reacción de Roberto y sus otros asociados?
7. ¿Cuál es el objetivo de la búsqueda de Alicia? ¿Cómo reacciona Roberto cuando ella le pide información?
8. ¿A quién le pide Alicia ayuda en su búsqueda? ¿La ayuda o no esta persona?
9. ¿Quién es Sara? ¿De qué clase social es? ¿Cómo se conocen ella y Alicia?

10. ¿Por qué hay tensiones entre Roberto, su padre y su hermano?
11. ¿Por qué está tan agitado Roberto después de la fiesta en su casa?
12. ¿Qué les pasó a los parientes de Sara? ¿A quiénes busca ella?
13. ¿Cuál es la relación probable entre Sara y Gaby?
14. ¿Por qué saca cajas de su oficina Roberto?
15. ¿Cuál es el conflicto entre Roberto y Ana?
16. ¿Cómo reacciona Roberto cuando le presentan a Sara?
17. ¿Cómo termina la película?

Análisis y contraste cultural

Vocabulario

La tortura	
castigar	*to punish*
el golpe	*blow, hit*
el grito	*cry, shout*
la picana	*electric shock treatment*
el submarino	*dunking, holding under water*
la violación	*rape*

Otras palabras	
apurado(a)	*in a hurry, rushed*
el asado	*barbecued meat*
la broma	*joke*
el/la cobarde	*coward*
lleno(a)	*full*
el/la perdedor(a)	*loser*
rechazar	*to reject*

Expresiones regionales*	
che	*term of address used for a friend***
el chiquitín, la chiquitina	*little one, child*
el despelote	*mess, fuss*
la macana	*lie*
la mucama	*maid*
la nena	*girl*
el pibe (la piba)	*kid, child*
el subte	*short for* subterráneo, *subway in Buenos Aires*
viejo(a)	*(literally, "old one") term of affection used for a parent; in many places this term can refer to a spouse*

* These terms are not used exclusively in Argentina—some are heard elsewhere as well.

** The use of **che** is very common and explains how Ernesto "Che" Guevara, an Argentinian who was part of the Cuban Revolution, received his nickname.

A. **¡Falta algo!** Escoja la palabra adecuada para completar la frase.

1. Ese hombre no quiso defender a su mujer. ¡Qué…
   a. despelote!
   b. cobarde!
   c. golpe!
2. Había mucha gente allí. El lugar estaba totalmente…
   a. apurado.
   b. submarino.
   c. lleno.
3. Esta oferta es ridícula. Seguramente la van a…
   a. aceptar.
   b. querer.
   c. rechazar.

4. En la cárcel, la amenazaban con la violación y…
   a. el grito.
   b. la picana.
   c. la mentira.
5. Esa nena es tremenda. Cuando su mamá sepa que robó ese dinero, la va a…
   a. celebrar.
   b. entender.
   c. castigar.
6. No te enojes con ella. Es solamente una…
   a. nena.
   b. perdedor.
   c. santa.

B. En otras palabras… Para cada oración a la izquierda, busque un equivalente a la derecha.

___ 1. ¿Qué edad tiene la chiquitina?	a. Está muy apurado.
___ 2. Lo único que sé hacer es el asado.	b. Fue un chiste, eso es todo.
___ 3. Es un despelote total.	c. Es un gran lío.
___ 4. Tiene mucha prisa.	d. Sólo puedo preparar carne a la parrilla.
___ 5. Sólo fue una broma.	e. ¿Cuántos años tiene la piba?

C. ¿Y en Argentina? Para cada palabra subrayada, busque una palabra que se podría oír en Argentina. (Consulte la sección "**Expresiones regionales**".)

> ***Modelo:***
> ¿Dónde están los <u>niños</u>? ¿En la escuela?
> **¿Dónde están los pibes (chiquitines)? ¿En la escuela?**

1. ¿Qué tal, <u>amigo</u>?
2. Estoy cansada de tantas <u>mentiras</u>.
3. ¿Caminamos o tomamos el <u>metro</u>?
4. Mi <u>papá</u> nunca me deja hacer nada. Es demasiado estricto.
5. ¿Cómo se llama la <u>chica</u>? ¡Qué linda!
6. La <u>criada</u> no trabaja los domingos.

NOTA CULTURAL

Los estudiantes de Alicia hablan del patriota argentino Mariano Moreno. Moreno participó en la Revolución de Mayo, el movimiento de independencia argentino. Fundador de la Biblioteca Nacional y editor del periódico *La Gaceta de Buenos Aires*, Moreno quería una separación definitiva de España, pero los conservadores estaban en contra. En 1810 aceptó un puesto diplomático en Brasil e Inglaterra pero murió misteriosamente en el viaje a Londres. En 1816, Argentina declaró la independencia.

Temas de conversación o composición

Discuta con sus compañeros los temas que siguen.*

1. el título de la película (¿Hay alguna diferencia entre la versión oficial y la verdadera historia argentina? ¿y la verdadera historia de Gaby? ¿y la verdadera historia de los padres de Alicia? Explique.)
2. el colegio (¿Qué palabra se repite en el himno nacional argentino? ¿Hay alguna ironía en esto? ¿Con qué se compara el colegio? ¿Puede decirse que el colegio representa la sociedad argentina?)
3. la canción que canta Gaby:

   "En el país de Nomeacuerdo
   Doy un paso y me pierdo.
   Un pasito por allí
   No recuerdo si lo di.
   Un pasito por allá
   Ay, qué miedo que me da.
   Un pasito para atrás
   Y no doy ninguno más
   Porque ya yo me olvidé
   Dónde puse el otro pie." **

   (¿Cuál es "el país de Nomeacuerdo"? ¿Hay alguna relación entre esta canción y los hechos de la película?)
4. la violencia (¿Cómo se manifiesta en la película? ¿Qué representa la violencia en los juegos de los niños? ¿Hay otras referencias indirectas a la violencia y la tortura?)
5. los factores que contribuyen a la caída (*fall*) de la dictadura (¿Cuál es el papel de las madres y las abuelas de los desaparecidos? ¿de la crisis económica? ¿de la guerra de las Malvinas?)
6. la denuncia social y política (¿Cómo se benefician Roberto y su familia de su asociación con la dictadura militar? ¿Qué clase social y opiniones políticas representa Roberto? ¿El padre y el hermano de Roberto? ¿Benítez? ¿Sara? ¿Qué clase social y qué institución

---

* Your instructor may ask you to report back to the class or write a paragraph about one of the topics.

** María Elena Walsh, "En el país de Nomeacuerdo", *Canciones infantiles*, Volume II.

apoya el sacerdote? ¿Puede verse la familia extensa de Roberto como microcosmos de la sociedad argentina?)

7. el personaje de José (¿De dónde es José? ¿A qué guerra se refiere Roberto al decirle, "Ustedes perdieron"? ¿Por qué habrá inmigrado a Argentina? ¿Por qué se llevan *(get along)* mal él y Roberto? ¿Tienen José y Ana algo en común?)
8. el personaje de Benítez (¿Dónde enseñaba antes? ¿Por qué ya no enseña allí? ¿Cómo ayuda a Alicia a abrir los ojos? ¿Prefiere usted su manera de enseñar o la de Alicia? ¿Conoce usted a algún profesor o profesora como él?)
9. el personaje de Roberto (¿Cuál es su defecto, según su padre? ¿De qué lo acusa su hermano Enrique? ¿Por qué tiene miedo de perderlo todo? ¿Se manifiestan sus tendencias violentas en la última parte de la película? ¿Es, en algún sentido, un torturador?)
10. el personaje de Alicia (¿Es, en algún sentido, cómplice de la dictadura? ¿Cómo cambia durante la película? ¿En qué se parecen la historia de Alicia y la de Gaby? ¿Por qué abraza Alicia a Roberto al final de la película? ¿Por qué deja las llaves en la cerradura (*lock*) cuando se va de su casa? ¿Cuál es su dilema al final de la película? ¿Qué haría usted si estuviera en la misma situación?)

Una escena memorable

¿Qué pasa en esta escena? ¿Cómo reacciona Roberto cuando Alicia le presenta a Sara? ¿Cómo se sentirá Sara? ¿Qué pasa después?

Hablan los personajes

Analice las siguientes citas, explique de quién son y póngalas en contexto. (Para una lista de los personajes, ver el ejercicio B en la sección "**Antes de ver la película**".)

1. "Comprender la historia es prepararse para comprender el mundo. Ningún pueblo puede sobrevivir sin memoria. La historia es la memoria de los pueblos."
2. "No hay pruebas porque la historia la escriben los asesinos."
3. "Siempre es más fácil creer que no es posible, ¿no? Sobre todo porque, para que sea posible, se necesitaría mucha complicidad."
4. "Ser pobre no es ninguna vergüenza, como ser rico no es ningún honor." "Los únicos ladrones (*thieves*) no son los que aparecen en la tele, ¿eh?"
5. "Llorar no sirve para nada. Yo sé lo que le digo. Llorar no sirve."

Hablando de la cultura

Comente la distancia que mantienen las personas mientras hablan en esta película. Por ejemplo, cuando Ana y Alicia están hablando de lo que le pasó a Ana durante su "ausencia", ¿cómo están sentadas? ¿Sería diferente si fuera una película con personajes de habla inglesa?

Hablan los críticos y los directores

Según Aída Bortnik, *La historia oficial* es "a story of a consciousness that awakens. It is also a tragedy in the Greek sense of the word. Alicia is an Oedipus, conscious that knowledge of her destiny can destroy her, but who is unable to stop. From this point of view she is a tragic being."

¿Cómo se despierta la conciencia de Alicia? ¿Es ella un ser trágico, en su opinión?

En una crítica feminista de *La historia oficial,* Cynthia Ramsey dice: "The critical viewer must work out the problems posed by the film on the personal and political levels which operate in a parallel manner ... *The Official Story* links the fascist within to the fascist without."

—Cynthia Ramsey, "The Official Story: Feminist Re-visioning as Spectator Response", *Studies in Latin-American Popular Culture*, Volume 11, 1992.

En su opinión, ¿se presta *(lend itself)* la película a una intepretación feminista? Comente el paralelismo de los niveles personal y político en la película.

Más allá de la película

La historia oficial, Argentina, Luis Puenzo, 1983

Producción comenzada los últimos meses del régimen militar y estrenada al comienzo de la democracia, tuvo un singular éxito° de audiencia y fue galardonada con° un premio Oscar. Esto demuestra la capacidad de convocatoria popular° que la película ejerce° por medio de un lenguaje cinematográfico aparentemente hegemónico,° "mainstream", hollywoodense, pero subversivamente alegórico y simbólico. El director Puenzo trabajó anteriormente en publicidad televisiva, por lo que se hace patente° en algunas escenas una "estética publicitaria" que hace hincapié en° la composición, el uso de los decorados y el color.

La película cuenta el proceso de toma de conciencia° de Alicia, cuarentona° profesora de historia que aprende de sus alumnos las verdades no relatadas en los libros del discurso hegemónico. El personaje es una clara alusión intertextual a *Alicia en el país del espejo* de Lewis Carroll. En la banda de sonido° se incluye una canción infantil° de la poetisa María Elena Walsh—

success

fue... *was awarded*

capacidad... *mass appeal / exerts / dominant*

obvious

hace... *emphasizes*

toma... *consciousness raising / forty-something*

banda... *sound track / children's*

perseguida por la dictadura—, motivo° musical que plantea° a Argentina como una sociedad tenebrosa° y amenazante. La heroína comprende que ni la historia ni el presente son lo que había sido inducida a pensar,° y se derrumba° su pequeño y sólido mundo burgués.

Roberto, el marido de Alicia, es un oportunista que ha usufructuado° haciendo negocios con miembros de la élite militar. Llegado el momento crítico, ejerce sobre Alicia una sorprendente habilidad de torturador... La hija que el marido trajo a casa una noche, y que ha sido adoptada sin ningún inconveniente° burocrático-legal, resulta ser el bebé de una "desaparecida" posteriormente eliminada. Al final de la película, la heroína abandona a Roberto, representante de una Argentina dictatorial y violenta, justificada por el engaño° y la mentira° histórica, para salir a enfrentarse a° un futuro incierto a partir de° la dolorosa verdad recién descubierta.

La narrativa es construida sobre convenciones genéricas del melodrama familiar. La vida de Alicia gira en torno a su hogar,° su hija, su marido, sus alumnos, su amiga de la juventud. La trama° comienza con la ceremonia que da comienzo al año lectivo,° cuya puesta en escena recalca° ostensivamente la iconografía del Holocausto: trenes, alambres de púa,° seres humanos en formación bajo la lluvia, altavoces° que hacen escuchar una versión disonante del himno nacional argentino. Esta escena, filmada en un auténtico colegio secundario en Buenos Aires, crea una sensación de "verdad histórica", corporizando la idea de que los argentinos han sobrevivido a un genocidio.

theme / presents

sinister

inducida... *led to believe* / se... *collapses*

profited

problem

deceit / lie / enfrentarse... *confront* / a... *given*

gira... *revolves around her home / plot*

año... *academic year /* cuya... *whose staging stresses /* alambres... *barbed wire / loudspeakers*

Simultáneamente, evoca también la imagen mitológica de los habitantes de Buenos Aires reunidos° el 25 de mayo de 1810 bajo la lluvia para reclamar° el fin del virreinato° español, acto constitutivo de la voluntad política independiente° en la versión oficial de la historia.

gathered / demand
viceroyalty
constitutivo… *representative of independent political will / development / events*

El desarrollo° de la trama durante el año lectivo es paralelo a los sucesos° de 1983 en Argentina, durante los cuales aprenderá la profesora de sus alumnos que la historia oficial la escribieron los asesinos eliminando a sus opositores. La película inserta en la narrativa la realidad histórica de la protesta popular y el derrumbe del régimen militar por medios° estéticos diversos: filmación testimonial de Alicia con las Madres de Plaza de Mayo en la manifestación semanal° frente al palacio presidencial, otra manifestación escenificada para enfrentar a Alicia con verdades que no quería ver, pasando por carteles° y panfletos enfocados en forma tal que el espectador no los puede ignorar.

means
manifestación… *weekly demonstration / posters*

De acuerdo con la tradición melodramática, Alicia se ve llevada de crisis en crisis, y puede percibirse el momento exacto de su cambio, casi como si la película cumpliera° los preceptos de un manual para argumentistas° de cine. Alicia libera su cabello° hasta entonces permanentemente recogido,° se permite flirtear con el profesor de literatura y "putear",° en un estilo coloquial porteño.° Simultáneamente, califica con sobresaliente° al alumno que anteriormente quiso sancionar por haber propuesto una interpretación revisionista de hechos° históricos pasados, donde mutilación y asesinato° son parte indivisible de la versión presentada. El esquematismo genérico no logra neutralizar momentos estremecedores,° como el relato° verbal de las torturas que sufrió una amiga que regresa del exilio, puesto en escena con un minimalismo que lo transforma en un testimonio histórico, no falto de° acompañamiento musical melodrámatico.

fulfilled / scriptwriters
hair / gathered in a bun
swear
of Buenos Aires / califica… *gives a high grade*
events / murder
horrifying / account
no… *not without*

Los vínculos° del marido de Alicia con el régimen militar son claros al espectador y a la protagonista desde un principio.° Es el carácter terrorista del régimen lo que Alicia "no veía". Uno de los socios° es denominado "el General"; los negocios son oscuros y conectados con norteamericanos; la fidelidad mutua y el silencio son una condición básica para el éxito. Todos los socios demuestran solvencia cuando se trata de hacer callar a quien° el próximo cambio de gobierno le hace perder el control sobre sí mismo°; viajan en automóviles del modelo usado por los "servicios"° y los grupos de exterminio°… Esta representación no deja lugar a dudas: el marido de Alicia ha participado en acciones de exterminio junto con sus socios, y así ha conseguido el bebé que han adoptado. La esterilidad fisiológica del matrimonio° es alegórica a lo que la unión entre el Pueblo,° que Alicia simboliza, y la dictadura corrupta, que su marido simboliza, pueden producir.

ties
desde… *from the beginning*
partners
demuestran… *can be relied upon when it's a matter of silencing those who /* sí… *themselves / secret service /* grupos… *death squads*
married couple
people

La aparentemente convencional estética de la película es de-construida no sólo por esos mismos "momentos" de discurso opositor, sino también por la inclusión de actores que volvieron del exilio político en esa época. Ana, la amiga que cuenta las torturas sufridas, es "Chunchuna" Villafañe, conocida modelo y actriz que había salido al exilio con su marido, el director Fernando Solanas. Héctor Alterio, que actúa como el marido, había estado exilado en España, donde actuó en diversas películas. El profesor de literatura "adorado por sus alumnos" y que intermedia entre Alicia y la verdad histórica —convención genérica hollywoodense—es el actor chileno exilado Patricio Contreras.

La película logra intercalar° lo fictivo con lo auténtico construyendo una representación altamente estetizada° y aparentemente "realista" de la que° han desaparecido militares con uniforme. Un tabú discursivo permite mostrarlos vestidos de civil, hablar sobre ellos, sugerir, metaforizar, pero no representarlos visualmente con sus atributos identificatorios. La amenazante presencia militar en la sociedad argentina, que se manifestó en rebeliones durante los primeros años del gobierno democrático, crea una limitación que *La historia oficial* no se atreve a desafiar°...

El padre de Roberto es un viejo español a quien su acento denuncia° sin lugar a dudas... Su persona no tiene ninguna función narrativa propia, salvo° establecer la contradicción entre los valores éticos de los que es portador° y el pragmatismo oportunista y egocéntrico que caracterizan a Roberto. En Argentina logró levantar° una carpintería y pequeña fábrica° de muebles que en el presente (1983) funciona a manos de otro hijo, viudo° con tres hijos, a quien el coste de la vida ha hecho volver a vivir con los padres. Roberto es el hijo que ha logrado salir de la humildad° y enriquecerse.° Los interiores de las casas manifiestan claramente las diferencias socioeconómicas...

El conflicto entre Roberto y su padre explota en medio de un almuerzo familiar organizado para pacificar las relaciones entre ambos,° que no se encuentran desde hace tiempo, indudablemente desde que el viejo revolucionario desaprueba la vida que lleva Roberto. En medio del acontecimiento° familiar, donde participan tres generaciones, Roberto es un elemento disonante que se entretiene acosando° al perro de la casa. Su forma de abrazar a la madre es sorprendente y desagradable: la "ataca" por la espalda. Bajo la mirada despectiva° de Roberto, el viejo enseña a sus nietos que es preferible ser humilde con la conciencia tranquila, y que "ladrones° no son sólo como los de la televisión", frase portadora de° la máxima anarquista "la propiedad privada es robo". El viejo hace reír a los presentes diciendo que Roberto mira hacia el cielo sólo para ver si llueven dólares. Ante la explosión de ira° de su hijo, el viejo condena dolorosamente a Roberto por contarse° entre los pocos que se han enriquecido de la miseria popular° causada por el régimen militar. La respuesta no es menos hiriente°: las tesis° anarquistas del viejo han fracasado° en la guerra civil española... y la historia le ha pasado por encima. El hermano acusa a Roberto de difundir la versión engañosa de los acontecimientos.° La deuda externa e interna,° en dinero y en sangre humana,

logra... *manages to intersperse*
aestheticized / de... *from which*
no... *doesn't dare to challenge*
gives away
propia... *of its own, except*
de... *that he holds*
to build / *factory*
a widower
poverty / *get rich*
the two
event
harassing
contemptuous
thieves
portadora... *that carries*
anger
being
miseria... *poverty of the people* / *hurtful* / *ideas* / *failed*
difundir... *spreading a deceptive version of events* / deuda... *foreign and domestic debt*

la pagarán las generaciones futuras. La escena concluye sin desembocar° en otra. Ha servido para establecer que la "familia argentina" sufre de contradicciones° internas insalvables°...

culminating
conflicts
unsurmountable

[E]l viejo español... ha quedado fiel° a principios de ética igualitarista anti-estatista en un momento en que el estado argentino fue transformado en herramienta° de enriquecimiento por una minoría... Frente a la actitud acomodaticia° de la clase media que usufructúa la situación, el viejo representa la herencia histórica de quienes estuvieron dispuestos a luchar° por los ideales de república y socialismo. "Patria socialista" había sido el proyecto que la izquierda peronista intentó concretar° y fue aplastado° por la dictadura militar que llega a su fin. El film sugiere así una tímida reivindicación° de los grupos clandestinos que intentaron° resistir al golpe° militar, y recuerda que también ellos fueron aplastados por la represión. Desapareciendo el viejo del resto de la película, la opción que representa queda descartada,° mero recuerdo en la memoria popular pero falto de relevancia actual.° La actitud de las guerrillas urbanas durante el gobierno constitucional entre 1973 y 1976 carga° también su parte de responsabilidad por el desencadenamiento° de la "guerra sucia", hecho° que no justifica la estrategia genocida de los militares. La imagen del viejo republicano anarquista es utilizada como construcción estética mitológica que encubre° la contradicción entre el ideal revolucionario pasado y el pragmatismo presente necesario.

faithful
tool
accommodating
quienes... *those who were willing to fight*
to bring about / crushed
recognition
tried / coup
discarded
falto... *no longer relevant*
bears / triggering
a fact
masks

— Tzvi Tal, "Viejos republicanos españoles y joven democratización latinoamericana: imagen de exiliados en películas de Argentina y Chile", 2000

Preguntas

1. ¿Cuándo se comenzó la producción de *La historia oficial?* ¿Cree usted que fue peligroso hacer la película en Argentina en esa época? Explique.
2. ¿Cómo es el lenguaje cinematográfico de la película?
3. ¿Está usted de acuerdo en que el personaje de Alicia es una alusión a *Alicia en el país del espejo* de Lewis Carroll? Explique.
4. ¿Qué aprende Alicia de sus alumnos? ¿Qué comprende ella después de su toma de conciencia?
5. ¿Cómo se hizo rico Roberto? ¿Qué representa este personaje, según el artículo?
6. ¿Sobre qué convenciones se construye la narrativa? ¿Qué recalca la puesta en escena de la ceremonia que da comienzo al año lectivo?
7. ¿Qué sucesos históricos (de 1983 en Argentina) se insertan en la trama de la película?
8. ¿Cómo se manifiesta el cambio de Alicia?

9. ¿En qué ha participado Roberto, según el artículo? ¿Qué representa la esterilidad fisiológica del matrimonio?
10. ¿De dónde es el padre de Roberto? ¿Cuál es la función narrativa de este personaje?
11. En *La historia oficial* los personajes militares van vestidos siempre de civil. ¿Por qué no visten nunca uniforme, según el artículo?
12. ¿Por qué el padre de Roberto condena a su hijo? ¿Cuál es la respuesta de Roberto? ¿De qué lo acusa su hermano? ¿Qué establece esta escena?
13. ¿Qué representa el viejo español?

Vivir y aprender

Como el autor del artículo señala, Alicia cambia de opinión sobre uno de sus alumnos que iba a sancionar después de hablar con Benítez. Se ve que Benítez y Alicia tienen estilos pedagógicos muy distintos. ¿Cuál anima a los estudiantes a pensar y cuestionar la materia? ¿Cuál no va más allá del libro de texto? ¿Es importante que los profesores ayuden a los estudiantes a abrir los ojos, pensar, hacer preguntas y no simplemente a memorizar datos y hechos? ¿Ha tenido usted algún profesor o alguna profesora que lo (la) animara a considerar nuevas perspectivas sobre la materia que enseñaba? ¿Cómo se llamaba? Escriba un párrafo acerca de esta persona.

Capítulo 9

Machuca

Presentación de la película: Gonzalo Infante y Pedro Machuca son alumnos del Colegio Saint Patrick de Santiago de Chile durante los últimos días del gobierno democrático de Salvador Allende, que fue presidente de Chile de 1970 a 1973. Aunque están en el mismo colegio, viven en dos mundos muy distintos.

✷ Andrés Wood, director de *Machuca* (2004), dice que es una película autobiográfica; asistía al Colegio Saint George durante el gobierno de Salvador Allende y tenía ocho años cuando ocurrió un golpe militar el 11 de septiembre de 1973. Wood también dirigió *Historia de fútbol* (1997) y *La fiebre del loco* (2002).

✷ Los niños que actuaron en la película no eran actores profesionales. Debido a severas limitaciones financieras, Wood sólo podía filmar los domingos. El actor argentino Federico Luppi hizo el papel de Roberto Ochagavía.

✷ En 2004 *Machuca* ganó el premio a la película más popular en el Festival Internacional de Cine de Vancouver, el "Golden Precolumbian Circle" en el Festival de Cine de Bogotá, el premio a la mejor película del festival internacional de Valdivia y el Gran Paoa en el festival de Viña del Mar.

Preparación

Vocabulario preliminar

Note: In Chile, there is a tendency to drop a final **-s**, so that **Gracias** may sound like **Gracia** or **las casas** may sound like **la casa.** The word **pues** may sound more like **po**: **Sí, po**.

Cognados			
la bicicleta capitalista	el presidente (la presidenta)	democrático(a) el rector	socialista la violencia

En el Colegio Saint Patrick	
el/la alumno(a)	*student, pupil*
el/la cobarde	*coward*
el colegio	*school (usually private)*
el cura	*priest*
decepcionar	*to disappoint*
pagar los estudios	*to pay for (one's) studies*
pegar	*to hit, beat*
pelear	*to fight, quarrel*
la piscina	*swimming pool*
respetarse	*to respect each other*
tener miedo	*to be afraid*
tomar asiento	*to be seated*

La política	
la bandera (la banderita)	*flag (small flag)*
el gobierno	*government*
el golpe militar	*military coup*
la guerra	*war*
hacer cola	*to stand in line*
el mercado negro	*black market*
el partido	*party (political)*
el pueblo	*people; town*

Otras palabras	
el baño	*bathroom*
el camión	*truck*
el cigarrillo	*cigarette*
cuidar	*to take care of, care for*
el cumpleaños	*birthday*
limpiar	*to clean*
regalar	*to give as a gift*
el regalo	*present, gift*
la ropa	*clothing*

A. En el colegio. Complete las oraciones con palabras de la lista "En el Colegio Saint Patrick".

1. En el Colegio Saint Patrick hay muchos ________________ con padres ricos. (Use la forma plural.)
2. Los padres de estos chicos les ________________ los estudios.
3. En el colegio hay una ________________ donde los chicos aprenden a nadar *(swim)*.
4. El rector es un ________________ católico.
5. Los estudiantes se levantan cuando el rector entra, le dicen "Buenos días" y después toman ________________.
6. A veces los chicos pelean y se ________________ unos a otros. (Hay que conjugar el verbo.)
7. Las peleas ________________ al rector. (Hay que conjugar el verbo.)
8. Algunos chicos tienen ________________ de Gastón, un chico muy agresivo.
9. Gastón dice que Gonzalo es ________________ porque no quiere pelear.
10. El rector quiere que los estudiantes aprendan a ________________.

B. Un poco de historia. Escoja las palabras apropiadas para completar el párrafo.

Chile tenía una larga tradición (1) ________________ (democrática/inevitable) cuando en 1970 Salvador Allende fue elegido *(elected)* (2) ________________ (presidente/general) del país. Allende, miembro del (3) ________________ (partido/pueblo) político Unidad Popular, fue el carismático líder de la izquierda durante muchos años. Quería extender la reforma agraria y nacionalizar las minas de cobre *(copper)*. Richard Nixon era presidente de Estados Unidos y no quería que hubiera ningún (4) ________________ (gobierno socialista/presidente capitalista) en Latinoamérica. Por varias razones, había problemas económicos y la gente tenía que hacer (5) ________________ (guerra/cola) y esperar mucho tiempo para comprar productos básicos. Sin embargo *(However)*, las personas con dinero podían comprar cigarrillos, jamón *(ham)*, leche condensada, etc. en el (6)________________ (mercado/regalo) negro. En 1973 hubo un (7) ________________ (golpe/camión) militar, con la participación de la CIA. Las fuerzas armadas de Chile bombardearon "La Moneda", el palacio de gobierno. Durante la (8) ________________ (violencia/bandera) que siguió, murieron o "desaparecieron" miles de chilenos.

C. Preguntas personales

1. ¿Tiene usted hermanos? Si es así, ¿cómo se llaman? ¿Qué edad tienen? ¿Se pelean ustedes a veces?
2. ¿Tiene que cuidar a un(a) hermano(a) menor cuando sus padres salen de la casa?
3. ¿Comparte usted *(Do you share)* una habitación con uno(a) de sus hermanos? ¿Quién limpia su habitación? ¿Comparten un baño? ¿Quién lo limpia?
4. Para su próximo cumpleaños, ¿qué regalo quiere recibir? ¿Ropa? ¿una bicicleta? ¿discos compactos o libros? ¿Prefiere que le regalen dinero?

Antes de ver la película

Your instructor may ask you to do this exercise with a partner (using the **tú** form of the verbs) and report the information to the class.

A. Preguntas

1. ¿A qué escuela asistió usted antes de empezar los estudios secundarios? ¿Cómo se llamaba? ¿Dónde estaba?
2. Describa a su mejor amigo(a) allí.
3. ¿Tenía un maestro o una maestra favorito(a)? ¿Cómo se llamaba? ¿Era muy estricto(a)? ¿simpático(a)? ¿divertido(a)?

B. **Los personajes.** Lea las descripciones y los nombres de los personajes. Trate de emparejar cada personaje con su descripción; si no sabe todas las respuestas, adivine *(guess)*. Después de ver este segmento, vuelva a completar este ejercicio.

___	1. el rector del Colegio St. Patrick	a. Pedro
___	2. el padre de Gonzalo	b. Gonzalo
___	3. la madre de Gonzalo	c. María Luisa
___	4. un niño pobre recién llegado al colegio	d. el padre McEnroe
___	5. la prima de Pedro	e. Silvana
___	6. un hombre mayor, amigo de María Luisa	f. Patricio
___	7. un niño rico y muy agresivo	g. Gastón
___	8. un niño simpático que saca buenas notas	h. el coronel Sotomayor
___	9. un militar *(soldier)*	i. Roberto

Investigación

Busque información sobre uno de los temas que siguen.

1. Salvador Allende
2. el general Augusto Pinochet
3. la influencia de Gran Bretaña en Argentina en los siglos XIX y XX

> The **Investigación** sections suggest topics related to the movie that you may want to find out more about. Your instructor may assign these to individuals or groups and have them report the information to the class.

Note: Your instructor may ask you to read over the questions in the section **Exploración** before you see the film, in order to improve your understanding of it.

Exploración

A. **Asociaciones**. ¿Con qué personaje de la película se asocia cada una de las siguientes cosas? (Hay más de una respuesta posible.)

> ***Modelo:***
> un vestido nuevo
> **María Teresa**

1. una bicicleta
2. un camión
3. mucha ropa
4. unos Adidas
5. el libro *El Llanero Solitario*
6. un uniforme
7. un suéter muy usado
8. un acento inglés
9. la leche condensada
10. buenas notas

B. **La historia**

1. ¿A qué colegio asiste Gonzalo? ¿Cómo es este colegio?
2. El padre McEnroe llega con unos "nuevos compañeros". ¿Cómo son? ¿Tienen uniforme? ¿Viven lejos del colegio?
3. Después de las clases, ¿adónde va Gonzalo con su madre, María Luisa?
4. ¿Qué libro tiene Gonzalo? ¿Quién se lo dio?
5. Gastón dice que Gonzalo es cobarde. ¿Por qué?
6. ¿Qué venden Pedro, Silvana y el padre de Silvana en las manifestaciones *(demonstrations)* pro-Allende y anticomunista?
7. ¿Cómo es Roberto, el amigo de María Luisa? ¿A qué colegio asistió?

8. ¿A quién conoce Gonzalo en casa de Pedro? ¿Quién llega de visita?
9. ¿Adónde van Patricio y Gonzalo? ¿Qué hay allí? ¿Qué compran? ¿Qué dicen los letreros *(signs)* afuera?
10. ¿Por qué hay una fiesta en casa de Gonzalo? ¿Van a estar en casa sus padres?
11. ¿Qué le presta Gonzalo a Pedro? ¿Quién se los regaló?
12. ¿Por qué no va al colegio Silvana?
13. ¿Qué quiere ser Pedro cuando crezca? ¿y Gonzalo? ¿y Silvana?
14. ¿Por qué quería dinero el padre de Pedro? ¿Cómo trata a su esposa, Juana?

15. ¿Qué le dice el padre de Pedro sobre el futuro de Gonzalo? ¿y sobre el futuro de Pedro?
16. ¿Por qué hay una disputa entre los padres de los alumnos del colegio?
17. ¿Adónde va a ir Patricio, el padre de Gonzalo? ¿Por qué? ¿Qué sugiere Patricio que haga la familia? ¿A Gonzalo le gusta esta idea?
18. ¿Por qué van a expulsar *(expell)* a varios niños de la clase, a esos que mandan a la oficina del rector?
19. ¿Por qué come el padre McEnroe todas las hostias *(communion wafers)* antes de irse?
20. ¿Quién tiene el valor de levantarse y decir "Goodbye, Father McEnroe" cuando todos los demás están sentados y no dicen nada? ¿Qué pasa después?
21. ¿A quién matan *(kill)* los militares en el barrio de Pedro? ¿Por qué?
22. ¿Qué le dice Gonzalo al soldado que quiere que vaya con los pobres?
23. ¿Qué cambios hay en el Colegio Saint Patrick?
24. Cuando Gonzalo va en bicicleta al río, ve una lata *(can)* de leche condensada. ¿Qué ya no está allí?

Análisis y contraste cultural

Vocabulario

Algunos adjetivos	
asqueroso(a)	*disgusting*
comunista	*communist*
culpable	*guilty*
flojo(a)	*lazy*
responsable	*responsible*
tonto(a)	*stupid, foolish*
tranquilo(a)	*calm, tranquil*
Tranquilo.	*Calm down.*

Otras palabras	
acompañar	*to accompany, go with*
defenderse (ie)	*to defend oneself, manage or get along okay*
devolver (ue)	*to give back, return (something)*
el/la imbécil	*idiot*
el perro	*dog*
la plata	*(colloquial, literally "silver") money*
prestar	*to loan, lend*
saltar	*to jump*

Expresiones chilenas*	
curado(a)	*drunk*
guatón (guatona)	*fat*
la guagua	*baby*
la población	*slum*
el/la pituco(a)	*snob*
tomar once	*to have tea or a snack in the afternoon*

* All of these expressions are colloquial.

A. La respuesta apropiada. Para cada afirmación de la columna izquierda, escoja una respuesta apropiada de la columna derecha.

___ 1. Ese tonto no entiende nada.
___ 2. La comida de ese restaurante es horrible.
___ 3. Esa chica es muy floja.
___ 4. Tiene mucha plata en el banco.
___ 5. ¡Tengo un problema muy grande!

a. Sí, su familia tiene dinero.
b. Nunca quiere hacer nada.
c. No pierdas el tiempo con él; es un imbécil.
d. Tranquilo, tranquilo. Dime qué pasa.
e. De acuerdo. Es totalmente asquerosa.

B. En resumen. Complete las oraciones con palabras apropiadas de la siguiente lista.

acompaña	devuelva	responsables
comunista	perros	salta
culpable	presta	se defiende

1. Gastón quiere que Pedro le ________________ su asiento porque quiere que Gonzalo lo ayude con los exámenes.
2. Gonzalo le ________________ sus Adidas a Pedro.
3. Gonzalo ________________ a Pedro, Silvana y Willie a una manifestación.
4. Allí la gente ________________ para mostrar su entusiasmo y grita "Allende, Allende, el pueblo ________________."
5. El padre de Juana cuidaba animales en el campo. Cuando moría un animal, él era el ________________, según el dueño (no importaba la razón de la pérdida o muerte).
6. En casa de Roberto, Gonzalo oye unos ________________ en la calle.
7. Uno de los padres de los alumnos del colegio acusa al padre McEnroe de ser ________________.
8. Patricio dice que todos son ________________ de los problemas del colegio, no sólo el padre McEnroe.

C. ¿Y en Chile? Para cada palabra subrayada, busque una palabra que se podría oír en Chile. (Consulte la sección "Expresiones chilenas".)

1. Tengo <u>un bebé</u> de seis meses.
2. Es un <u>esnob</u>; su familia tiene dinero.
3. Vete a tu <u>barrio pobre</u>.
4. Son las cuatro de la tarde; vamos a <u>tomar el té</u>.
5. Estás <u>borracho</u>; ¿cuántas copas tomaste?
6. Si sigues comiendo, te vas a poner <u>gordo</u>.

NOTAS CULTURALES

Cuando Salvador Allende ganó las elecciones en 1970, mucha gente salió a la calle a expresar su alegría. Hubo grandes manifestaciones con banderas, canciones, abrazos, euforia. En la película se oyen algunos lemas *(slogans)* de los izquierdistas:

> Momios junten miedo. *(Right-wingers beware.)*
> El que no salte *(jump)* es momio.
> Allende, Allende, el pueblo se defiende.
> Venceremos con Allende.

Al día siguiente había largas colas ante los bancos: mucha gente rica retiraba su dinero. La inflación llegó a 360 por ciento por año. Más tarde en la película usted va a oír algunos lemas de los derechistas:

> El que no salte es de la UP (Unidad Popular, el partido de Allende).
> Allende, Allende, la patria no se vende.
> Comunistas desgraciados, cafiches del estado. *(Miserable communists, bumming off the government.)*

Cuando Gonzalo mira al cielo y ve dos jets, hay una referencia al bombardeo de La Moneda, el palacio nacional, el 11 de septiembre de 1973. El general Augusto Pinochet reemplazó la democracia con un régimen de terror. Más de 2.600 personas "desaparecieron", más de 28.000 fueron torturadas y cientos de miles salieron del país.

Temas de conversación o composición

Discuta con sus compañeros los temas que siguen.*

1. la casa de Gonzalo vs. la casa de Pedro (¿Cuál es la reacción de Gonzalo cuando va por primera vez a la casa de Pedro? ¿Qué cosas lo sorprenden? ¿Por qué no come? ¿Por qué tienen una foto de Salvador Allende en la pared? ¿Cómo es la reacción de Pedro cuando va a la casa de Gonzalo? ¿Qué cosas lo sorprenden? ¿Cómo lo trata el novio fascista o neo-nazi de la hermana de Pedro? ¿Qué quiere Pedro que Gonzalo le preste?)
2. la relación entre Pedro, Gonzalo y Silvana (¿Cómo empieza la amistad entre Pedro y Gonzalo? ¿Qué tienen en común? ¿Cómo es Silvana? ¿Es *Machuca* también una historia de amor?)
3. la maternidad (¿Es una buena madre María Luisa? ¿Y la madre de Pedro? ¿Cómo son las vidas de estas dos mujeres?)
4. el personaje del padre McEnroe (¿Cómo es? ¿Le gustan los deportes? ¿Por qué quiere ayudar a Pedro y a los otros niños pobres? ¿Por qué dice que está decepcionado: qué quiere que los niños hagan? ¿Qué le pasa al final de la película? [NB: La película está dedicada a Gerard Whelan, el director de Saint George, el colegio al que Wood asistió.])
5. *El Llanero Solitario* (¿Quién le regala los libros del *Llanero Solitario* a Gonzalo? ¿Por qué le dice Gonzalo a Roberto que no le gustan? ¿Por qué Tonto se llama Toro en español? ¿Por qué dice Silvana, "¿Cuándo has visto que un blanco sea amigo de un indio?")
6. las discusiones en la escuela entre los padres de los alumnos y el padre McEnroe (¿Están de acuerdo todos los padres de los chicos sobre la situación? ¿Refleja esta escena la situación afuera del colegio? Si es así, ¿de qué forma?)
7. las manifestaciones en la calle (¿Quiénes participan en la manifestación pro-Allende? ¿Quiénes participan en la manifestación anticomunista? ¿Dónde venden banderas Pedro y Silvana? ¿Qué problema hay entre Silvana y María Luisa?)
8. el golpe militar (¿Qué cambios hay en el colegio después del golpe? ¿y en la casa de Gonzalo? ¿Qué pasa en la casa de Pedro? ¿Quiénes se benefician [*benefit*] del golpe?)

* Your instructor may ask you to report back to the class or write a paragraph about one of the topics.

9. la polarización política (¿Qué efecto tiene la polarización de la sociedad en las vidas de los chicos? ¿Hay una polarización política en Estados Unidos ahora? ¿Por qué sí o por qué no?)

Una escena memorable

¿Qué pasa en esta escena? ¿Quién consiguió la leche condensada? ¿Fue fácil conseguirla? Describa la relación entre Gonzalo, Silvana y Pedro.

Hablan los personajes

Analice las siguientes citas, explique de quién son y póngalas en contexto. (Para una lista de los personajes, ver "Antes de ver la película", ejercicio B. También está la madre de Pedro, Juana.)

1. "Van a aprender a respetarse aunque sea lo único que aprendan en este colegio. No me importa quienes son, donde nacieron."
2. "Para Chile a lo mejor el socialismo, pero para nosotros no."
3. "En quince años tu amigo va a ser dueño de la empresa *(company)* del papito. Y tú, adivina… vas a seguir limpiando baños."
4. "Los niños y los curados no mienten, ¿verdad?"
5. "Al que no le gusta el colegio, se va del colegio."
6. "¿Cuál es la idea de mezclar *(mix)* las peras con las manzanas?… No digo que somos mejores o peores pero somos distintos, padre."
7. "Yo me vine así a Santiago a los quince [años] porque no quería que mis hijos fueran los culpables *(guilty ones, those blamed)* de todo…. Los culpables siempre somos los mismos…. Yo me pregunto no más: ¿Cuándo se van a hacer las cosas de otra manera? ¿Cuándo se va a atrever (*dare*) a hacer algo distinto?"

8. "Nosotros estamos aquí para … ordenar todo esto, para que de una vez se dediquen a estudiar y no a otra cosa. Y en cuanto a los alumnos que no pagan, no queremos gente floja ni delincuente de ningún tipo."
9. "Ya no es más un lugar sagrado. El Señor ya no esta acá."

Hablando de la cultura

Chile es un país de inmigrantes y hay mucha influencia de ciertos grupos. Por ejemplo, hay lugares en Chile, especialmente en el sur, donde la influencia alemana es muy evidente (en la arquitectura, la comida, etc.). Los ingleses llegaron en el siglo XIX y dominaron ciertas industrias (por ejemplo, los ferrocarriles *[railroads]* y el comercio de importación y exportación); también establecieron clubes y colegios, como el Colegio Saint George. Dice la escritora chilena Isabel Allende de los ingleses: "Los admiramos tanto, que nos creemos los ingleses de América Latina, tal como consideramos que los ingleses son los chilenos de Europa.… Sin duda, tenemos algunas cosas en común con los hijos de la rubia Albión: individualismo, buenos modales *(manners),* sentido del *fair play,* clasismo, austeridad y mala dentadura *(teeth).*"* ¿Puede usted mencionar ejemplos de algunas de estas características en la película?

Hablan los críticos y los directores

"Filmado con sencillez *(simplicity),* consigue la apuesta arriesgada *(it achieves the daring attempt)* de la reconstrucción del *look* años setenta, muy bien interpretada, sobre todo por los dos niños; *Machuca* contiene varias secuencias sorprendentes *(surprising):* Gonzalo, Pedro y Silvana besándose en la boca para intercambiarse leche condensada, los críos *(kids),* pasando de una manifestación anti-Allende a otra de sus partidarios *(supporters),* los ciudadanos hambrientos cazando perros callejeros *(hungry citizens hunting street dogs)* para comerlos, el padre McEnroe tragándose todas las hostias consagradas *(swallowing all the communion wafers)* en señal de protesta contra la dictadura y la imposición de la ley marcial en su colegio."

—Rocío Fondevila, "Machuca, de Andrés Wood", http://www.cinevisiones.blogspot.com/2009/05/machuca-de-andres-wood.html

Para usted, ¿cuáles son las escenas más impresionantes de la película? ¿Hay alguna que sea muy memorable o emotiva?

* Isabel Allende, *Mi país inventado: Un paseo nostálgico por Chile* (New York: HarperCollins, 2003), p. 61.

"He [Andrés Wood] shows the flaws of both sides: drunkenness, abuse and self-created misery in the shantytown society, hypocrisy and exploitation in Gonzalo's parents' world. The entire film has a smudged, hazy look, which Wood and cinematographer Miguel John Littin (son of the famed radical Chilean filmmaker Miguel Littin) get by using super 16 mm and natural light and letting the backgrounds fade out a little. Even so, his sympathies are obvious. The school's progressive forces are led by Father McEnroe (Ernesto Malbrán), a character based on the late St. George's headmaster, Father Whelan. Rather than a rabid revolutionary, Father McEnroe is shown as a conciliatory, fair-minded man trying to knit together the various factions of his church. The movie is called *Machuca*, but Gonzalo is its center of consciousness, and Silvana (beautifully played by Martelli) makes the biggest impression: thin-skinned, intense, fervently political and violently opposed to the 'snobs.' The best recent film portrayals of Allende's fall include two documentaries: Patricio Guzman's *Salvador Allende* and Ken Loach's segment of the omnibus film *11'09"01*. But, more than either of them, *Machuca* has a feeling of truth: that strong sense of re-created reality we feel in Truffaut's *400 Blows* or Louis Malle's *Au Revoir les Infants.* A story of national violence and guilt seen through innocent eyes, *Machuca* communicates the moral crises of Allende's fall with so much dramatic force that I think it can be enjoyed by people of many political persuasions, who simply like humanity and a good story."

—Michael Wilmington, *Chicago Tribune*, August 27, 2007.
http://chicago.metromix.com/movies/review/movie-review-machuca/161077/content

¿Está usted de acuerdo de que Wood "shows the flaws of both sides"?

"A la larga (*In the long run*), [*Machuca*] parece decirnos, el único punto en el cual ricos y pobres pueden sentirse unidos en este país es en ese momento cruel e inevitable en que todos reconocen el desamparo *(helplessness)* en el cual viven. En un Chile consagrado a la obtención de (*dedicated to obtaining*) capital y al sistemático olvido de las tragedias que le hicieron posible, *Machuca* es algo más que un testimonio de lo que fuimos: es, al final y más importante, una fotografía de lo que seguimos siendo."

—Daniel Villalobos, "Machuca: Lección de historia", *CivilCinema*, 11 de agosto de 2004.
http://www.civilcinema.cl/critica.cgi?c=137

Si *Machuca* es una fotografía de lo que fueron y de lo que son los chilenos, ricos y pobres, ¿cuál sería su equivalente estadounidense? ¿Puede usted nombrar una película estadounidense que muestre una polarización o una división entre clases sociales o económicas? ¿Qué características tiene en común con *Machuca*? ¿En qué se diferencia?

Más allá de la película

Dos mujeres famosas que se llaman Isabel Allende

Entrevista con Isabel Allende Bussi

Isabel Allende Bussi es hija de Salvador Allende. En una entrevista con Ima Sanchís, describe lo que pasó el 11 de septiembre de 1973, el día cuando Gonzalo ve los dos jets en el cielo de Santiago en la película *Machuca*.

¿Cómo vivió [usted] el día del asesinato de su padre?

crónica... *story that had been foretold / ring*

El golpe de estado de Pinochet era una crónica anunciada°. El teléfono no paraba, pero estaba muy cansada y lo dejé sonar°.

¿Qué hizo [usted] cuando finalmente respondió?

Mi marido se quedó con mis dos hijos y yo corrí a La Moneda, al palacio de gobierno. Llegué a las nueve de la mañana, fui la última en entrar. Después comenzaron los ataques.

¿Quién había?

dispuesto... *ready to share with the president whatever might happen*

Un grupo humano muy compacto dispuesto a compartir con el presidente lo que fuera°. Algunos salimos a tiempo. Los otros fueron detenidos, torturados y asesinados.

¿Qué le dijo su padre?

que... *to leave / pointless*

happened

nos... *we embraced*

Nos pidió varias veces que nos fuéramos°: "No quiero muertes inútiles°", repetía. A mi hermana Beatriz y a mí nos llevó aparte: "Deben salir de aquí para poderle contar al mundo lo que ha sucedido° ". Luego nos acompañó a la puerta y nos abrazamos° en silencio. No volvimos a verlo.

¿Y su madre?

Mi padre la llamó muy temprano: "Quédate en casa y llama a las niñitas [sus hijas]... para que vayan para allá."

Pero si bombardearon su casa.

convinced

de... *miraculously*

embassy

Mi padre estaba convencido° de que no bombardearían la casa de la familia. Mi madre salió viva de milagro°. Cinco días después, nos exiliamos en la embajada° de México.

— Ima Sanchís, *El don de arder: Mujeres que están cambiando el mundo* (Barcelona: RBA Libros, 2004), p. 25.

Nadie sabe con certeza° qué le pasó a Salvador Allende al final. La historia oficial es que se suicidió. En sus últimas palabras por radio, dijo:

> "Tengo fe° en Chile y su destino. Superarán° otros hombres este momento gris y amargo° en el que la traición pretende imponerse°. Sigan ustedes sabiendo que, mucho más temprano que tarde, de nuevo° se abrirán las grandes alamedas° por donde pase el hombre libre, para construir una sociedad mejor. ¡Viva Chile! ¡Viva el pueblo! ¡Vivan los trabajadores!
>
> Éstas son mis últimas palabras y tengo la certeza de que mi sacrificio no será en vano. Tengo la certeza de que, por lo menos, será una lección moral que castigará la felonía, la cobardía° y la traición."
>
> —Salvador Allende, el 11 de septiembre de 1973 a las 9:10 de la mañana, Radio Corporación, Santiago de Chile

Beatriz, la hermana de Isabel, se suicidió en 1977; según Isabel, nunca se recuperó de la muerte de tantos familiares y amigos. Isabel pudo regresar a Chile en 1988; en 1993 fue elegida miembro de la Cámara de Diputados°.

certainty

faith / will rise above

bitter

en... *in which betrayal attempts to impose itself /* de... *once again / avenues*

castigará... *that will punish treachery, cowardice*

Cámara... *House of Representatives*

Entrevista con Isabel Allende Llona

La famosa autora Isabel Allende Llona salió de Chile después del golpe militar. Describe esa época en su primera novela, *La casa de los espíritus*. Su padre, Tomás Allende, era primo de Salvador Allende. En una entrevista en 2006, habla de la presidenta chilena Michelle Bachelet.

Un poco de historia: En 1973 el padre de Michelle, el general Alberto Bachelet, se opuso° al golpe militar. Fue arrestado y torturado; murió en la prisión víctima de la dictadura de Pinochet y de sus "compañeros de armas". Su esposa Ángela y su hija Michelle también fueron arrestadas y torturadas, pero se escaparon gracias a sus conexiones militares. Michelle fue elegida presidenta de Chile en 2006 y sirvió hasta 2010.

¿Se siente usted orgullosa° de tener a una mujer a la cabeza del gobierno de su país?

Me siento muy orgullosa de tener a una mujer, y mucho más orgullosa de que esa mujer sea Michelle Bachelet, porque es una persona extraordinaria. Usted habrá leído° su biografía y sabe las cosas por las que ella ha pasado... cómo su padre fue asesinado en la tortura por las mismas personas que eran sus

se... *opposed*

proud

habrá... *must have read*

compañeros de armas, cómo ella y su madre fueron detenidas y torturadas... toda su historia es trágica y también grandiosa porque esta mujer se ha sobrepuesto° a mil obstáculos y ha tenido una carrera limpia, cristalina, transparente.

Y ahora está presidiendo° un gobierno en el que no sólo ella como mujer presidenta es una novedad y una sorpresa para Chile, sino el hecho° de lo que se llama en Chile hoy la "paridad", que es que ella ha nombrado 50 por ciento de mujeres en todos los cargos° públicos importantes.

Por primera vez hay energía femenina en la gerencia° del país. Esto puede ser una cosa tan revolucionaria y tan interesante como la que intentó° hacer Allende, en otro estilo, en otro tiempo y en otro país (porque Chile es ahora otro país), pero yo creo que hay tanta curiosidad por Michelle Bachelet como la hubo por Allende entonces porque son experimentos novedosos°, gente que está tratando de cambiar algo que durante cientos de años se ha hecho° de una cierta manera.

— **Luna Bolívar Manaut, *Deutsche Welle o DW-World*, 5 octubre de 2006**

overcome

presiding over

sino... *but also the fact*

offices

administration

attempted

new, novel

se... *has been done*

¿Verdadero (V) o falso (F)?

___ 1. Isabel Allende Bussi fue al palacio de gobierno para estar con su padre el 11 de septiembre de 1973.

___ 2. Su padre quería que ella se quedara con él.

___ 3. Bombardearon la casa de la familia del presidente, pero la esposa de Salvador Allende pudo escapar.

___ 4. Beatriz Allende Bussi se suicidió en 1977.

___ 5. Isabel Allende Bussi fue elegida presidenta de Chile.

___ 6. *La casa de los espíritus* es la última novela de Isabel Allende Llona.

___ 7. El general Alberto Bachelet participó con Augusto Pinochet en el golpe militar de 1973.

___ 8. La esposa de Bachelet y su hija Michelle fueron detenidas y torturadas.

La "paridad"

Trabajen en grupos. ¿Qué opinan de la "paridad", la idea de tener el 50 por ciento de mujeres en todos los cargos públicos importantes? ¿Debemos hacer lo mismo en este país? ¿Por qué sí o por qué no? Estén preparados para presentar un reportaje sobre sus ideas a la clase.

CAPÍTULO 10

Guantanamera

Presentación de la película: La vieja y famosa cantante Georgina "Yoyita" Travieso vuelve a Guantánamo, su ciudad natal. Visita a su sobrina Gina, asiste a una elegante recepción en su honor y muere en brazos de Cándido, enamorado de ella desde la adolescencia. Ahora hay que llevarla a La Habana, en el otro extremo de la isla, para su entierro *(funeral).*

✷ Tomás Gutiérrez Alea (conocido como "Titón" en su Cuba natal) fue uno de los directores latinoamericanos más exitosos de todos los tiempos. Entre sus películas están *La muerte de un burócrata* (1966), *Memorias del subdesarrollo* (1968), *La última cena* (1976), *Hasta cierto punto* (1983) y *Guantanamera* (1995). A pesar de la censura en Cuba, sus filmes satirizan la vida bajo el régimen de Fidel Castro. Juan Carlos Tabío co-dirigió la película. Mirta Ibarra, la esposa de Titón, interpreta a Gina.

Preparación

Vocabulario preliminar

Note: In Cuba, the **s** sound sometimes goes unpronounced, so that **Buenos días** may sound like **Bueno' día'** or **¿Cómo estás?** may sound like **¿Cómo está'?** Similarly, the **d** sound may not be heard: **usted** may sound like **uste'**(or **u'te'**) or **nada** like **na'a**.

Cognados	
la cafetería	la gasolina
el dólar	el kilómetro
la economía	la universidad

El entierro	
el ataúd	*coffin*
el cadáver	*corpse*
la caja	*coffin*
el coche (carro) fúnebre	*hearse*
el/la difunto(a)	*deceased*
el/la doliente	*mourner*
enterrar (el entierro)	*to bury (burial, funeral; funeral procession)*
el/la familiar	*relative*
la flor	*flower*
la funeraria	*undertaker's, funeral home*
la muerte	*death*
el/la muerto(a)	*dead person*

Las profesiones	
el/la cantante	*singer*
el/la chofer	*driver*
el/la economista	*economist*
el/la funerario(a)	*undertaker*
el/la ingeniero(a)	*engineer*
el/la músico(a)	*musician*
el/la profesor(a)	*professor*
el/la rastrero(a)	*tractor-trailer truck driver (Cuba)*

Otras palabras	
la brujería	*witchcraft; spell*
la casualidad	*coincidence*
la cinta	*ribbon*
dar clase	*to teach*
de parto	*in labor*
escotado(a)	*low-cut (blouse, dress)*
el homenaje	*tribute*
el lío	*problem, trouble*
la paladar	*small restaurant in a private home (Cuba)*
la rastra	*tractor-trailer truck (Cuba)*
el traslado	*transport*
tropezar (ie) con	*to bump into*
el viaje	*trip*

A. Las profesiones. Explique lo que hacen las personas que tienen las siguientes profesiones.

1. rastrero(a)
2. cantante
3. chofer
4. economista
5. funerario(a)
6. ingeniero(a)
7. músico(a)
8. profesor(a)

B. La muerte de la abuelita. Complete el párrafo con la forma apropiada de las palabras de la lista "El entierro".

La (1) ______________ sorprendió a la abuelita cuando dormía. Yo era muy pequeño y me impresionó mucho ver su (2) ______________ tan blanco y pequeño. Por la tarde fuimos a la (3) ______________ para ver los (4) ______________ y escogimos una (5) ______________ de madera negra para la (6) ______________. Llevaron a la (7) ______________ al cementerio en un gran coche (8) ______________. Asistieron muchos (9) ______________ al (10) ______________ y había muchas (11) ______________ bonitas mandadas por los (12) ______________ y los amigos.

C. ¡Es lógico! Escoja la palabra que completa lógicamente la oración.

1. ¡Hola, amiga! Es la tercera vez que tropiezo contigo hoy. ¡Qué…
   a. lío!
   b. homenaje!
   c. casualidad!
2. Me encanta esa blusa…
   a. cinta.
   b. escotada.
   c. doliente.
3. El dólar está fuerte ahora porque va muy bien…
   a. el kilómetro.
   b. la gasolina.
   c. la economía.
4. Ella es la profesora que daba clase de economía política en…
   a. la paladar.
   b. la universidad.
   c. el traslado.
5. Llevamos al hospital a Yamilé. Está…
   a. de parto.
   b. de viaje.
   c. de casualidad.

6. Salió de la cafetería y subió a la...
   a. brujería.
   b. tren.
   c. rastra.

Antes de ver la película

A. Los sueños

1. ¿Ha perdido usted alguna vez la oportunidad de realizar *(fulfill)* un sueño?
2. ¿Qué quiere hacer usted en la vida antes de que sea demasiado tarde?
3. ¿Alguna vez tuvo que romper con el pasado para vivir plenamente *(fully)*?

B. **Los personajes.** Lea los nombres de los personajes y la lista de profesiones. Después de ver la película, empareje los personajes con la profesión o profesiones que se asocian con cada uno(a).

___	1. Adolfo	a. funerario(a)
___	2. Cándido	b. rastrero(a)
___	3. Gina	c. cantante
___	4. Mariano	d. chofer
___	5. Ramón	e. economista
___	6. Tony	f. ingeniero(a)
___	7. Yoyita	g. músico
		h. profesor(a)
		i. burócrata

The **Investigación** sections suggest topics related to the movie that you may want to find out more about. Your instructor may assign these to individuals or groups and have them report the information to the class.

Investigación

Busque información sobre uno de los temas que siguen.

1. Fidel Castro y la revolución cubana
2. las recientes reformas económicas en Cuba
3. el bloqueo económico contra Cuba por parte del gobierno de Estados Unidos
4. la base naval norteamericana de Guantánamo
5. la canción "Guantanamera"
6. la santería y la brujería (religiones afro-cubanas)
7. los logros de la revolución cubana en educación y salud

Note: Your instructor may ask you to read over the questions in the section **Exploración** before you see the film, in order to improve your understanding of it.

Exploración

A. Asociaciones. Indique qué personaje o personajes se asocian con las siguientes cosas y explique por qué.

1. una cinta azul
2. la brujería
3. un vestido escotado
4. el contrabando
5. una niña misteriosa
6. los líos con mujeres
7. un plan ridículo
8. una carta

B. ¿Por qué? Explique por qué pasan estas cosas.

1. Yoyita vuelve a Guantánamo después de cincuenta años.
2. Adolfo quiere reducir costos en el traslado de cadáveres.
3. Hay que cambiar de coche fúnebre en cada provincia.
4. Gina ya no da clases de economía política del socialismo en la universidad.
5. Es muy difícil comprar comida y bebida durante el viaje.
6. Cándido decide continuar el viaje por su cuenta *(on his own).*
7. Cándido le dice a Gina que debe dejar a Adolfo.
8. Llegan a La Habana con el ataúd equivocado.
9. Cándido se muere en la funeraria de La Habana.

C. ¡Qué casualidad! Gina y Mariano se encuentran seis veces durante el viaje. Resuma lo que pasa entre ellos en cada encuentro.

1. en el bar de carretera donde sólo aceptan dólares
2. en el hospital
3. en la paladar
4. en el cruce ferroviario *(railroad crossing)*
5. en Santa Clara, donde Gina compra el vestido
6. en el cementerio de La Habana

Análisis y contraste cultural

Vocabulario

El viaje	
bajarse	*to get out (of a vehicle)*
el camino	*road*
(en camino)	*(on the way)*
la carretera	*highway*
la correa (del ventilador)	*(fan) belt*
de repuesto	*spare*
montarse	*to get in or on (a vehicle)*
la ruta	*route*
el Volga	*Russian-made car*

Otras palabras	
acabar con	*to put an end to*
cargar con	*to take care of, take responsibility for*
darle la gana	*to feel like*
el fula (*diminutive*: fulita)	*(colloquial) dollar*
el/la guajiro(a)	*country person*
el/la guantanamero(a)	*person from Guantánamo*
hacer caso	*to pay attention*
la juventud	*youth*
el marido	*husband*
nacer (el nacimiento)	*to be born (birth)*
la orientación	*guidance*
ser capaz de	*to be capable of*
tener que ver (con)	*to have to do (with)*

A. Cosas que pasan. Complete las oraciones con la forma apropiada de palabras de la lista "Otras palabras". ¡Ojo! Hay con conjugar algunos verbos.

1. Yoyita es ________________, pero hace cincuenta años que vive en La Habana.
2. En la película mueren dos viejos y ________________ una niña.
3. La esposa de Ramón va a ________________ con él cuando sea viejo.

4. Según Adolfo, no se puede permitir que la gente haga lo que le dé la ______________ .
5. Gina le dice a Cándido que no le haga mucho ________________ a Adolfo.
6. Cándido se enoja y no quiere tener nada que ________________ con Adolfo.
7. Cándido espera que Gina sea ________________ de dejar a su ________________ .
8. Gina decide hacer el programa de radio de ________________ de la ______________ .
9. Según un mito *(myth)* yoruba, Ikú ________________ con la inmortalidad.

B. **En camino.** Complete el párrafo con la forma apropiada de las palabras de las listas. ¡Ojo! Hay que conjugar algunos verbos.

Adolfo, Gina y Cándido van en el (1) ________________ de Tony. Con frecuencia se encuentran con Mariano y Ramón, que siguen la misma (2) ________________ . En una de estas ocasiones, se rompe la (3) ________________ del ventilador del carro fúnebre y Ramón le regala a Cándido una correa de (4) ________________ . Por el (5) ________________ los rastreros visitan a sus amigas y recogen pasajeros *(passengers)* que se (6) ________________ y se (7) ________________ continuamente. En los restaurantes y bares donde se paga con pesos no hay casi nada que comprar y en los otros restaurantes sólo aceptan (8) ________________ . Tony tiene unos dólares y le compra unos plátanos a un (9) ________________ que los vende al lado de la (10) ________________ .

NOTA CULTURAL

En años recientes se han hecho algunas reformas económicas en Cuba, como la legalización de las paladares y de otros negocios privados. Como consecuencia de la legalización del dólar hay dos economías en Cuba. Las personas que tienen acceso a dólares (mandados por familiares exiliados en Miami o conseguidos por servicios a los turistas) viven mucho mejor que las demás.

Yamilé, la mujer que está de parto, le pide ayuda a Santa Bárbara, identificada en la santería (una religión afrocubana) con Changó, el dios de los truenos *(thunder)*.

Temas de conversación o composición

Discuta con sus compañeros los temas que siguen.*

1. la crítica política y social (¿Cuál es el estado de la economía y la infraestructura [los edificios, los servicios de transporte, de electricidad, etcétera] del país? ¿Por qué hay que hacer actividades clandestinas para sobrevivir? ¿Es flexible o rígida la ideología del gobierno? ¿Qué referencias se hacen a la gente que se va del país? ¿Se hace la crítica de manera explícita o implícita? ¿Por qué cree usted que es así?)
2. el guía turístico de Bayamo (¿Qué tiene que ver la historia de Bayamo con la situación de Cuba en 1995?)

   > *"Durante los siglos XVI, XVII y XVIII fue Bayamo el más importante centro de contrabando de la isla, con lo que burlaba las restricciones y el férreo monopolio comercial de la Corona española que frenaba la vida económica."*

3. el humor y la ironía (¿Cómo se usan el humor y la ironía para hacer la crítica política y social? Dé algunos ejemplos. ¿Le parece que este recurso es más o menos eficaz que un enfoque serio? Explique.)
4. el humor negro (¿Cómo se combinan los elementos morbosos y cómicos en la película? Dé algunos ejemplos. ¿Le gusta, o no, este tipo de humor?)

---

* Your instructor may ask you to report back to the class or write a paragraph about one of the topics.

5. los elementos simbólicos (¿Qué representa la niña que aparece de manera intermitente a lo largo de la película? ¿la flor violeta que ella le da a Cándido? ¿la lluvia? ¿la flor roja que toma Gina de la mesa donde se hacen las coronas *(wreaths)* fúnebres? ¿La niña que nace?
6. la adaptabilidad de la gente cubana (¿Cómo se adapta la gente a condiciones muy adversas?)
7. la *road movie* (¿Qué acontecimientos y temas típicos de los filmes de este género hay en la película? ¿Le recuerda a alguna película de habla inglesa que haya visto?)
8. el "mensaje" de la película (¿Qué quieren decirnos los directores con respecto a los sueños frustrados *(unfulfilled)*? ¿a la vida y la muerte? ¿al socialismo en Cuba?)
9. la historia de Ikú (¿Qué tiene en común con la historia judeo-cristiana del Jardín del Edén? ¿del Arca de Noé? ¿Qué tiene que ver la historia de Ikú con el "mensaje" de la película?)

Una escena memorable

¿De quién se esconde Mariano? ¿Por qué se esconde? ¿Quiénes son los otros personajes? ¿Qué pasa después?

Hablan los personajes

Analice las siguientes citas, explique de quién son y póngalas en contexto. (Para una lista de los personajes, ver el Ejercicio B en la sección "Antes de ver la película".)

1. "Ay, te queda precioso. Te lo voy a regalar."
2. "Decídete por una, compadre. Te casas con ella, la llevas para La Habana...."
3. "Daba unas clases... Además, decía cosas que lo ponían a pensar a uno. Bastantes líos se buscó con eso."
4. "Mira... tú sabes lo que esto puede significar para mí... para nosotros. Tú sabes lo importantes que son en este país los golpes de efecto *(dramatic effects)*... las cifras *(statistics)*."
5. "Cincuenta años posponiendo un viaje a La Habana."
6. "Soy yo el que tiene una pena *(sorrow)* muy grande... muy grande al ver cómo tú desperdicias *(waste)* tu vida al lado de ese hombre."
7. "Hermano, me hace falta que me haga un favor. Es que vengo del oriente (este) y tengo el maletero *(trunk)* del carro repleto (lleno) de cosas."
8. "Niurka no se fue ni por las amistades (amigos), ni por las canciones ni por lo que leía. Se fue porque todo eso lo tenía que hacer a escondidas (en secreto) y estaba hasta aquí ya."
9. "Sí, tú tienes razón. ¿Quién soy yo para orientar a nadie? Si yo alguna vez hago el programa ése, el que yo quiero, no es para decirle a nadie lo que tiene que pensar."
10. "Ah, y el vestido... no me lo voy a cambiar."

Hablando de la cultura...

¿En qué se parecen las prácticas funerarias de su país a las cubanas? ¿En qué se diferencian?

Hablan los críticos y los directores

"...Alea's last film, *Guantanamera*, is... a comedy that confronts unyielding ideology and a body that seems like it won't ever get buried... Each of the major characters is haunted by unfulfilled dreams, which mirror the larger dream of Marxist Cuba."

—http://www.angelfire.com/ri/newlaff/tomas.html

¿Qué representa el cadáver que parece que no van a enterrar nunca? ¿Cuáles son los sueños frustrados de los protagonistas? ¿Cree que representan el sueño frustrado del marxismo cubano?

Según Fernando Méndez Leite, "*Guantanamera* divierte y hace pensar, expresa la alegría de un pueblo que nunca la pierde, aunque pase por coyunturas (situaciones) difíciles, por momentos inevitablemente tristes. *Guantanamera* es una película esperanzada *(hopeful)* sobre la decepción *(disappointment)*, una extraña combinación, sin duda, dialéctica."

—*Guía del ocio,* Madrid, 1995, http://clubcultura.com/clubcine/clubcineastas/titon/guanta/guanta4.htm

¿Ofrece la película alguna esperanza para el futuro de los protagonistas? ¿para el futuro de Cuba?

Edwin Jahiel escribe que "Alea is sending his viewers, especially the Cubans, a message about the necessity to clean house. This is colorfully, deviously, subtly recounted as the legend of Olofin, the God who created life but forgot to create death… All this is far more poetic than the American 'Time for a change,' or 'We need new blood.' "

—www.prairienet.org/ejahiel/guantana.htm

¿Cuál es la leyenda de Olofin e Ikú? ¿Cree usted que los cineastas proponen una reforma del partido comunista o una ruptura *(break)* total con el pasado? Explique.

Más allá de la película

Entrevista con Jorge Perugorría: "Sigo viviendo en Cuba por amor"

El protagonista de la película *Fresa y chocolate* es uno de los actores cubanos más famosos de la actualidad.° En una entrevista a fondo° habla sobre Cuba, su carrera y el cine.

present time / a… in-depth

Jorge Perugorría (La Habana, Cuba, 1965) acaba de presentar al público la película *Roble de olor (Scent of an Oak)*, dirigida por Rigoberto López. El actor enseña sin complejo unos kilos de más,° que no le restan atractivo° a sus 39 años. En la entrevista muestra su lado más comprometido,° y la visión que tiene de sí mismo en el futuro. El protagonista de la película *Fresa y chocolate*, uno de los cubanos más famosos de su país en la actualidad, se ha dejado ver° en el Festival de cine iberoamericano de Huelva [España]. Apadrinando° a un grupo de jóvenes directores, llegó para mostrar su película *Tres veces dos*, que abrió la sección de "Cine en la cárcel°" como parte de la programación

de… *extra* / no… *don't detract from his appeal / committed*

se… *agreed to an interview / Sponsoring*

jail

del festival dirigida a° los más de 1.500 presidiarios° que ocupan la prisión provincial de Huelva. Todos tienen que ver° con él, y el actor responde con una sonrisa sencilla° y una actitud humilde° ante los halagos° del público, cuando acaba de estrenar la película *Roble de olor,* primer largometraje de ficción de Rigoberto López después de treinta años realizando° documentales.

dirigida… *meant for* / *prisoners* / tienen… *have dealings* / *unassuming* / *humble* / *praise*

making

Usted ha hecho todos los papeles en el cine, incluso de alemán como en esta película de Rigoberto López. ¿Cómo hace con el acento?

Hay acentos que me cuestan un poco más° que otros, es verdad que en algunos ha sido tan difícil para mí impostarlo° que he preferido no tratar de hacerlo, sino que me he expresado con mi acento natural. Pero en el caso de *Roble de olor* me ha resultado fácil porque hago el papel de un alemán en Cuba, es una historia real del siglo XIX, que trata del amor entre una mujer negra y un alemán que habilitaron° una hacienda de café, convirtiéndola en una gran empresa.° Ellos se destacaron° por el trato noble y correcto que tuvieron con los esclavos° de la hacienda. Es decir, que el alemán se integra completamente, y se disuelve.°

me… *are a little more difficult for me* / *to mimic it*

fitted out

company / se… *stood out*

slaves

se… *assimilates*

¿Qué opinión le merece° Rigoberto López después de haber hecho su primer largometraje de ficción?

¿Qué… *What is your opinion of*

Él está muy contento con los resultados de este trabajo, desde luego° yo también. Es una película muy compleja,° que además es de época.° Él ha aprovechado° un texto de Eugenio Hernández Espinoza en el que también participó Rigoberto para reivindicar° los elementos positivos del mestizaje, de la identidad cubana, de la mezcla° de razas y para lanzar° una metáfora del papel importante que han jugado los negros en la construcción de Cuba.

desde… *of course*

complex / de… *a period piece*

made use of

recognize

mixture / *throw out*

Además, con todas las dificultades que hemos tenido para realizar la película, casi con las uñas° y sin dinero, se convirtió en una especie de reto,° y acabó por lograr° un buen trabajo utilizando todo tipo de elementos, lo que fuese, que le permitieran hacer la película con credibilidad.

casi… *almost out of nothing* / *challenge* / acabó… *ended up achieving*

¿Cree que la película tendrá éxito fuera de Cuba?

Sí, desde luego que sí, es una película con una historia muy cercana,° que puede entenderse perfectamente en toda América Latina, e incluso en Estados Unidos. Creo [que] toca las fibras del mestizaje latino.

close to home

¿Usted como mestizo practica la santería?

No, pero vivo en Cuba, y convivo con° esa historia permanentemente. Para nadie es ajena° la influencia que tiene la religión yoruba entre nosotros como sociedad. En estos años difíciles, la gente ha recurrido° más a la religión como una vía° para tener esperanza y poder resistir° las dificultades económicas.

convivo… *I live with*

foreign

ha… *has resorted*

route / *withstand*

Por sincretismo° y tradición cultural, todo cubano tiene que ver° con eso, lo que significa que no hay cubano, y me incluyo, que no esté afectado por la santería.

syncretism, combination of different forms of belief / todo... *all Cubans have a connection*

Usted ha podido quedarse en otro país si hubiese querido, ¿por qué sigue viviendo en Cuba?

Porque estoy muy orgulloso° de ser cubano, sigo viviendo en Cuba por amor, me debo° al cine cubano, sigo haciendo cine allá, quiero seguir trabajando con mi gente. A veces hay problemas, pero tenemos ese espíritu propio° de los cubanos que echamos adelante° con lo que nos salga.° Incluso ahora con el tema del cine que es tan complejo, estamos utilizando el cine digital para poder seguir contando historias. Para mí es maravilloso vivir en un país donde la gente tiene esos valores° que se han perdido en otros lugares, y simplemente quiero estar ahí.

proud

me... *I owe everything*

characteristic / echamos... *we keep going* / *whatever comes along*

values

¿Cree usted que en los acuerdos de cooperación entre Cuba y Venezuela habrá un apartado° para el intercambio° cinematográfico?

section / *exchange*

Creo que sí, al menos eso espero. Sería maravilloso, porque mucha gente se queja° de la relación entre Fidel y Chávez, pero lo cierto es° que todos estamos saliendo beneficiados en esta alianza entre dos pueblos. La gente no debería cuestionarse tanto esa relación como a aquéllos que bloquean° a Cuba, y a quienes por esa política de aislamiento° son los responsables de que estemos pasando tantas dificultades económicas. En el sentido° del cine, es importantísimo que podamos hacer cosas en común, utilizar la experiencia de nuestra escuela de San Antonio de los Baños y de nuestra Escuela de Artes para enseñar a los jóvenes venezolanos a cambio de recursos.°

se... *complain* / lo... *the truth is*

aquéllos... *those who blockade*

política... *policy of isolation*

sense

a... *in exchange for resources*

¿Cree usted que su gobierno se ha dado cuenta de que criticarlo activamente no forma parte necesariamente de la disidencia?

Sí, creo que sí, desde hace tiempo además. No sé si lo ha comprendido o no, a lo mejor° queda por ahí algún funcionario obtuso que no ha llegado a entender lo beneficioso que es la crítica. Además ése es uno de los objetivos de la revolución, la crítica en busca de la mejora,° y el cine cubano que siempre ha estado representado por intelectuales, siempre ha tenido esa actitud ante la sociedad, la de hacer un cine comprometido, que critique la realidad en busca del bien.

a... *maybe*

en... *in pursuit of improvement*

Criticar por ejemplo desde un único° punto de vista. ¿No cree que esa actitud crítica se puede convertir en un corsé?°

single

se... *can turn into a straitjacket*

Al contrario, eso desarma todas las afirmaciones que se hacen desde el extranjero° sobre lo que pasa en nuestro país. El caso más ejemplar es *Fresa y chocolate*, la gente nos preguntaba si esa película se había hecho en Cuba.

desde... *from abroad*

Nosotros no somos políticos,° sólo hablamos de la complejidad de una sociedad.

politicians

Desde su punto de vista, ¿cómo consigue sobrevivir° el cine latinoamericano al control de las distribuidoras?

consigue... *manage to survive*

Es cierto que el monopolio de las distribuidoras está en manos de Hollywood, y es implacable, y es imposible casi, luchar contra° eso. Las dificultades que se tienen para hacer una película se ven aumentadas° con la distribución. Si se consigue estrenar en Argentina, no se puede en México, y si se puede en México no se puede en Brasil, y todo por el control de las distribuidoras estadounidenses. El cine latinoamericano sobrevive en los festivales y en las salas de arte,° porque comercialmente es casi imposible encontrar un espacio para mostrar las películas. Pero eso depende de las políticas° de los gobiernos sobre el tema. Si no hay voluntad° política para exhibir el cine nacional y latinoamericano cuyas historias están más cerca de nosotros, va a ser imposible luchar contra las distribuidoras porque simplemente son los dueños° de todo. Ésta es una cuestión que se debate en los festivales, y en congregaciones° de cineastas pero no se ha llegado a un acuerdo.

luchar... *combat*

se... *are increased*

salas... *art houses*

policies / will

owners

meetings

get involved

del… *that you have to make the most of* / aprecio… *think a lot of* / me… *I give my all*

me… *do me honor*

blind man

en… *in my element*

cuentan… *people from so many places count on you* / *recognition* / en… *in short*

¿Qué… *which way do you think…is going*

boosts

conflict / *box office*

apostar… *bet on*

se… *is enjoyable* / *wide audience*

involved

¿Cómo ve la evolución de su propia carrera como actor?

Siempre hay motivos diferentes para meterse° en un proyecto, a veces llega un papel importante del que hay que sacarle el jugo,° y otras veces es un director al que yo aprecio mucho.° La cuestión es que en cada trabajo me dejo la piel,° y como es natural, a veces sale maravilloso y otras no tanto. A mí me gusta mucho el cine cubano, y me honran° películas como *Fresa y chocolate*, *Guantanamera*, el ciego° de *Lista de espera*, son personajes que me han hecho sentir en mi salsa,° también películas españolas como *Bámbola, Volaverum* o *Cosas que dejé en La Habana*. Y la verdad es que es un privilegio, porque es tan difícil hacer cine y cuando cuentan contigo de tantas partes° yo siento que es el mejor reconocimiento° a mi trabajo. He tenido la suerte de hacer cine en Brasil, Costa Rica, pronto en El Salvador, en fin° en varios sitios y eso me hace feliz.

¿Qué camino le ve usted° al cine iberoamericano?

Todas las coproducciones están permitiendo hacer cine en lugares donde antes ni se imaginaba, como Uruguay y Guatemala; e incluso potencia° el cine en países con mayor tradición, como Argentina, Brasil, o México, pero la cuestión es que los gobiernos hagan una mayor política de protección a su cine nacional.

¿Eso no choca° con la realidad de la taquilla?°

Hay que apostar por° la gente joven, que quiere hacer un cine que se disfrute° y que llegue al gran público.° El talento depende de los jóvenes que tienen un criterio más comercial.

¿Se imagina viejo en el cine?

Esta profesión no se acaba nunca, me encantaría ser un viejito y estar enrollado° con unos jóvenes para hacer una película en los Andes o en el Amazonas o donde sea que me llamen y seguir haciendo lo que siempre me ha gustado: actuar.

— Lilith Courgeon/EFE.

Preguntas

1. ¿De qué trata la película *Roble de olor* del director Rigoberto López? ¿Qué papel hace Jorge Perugorría en esta película?
2. ¿Qué reivindica *Roble de olor,* según Jorge Perugorría? ¿Qué metáfora lanza la película?
3. ¿Por qué tienen que ver todos los cubanos con la santería, según Jorge Perugorría?
4. ¿Por qué sigue viviendo Jorge Perugorría en Cuba?
5. ¿A quiénes se debería cuestionar, según Jorge Perugorría?
6. ¿Qué opina Jorge Perugorría de los cineastas cubanos que critican el gobierno de su país?
7. ¿Cómo consigue sobrevivir el cine latinoamericano al control de las distribuidoras, según Jorge Perugorría?
8. ¿En qué países ha hecho cine Jorge Perugorría?
9. Según Jorge Perugorría, ¿qué están permitiendo las coproducciones?
10. ¿Qué clase de cine quiere hacer la gente joven, según Jorge Perugorría?
11. ¿Qué le gustaría hacer a Jorge Perugorría cuando sea viejo?

Capítulo 11

Nueba Yol

Presentación de la película: Durante muchos años Orodote Balbuena, viudo dominicano, sueña con ir a "Nueba Yol" (Nueva York). Su amigo Fellito le dice que "llegar a Nueba Yol es como llegar a la gloria *(glory, heaven)*" y promete conseguirle (*to get him*) una visa. Por fin, el sueño del inocente y simpático Balbuena va a convertirse en realidad…

✷ *Nueba Yol* (1996), película ganadora del Chicago Latino Film Festival, fue la primera de las dos películas de Ángel Muñiz basadas en un programa de televisión muy popular en República Dominicana. La segunda se llama *Nueba Yol 3* en broma (*as a joke*) porque, según Muñiz, una segunda película sobre el mismo tema nunca es tan buena como la primera.

✷ Luisito Martí (1945–2010) interpretó el papel de Balbuena, un personaje que él mismo creó y que también interpretó en el programa de televisión. Con su boina *(beret),* su peine, su camisa roja y su "bluyín", fue un personaje que todos los dominicanos conocían. Martí empezó como artista y músico en el "Combo Show" de Johnny Ventura y en el grupo de merengue "El sonido original". El humorista produjo y protagonizó varios programas de televisión, entre ellos "De remate", que salía diariamente, y "El Show de Luisito y Anthony", un programa semanal. Hizo *Los locos también piensan* en 2005. En República Dominicana se llama "balbuena" a la persona que quiere irse a Estados Unidos.

✷ Ángel Muñiz, el guionista y director de la película, tuvo un éxito instantáneo en su país natal (*native*) con *Nueba Yol* y *Nueba Yol 3*. En *Nueba Yol 3*, hay una escena cómica en la que Balbuena regaña *(scolds)* a alguien que vende casetes ilegales, una broma basada en el hecho de que se producían y se vendían muchos casetes ilegales de *Nueba Yol*. En 2003 hizo *Perico ripiao*, una sátira del sistema político y militar de República Dominicana.

Preparación

Vocabulario preliminar

Note: In the Dominican Republic, as in Cuba, the **s** sound sometimes goes unpronounced, so that **Buenos días** may sound like **Bueno' día'** or **¿Cómo estás?** may sound like **¿Cómo está'?** Similarly, the **d** sound may not be heard: **usted** may sound like **uste'** (or **u'te'**) or **nada** like **na'a**. Other sounds may be dropped as well; for instance, **echar para adelante** can sound something like **echá' p'alante**.

Cognados	
el chef	el/la turista
el crac	la visa
tranquilo(a)	

El dinero	
el billete (de a cinco)	*(five-dollar) bill*
los chavos	*(colloquial, Dom. Rep.) pesos or dollars*
los cuartos	*(colloquial, Dom. Rep.) money, dough*
hipotecar	*to mortgage*
la lana	*(colloquial, Mexico) money, dough*
prestar	*to loan*

Otras palabras	
agradecido(a)	*grateful, appreciative*
arreglar	*to fix, fix up*
arreglar los papeles	*to get one's paperwork in order (e.g., for citizenship)*
el barrio	*neighborhood*
la basura	*garbage*
caer preso(a)	*(literally, "fall prisoner") to end up in jail*
conseguir (i)	*to get, obtain*
las costumbres	*manners; habits*
echar para adelante (p'alante)	*(colloquial) to go forward, keep going*
fijo(a)	*fixed, permanent (e.g., work)*
la gloria	*glory, heaven*
el inodoro	*toilet*
lavar	*to wash*
limpiar	*to clean*
limpio(a)	*clean*
la nieve	*snow*
el piso	*floor*
recuperar (recuperarse)	*to get back, regain (to get better, recuperate)*
salir adelante	*to go forward, progress*
el seguro	*insurance*
el sueño	*dream*
trabajador(a)	*hard-working*
el/la viudo(a)	*widower (widow)*

A. Los inmigrantes a Nueva York. Complete las oraciones con la forma apropiada de una expresión de la lista "Otras palabras".

1. Para mucha gente, irse para Nueva York es un ________________ .
2. Para poder viajar a Estados Unidos, hay que ________________ una visa.
3. Después de llegar, hay que buscar una casa o un apartamento; desafortunadamente *(unfortunately)*, muchos inmigrantes tienen que vivir en los ________________ más pobres de la ciudad.
4. Después, hay que buscar trabajo ________________ .
5. Para muchas personas de países sureños, el frío y la ________________ del invierno son muy desagradables.
6. Algunos inmigrantes aceptan cualquier trabajo, aun si tienen que ________________ pisos o ________________ .

7. Es difícil para los inmigrantes enseñarles a sus hijos las _______________ de sus países natales.
8. A veces sus hijos les compran crac a los narcotraficantes *(drug dealers)* y caen _______________ en la cárcel *(jail).*
9. Si se compra un carro, hay que comprar _______________ por si acaso hay un accidente.
10. Para salir _______________ en este país, hay que perseverar a pesar de los problemas.
11. Afortunadamente, muchos inmigrantes son muy _______________ y hacen un gran esfuerzo para "echar para adelante".
12. Para hacerse *(become)* ciudadano, hay que _______________ .
13. Debemos ser _______________ del trabajo que hacen los inmigrantes, porque muchas veces son trabajos que los ciudadanos no quieren hacer, como recoger la ____________ de la calle o trabajar en el campo.

B. **¡Es lógico!** Escoja la respuesta más lógica.

1. ¿Está casado Julio?
   a. No, está sin chavos.
   b. Sí, está en la gloria aquí, muy contento.
   c. No, es viudo.
2. ¿Qué pasa en este restaurante? ¿Por qué no nos sirven?
   a. Es que todo está demasiado limpio hoy.
   b. Es que el chef no ha llegado.
   c. Es que hay mucha gente trabajando aquí lavando platos.
3. Le presté cinco mil pesos a Ramón.
   a. ¿A ese irresponsable? Estás loco.
   b. No tenemos billetes, sólo monedas.
   c. Tranquilo, tranquilo. Algún día te pago.
4. Se encontró sin cuartos y tuvo que hipotecar la casa.
   a. Tenía mucha lana, ¿verdad?
   b. ¿Y ahora anda de turista?
   c. ¡Qué lástima! Ojalá la recupere algún día.

Antes de ver la película

A. **Nueva York, la "gran manzana"**

1. ¿Ha estado usted en la ciudad de Nueva York? Si es así, ¿qué piensa del estilo de vida allí? ¿del clima?
2. ¿Por qué cosas (edificios, monumentos, etc.) es famosa esa ciudad?

3. ¿Es la ciudad (o pueblo) donde usted vive similar a Nueva York? ¿En qué se parecen y en qué se diferencian?
4. ¿Qué problemas hay en las grandes ciudades del mundo hoy en día?

B. **Los personajes.** Lea las descripciones y los nombres de los personajes. Después de ver la película, empareje cada personaje con su descripción.

___	1. un hombre muy inocente que va a Nueva York	a. Pedro
___	2. una dominicana que se enamora de Balbuena	b. Flaco
___	3. el primo de Balbuena	c. Fellito
___	4. la esposa del primo de Balbuena	d. Balbuena
___	5. la hija mayor de Pedro y Matilde	e. Matilde
___	6. un narcotraficante *(drug dealer)* dominicano	f. Xiomara
___	7. el dueño de un restaurante mexicano	g. Pancho
___	8. el amigo que le consigue una visa a Balbuena	h. Nancy

Investigación

Busque información sobre uno de los temas que siguen.

1. la comunidad dominicana de Washington Heights, Nueva York
2. la economía de República Dominicana
3. los hispanos de Estados Unidos según la Oficina del Censo (desde 2001, los hispanos son el grupo minoritario más grande del país)

The **Investigación** sections suggest topics related to the movie that you may want to find out more about. Your instructor may assign these to individuals or groups and have them report the information to the class.

Note: Your instructor may ask you to read over the questions in the section **Exploración** before you see the film, in order to improve your understanding of it.

Exploración

A. Ventajas y desventajas. ¿Cuáles son las mayores ventajas y desventajas de la vida de Balbuena en República Dominicana?

Ventajas:	Desventajas:
______________________	______________________
______________________	______________________
______________________	______________________

¿Y en Nueva York?

Ventajas:	Desventajas:
______________________	______________________
______________________	______________________
______________________	______________________

B. La historia

1. ¿Por qué va Balbuena al cementerio? ¿Con quién habla allí?
2. ¿Qué hace su amigo Fellito allí? ¿Dónde estaba viviendo el niño que se murió?
3. ¿Por qué llega Fellito a la casa de Balbuena? ¿Qué le sugiere? ¿Cómo se puede conseguir el dinero?
4. ¿Qué pasa en la casa del "cónsul"? ¿Qué consigue Balbuena allí?

5. ¿A quién llama Balbuena para darle las buenas noticias? ¿Cuál es la reacción de la esposa de esta persona?
6. ¿Qué lleva Balbuena en la maleta? ¿Tiene miedo de viajar en avión?
7. ¿Qué pasa cuando Felli y Balbuena llegan a la aduana *(customs)* en Nueva York?
8. ¿Con quién se encuentra Felli en el aeropuerto? ¿Cómo es ese amigo?
9. ¿Quién atropella a *(runs over)* Balbuena en el aeropuerto en un accidente automovilístico? ¿Dónde lo visita ella? ¿Tiene seguro ella?
10. ¿Cómo es el apartamento de Pedro y su familia? ¿Dónde va a dormir Balbuena?
11. ¿Están contentos los hijos de Pedro de tener a Balbuena en casa? ¿Se portan *(Do they behave)* bien con él?
12. ¿Por qué llama Balbuena a Nancy? ¿Adónde lo invita ella?
13. ¿Qué hace Balbuena cuando ve la nieve?
14. ¿Qué clase de trabajo fijo consigue Balbuena? Cuando Balbuena llega a la casa para darle a Pedro las buenas noticias, ¿qué le dice Pedro?
15. ¿Dónde consigue Balbuena un cuarto? ¿Cómo es la señora de la casa? ¿De dónde es y qué problemas ha tenido?
16. ¿Qué problema tiene Pancho con el restaurante? ¿Cómo lo ayuda Balbuena?
17. ¿A quién ve Balbuena pidiendo dinero en el parque?
18. ¿Quién compra el restaurante? ¿Por qué está enojado con Fellito?
19. ¿Quién trata de robarle a Balbuena? ¿Por qué?
20. ¿Cómo termina la película?

Análisis y contraste cultural

Vocabulario

Mano a mano	
conocer como la palma de la mano	*to know like the back of one's hand*
dar/echar una mano a alguien	*to help someone out, give someone a hand* (*also, in Dom.Rep.*, meter la mano)
¡Manos a la obra!	*Let's get to work!*
mano(a)	*short for hermano(a), used for a close friend*
meter mano	*to get going, get active*
(no) poner una mano encima	*to (not) lay a finger on*

Otras palabras	
bendito(a)	*blessed, often used ironically instead of* maldito(a), *damned*
botar	*to throw out*
el cariño	*affection*
caer del cielo	*(literally, "to fall from heaven") to come out of the blue*
la cocina	*kitchen*
cocinar	*to cook*
el compadre (la comadre)	*close friend, often a godparent of one's child*
el cuarto	*room*
defraudar	*to cheat; to disappoint, let (someone) down*
enamorarse	*to fall in love*
la habitación	*room*
hacer caso	*to pay attention*
el letrero	*sign*
la migra	*(colloquial) U.S. immigration*
la nevera	*refrigerator*
preocuparse	*to worry*
el/la ratero(a)	*thief*
realizar	*to realize, make (something) come true*
respetar	*to respect, treat with respect*
robar	*to rob, steal*
el/la socio(a)	*partner; member*
tener la culpa	*to be at fault*

Expresiones regionales*	
la bodega	*(in most places, storeroom or wine cellar) small grocery store*
chévere, cheverón (cheverona)	*great, fantastic, super*
mi pana	*my friend (from* panal, *honeycomb)*
relajar	*to joke around*
la vaina	*(literally, "husk"; slightly vulgar) thing, situation, mess*
viejo(a)	*(literally, "old one") term of affection used for a parent; in many places this term can refer to a spouse*

* These terms are not used exclusively in the Dominican Republic—some are heard elsewhere as well.

A. **En resumen.** Complete las oraciones con palabras de las listas.

bendita	del cielo	nevera
bota	enamora	realizar
culpa	hace caso	respeten
defraudar	letreros	

1. Según Fellito, hay tantos pesos rodando por las calles de Nueba Yol que la gente ni _______________ .
2. "Confía (*trust*) en mí y nunca te voy a _______________ ", le dice Balbuena a Natalia en el cementerio.
3. Al principio, Balbuena piensa que va a _______________ sus sueños en Nueba Yol.
4. Pedro le da un plano (*map*) a Balbuena y todas las indicaciones para abrir la " _______________ " puerta.
5. Como Balbuena no puede leer los _______________ , se pierde y llama a Nancy para que lo ayude.
6. En casa de Nancy, Balbuena saca un pollo de la _______________ y todo lo que encuentra en el gabinete (*cabinet*), y prepara "pollo al gabinete".
7. Nancy _______________ la foto de su compañero y la botella de vino a la basura.
8. Nancy se _______________ de Balbuena y le cuenta a su amiga que Balbuena le cayó _______________ , como un ángel.
9. Cuando sus hijos se portan mal, Pedro dice que Matilde y él tienen la _______________ .
10. Pedro quiere que sus hijos lo _______________ .

cariño	compadre	preocupar
cocina	habitación	ratero
cocinar	migra	socio

11. Balbuena les da mucho _______________ a los hijos de Pedro y Matilde.
12. Pancho le da trabajo a Balbuena aunque dice que hay muchos problemas con la _______________ .
13. Balbuena ofrece esconderse *(to hide)* en la _______________ del restaurante y no salir hasta la noche si hay problemas con Inmigración.
14. El chef le enseña a Balbuena a _______________ .
15. Cuando Balbuena le presta dinero a Pancho para ayudarlo con el restaurante, Pancho sólo acepta a condición de que Balbuena sea su _______________ .
16. Pancho y Balbuena se dicen " _______________ " el uno al otro porque son muy buenos amigos.
17. Balbuena tiene una _______________ en casa de una mujer cubana.

18. Flaco le dice a Balbuena que no se debe ______________, que no le guarda rencor *(hold a grudge)* a Fellito; al contrario, quiere que se cure.
19. La cubana mata al ______________ que trata de robarle el dinero a Balbuena.

B. **¡Manos a la obra!** Empareje cada frase a la izquierda con una frase a la derecha que la termine.

___ 1. Fellito dice que conoce Nueba Yol…
___ 2. Flaco le pregunta a Felli si cree que Balbuena…
___ 3. Matilde lamenta que en Nueva York, cuando los jóvenes no se portan bien, uno no puede…
___ 4. Para animar a alguien a trabajar, se dice…
___ 5. Fellito recuerda que cuando Flaco llegó a Nueva York, él…
___ 6. Para pedir ayuda a un amigo se puede decir…

a. le dio una mano
b. como la palma de la mano
c. ¡Manos a la obra!
d. ponerles una mano encima
e. Oye, mano, ¿me ayudas?
f. mete mano en el negocio (de vender drogas)

C. **¿Y en República Dominicana?** Para cada palabra subrayada, dé una palabra que se podría oír en República Dominicana. (Consulte la sección "Expresiones regionales".)

> ***Modelo:***
>
> No estoy <u>bromeando</u>. Hablo en serio.
>
> **No estoy relajando. Hablo en serio.**

1. Voy <u>al mercado</u> a comprar leche.
2. ¿Qué tal?, <u>mi amigo</u>, ¿cómo estás?
3. Mueve esa <u>cosa</u> de allí.
4. Mi <u>mamá</u> nunca me deja solo en casa.
5. Dicen que Sammy Sosa es un tipo <u>buenísimo</u>.

NOTAS CULTURALES

Haití y República Dominicana comparten *(share)* la Isla Española. Cristóbal Colón llegó a la isla en su primer viaje a las Américas en 1492, y ya en 1496 Santo Domingo era la capital de España en las Antillas *(Antilles)*. La Universidad Autónoma de Santo Domingo, fundada en 1538, es la universidad más antigua de las Américas.

En la película, se ve que Balbuena tiene valores (*values*) religiosos. Visita mucho el cementerio y cuida bien la tumba de Natalia. Cuando hace el viaje a Nueva York, se persigna *(he crosses himself)* antes de que el avión despegue. Le regala a Nancy una medallita de la Virgen de Altagracia, santa patrona de República Dominicana. Y al final, se casa por la iglesia.

La población hispana de Estados Unidos aumentó el 58 por ciento entre 1990 y 2000. De los 40 millones de hispanos que viven legalmente en este país, el 2.2 por ciento es de ascendencia dominicana. (El 58.5 por ciento es de ascendencia mexicana, así que Pancho y el chef pertenecen a la mayoría de los hispanos.) Tres dominicanos famosos son los escritores Junot Díaz y Julia Álvarez, y el músico Juan Luis Guerra.

Temas de conversación o composición

Discuta con sus compañeros los temas que siguen.*

1. el personaje de Balbuena (¿Cómo es? ¿Es honesto? ¿trabajador? ¿simpático? ¿Trata de ayudar a otra gente? Si es así, ¿de qué manera?)
2. la familia (¿Qué pasa cuando Matilde dice que no quiere que Balbuena se quede con ellos? ¿Qué le dice Pedro? Según Pedro, Balbuena tiene mucho que ofrecerles a sus hijos, pero parece que al principio los hijos no valoran lo que tiene que ofrecer. ¿Por qué? ¿Cómo cambian después?)
3. la educación de los niños (Según Pedro, ¿por qué no pueden él y Matilde pasar mucho tiempo con sus hijos? ¿Dónde pasan el día los adultos? ¿y los niños? ¿Qué le cuentan Pedro y Matilde a Balbuena sobre la disciplina de los niños en Estados Unidos? ¿Qué es lo que no puede creer Balbuena? ¿Por qué habla Pedro tanto de "respeto"? ¿En qué tipo de barrio viven muchos inmigrantes? ¿Por qué tendrán miedo de perder el control de sus hijos?)
4. el problema de las drogas y de los narcotraficantes (¿Qué pasa enfrente del edificio de apartamentos de Pedro y Matilde? Según Pedro, uno de los misterios más grandes

* Your instructor may ask you to report back to the class or write a paragraph about one of the topics.

de Nueva York es que los policías ponen a los narcotraficantes en la cárcel pero "la justicia los suelta" *(the justice system lets them out).* ¿Qué problemas le causan los narcotraficantes a la gente del barrio? ¿Qué le pasa a Fellito? ¿Por qué lo quiere matar Flaco? ¿Adónde lo lleva Balbuena para recuperarse?)

5. el problema del trabajo (¿Por qué no puede Balbuena conseguir trabajo cuando llega a Nueva York? ¿Qué cosas le faltan? ¿Qué problema tiene cuando trabaja para el dominicano que tiene la "bodega"? ¿Por qué es irónico que esa persona le diga que lo está tratando de ayudar? ¿Por qué le da trabajo Pancho? ¿Cómo lo trata Pancho?)
6. la vivienda (¿Por qué dice Pedro que en Nueva York de noche "todas las salas se convierten en dormitorios *(bedrooms)*"? ¿Por qué hay tantas cerraduras *(locks)* en las puertas? Cuando Matilde dice que viven "como sardinas en lata *(in a can)*", Pedro dice que era peor cuando vinieron, cuando su tío los ayudaba. ¿Qué imagen nos da de la gente recién llegada a Estados Unidos?)
7. los problemas en República Dominicana (¿Por qué dice Balbuena que en ese país "si se quiere un huevo hay que ponerlo"? ¿Qué problemas tiene allí? ¿Por qué Pedro y su familia no regresan a Santo Domingo?)
8. el dinero (Hay muchas palabras para hablar de dinero en la película. ¿En qué escenas se habla del dinero? ¿Es importante el tema del dinero? ¿Qué personajes tienen mucho dinero? ¿Qué personajes no valoran el dinero?)

Una escena memorable

¿Adónde va a ir Nancy? ¿Por qué? ¿Qué le dice a Balbuena? ¿Qué le dice él a ella? ¿Qué decisión toman?

Hablan los personajes

Analice las siguientes citas, explique de quién son y póngalas en contexto. (Para una lista de los personajes, ver el ejercicio B en la sección "Antes de ver la película".)

1. "Dando una [tarjeta de] residencia a ese muchacho le estaba dando una visa para el cementerio."
2. "Los billetes de a cinco y de a uno están volando por la calle y la gente no hace ni caso."
3. "Nosotros tenemos que ser agradecidos. La gente debe ser agradecida.... Porque no es posible que una gente cambie simplemente porque se monte en un avión."
4. "Yo hago lo que sea, yo lavo platos, te limpio pisos, limpio inodoros...."
5. "Bueno, yo espero que no pierda ese buen humor porque aquí en Nueba Yol se pasan muy malos ratos (*times*)."
6. "El que inventó esto no ha visto un plátano ni de lejos."
7. "Sí, claro, pero primero tienes que conseguir trabajo."
8. "Es el problema de los muchachos aquí, que no saben bien el español y las cosas les salen directas, no como ellos sienten realmente."
9. "Tú no sabes lo que es cariño... En esta casa lo primero que tiene que haber es el amor."
10. "Nueba Yol es una gran ciudad llena de oportunidades. Si tú luchas (*struggle*) fuerte y trabajas, vas a lograr (*attain*) lo que quieres."
11. "No me hagas daño. Yo he decidido recuperarme... Dame un chance."
12. "Los sueños no se realizan cuando uno llega aquí; los sueños se realizan cuando uno regresa a la patria. Se puede llegar triunfante con dinero y sin dinero."
13. "Fellito tenía razón: llegar a Nueba Yol es como llegar a la gloria. Allí todo el mundo es rico; en Nueva Yol los cuartos están rodando por la calle, pero eso era el Nueba Yol de mi fantasía... porque New York es otro."

Hablando de la cultura...

Cuando Balbuena por fin consigue trabajo, compra hamburguesas para la familia y entra alegremente en el cuarto de las muchachas, contento de poder darles algo. Pero hay una explosión emocional. Matilde dice que su hija tiene derecho a la "privacidad". Para Balbuena, ¿existe el concepto de "privacidad"? ¿Qué dice Pedro acerca de este concepto? ¿Qué contraste cultural muestra esta escena?

Hablan los críticos y los directores

"The movie, which was produced, written and directed by Angel Muñiz, is a crude but engaging combination of humorous star vehicle, social-realist commentary and light-hearted farce. For more than a decade, Balbuena has been one of the most popular characters on Dominican television… Unlike his Pollyannaish counterparts on American television who would be ridiculed as naive chumps, Balbuena is someone whose genuine friendliness and trust in others are huge assets."

— "Nueba Yol," *New York Times,* February 14, 1996.

¿Cómo sería un personaje como Balbuena en una película de Hollywood o en un programa de televisión en este país? ¿Sería un "chump"?

"Todos llevamos un Balbuena por dentro."

—anuncio para el video.

¿Está usted de acuerdo? Explique.

"Warm and funny, *Nueba Yol* is also honest and real, recalling the best cinema can be: full of life in all its joyfulness and sorrow. Like Renoir or Ozu, director Muñiz lets the camera quietly eavesdrop on people too genuine to be giving performances, a rarity these days when too much of world cinema looks to emulate the latest from a Hollywood grown out of touch."

– David Bleiler, editor: *TLA Video & DVD Guide 2004: The Discerning Film Lover's Guide* (New York: St. Martin's Griffin, 2003), p. 442.

¿Qué piensa usted: parecen "genuinos" los personajes? ¿Por qué sí o por qué no?

> "La norteamericanización en la segunda generación de esta familia es evidente: los hijos hablan 'Spanglish' y han adoptado conceptos culturales como el del 'espacio personal', por lo que no ven con agrado (*don't like*) 'la invasión' que Balbuena les hace. La llegada de Balbuena provoca la explosión de todas las tensiones que se han acumulado en el espacio privado de esta familia. En la escena que ilustra esta situación, él lleva hamburguesas a los hijos de Pedro. En las hamburguesas—símbolo cultural—se encarnan los deseos de aceptación y asimilación del personaje a su nuevo entorno (*environment*). Sin embargo, los hijos de Pedro rechazan (*reject*) las hamburguesas para manifestar su repudio (*repudiation, rejection*) a Balbuena y con ello ponen en evidencia la ambivalencia que confrontan al tener que vivir entre dos culturas."
>
> **—Rita Tejada, "Un esbozo de la emigración dominicana: Nueba Yol", http://www.cielonaranja.com/ritajadanuebayol.htm**

¿Cómo muestra la película los problemas de los hijos de Pedro, que viven entre dos culturas? ¿Conoce usted a alguien que viva entre dos culturas? Si es así, ¿qué problemas tiene? ¿Qué ventajas tiene?

> "In its disarming way, drawing upon sitcom humor as well as soap opera melodrama, *Nueba Yol* is a potent work of popular entertainment. Yet it can move swiftly from the sentimental to the very real pain Pedro expresses when he explodes at the lack of respect on the part of his eldest daughter. Pedro realizes all too well that all the struggling he and his wife have done to give their children a better life has exacted its toll in precious time needed to be as good a parent as he would like to be. Muñiz ends with an epilogue that he surely intends for us to decide whether it is fantasy or reality (sic). Intentionally or not, it's an effectively ironic way to bring to a close a bittersweet Candide-like fable."
>
> **—Kevin Thomas, *New York Times*, October 18, 1996.**

¿Qué piensa usted del final de la película?

Más allá de la película

Nueba Yol/Nueva York

En la película *Nueba Yol*, Balbuena es de República Dominicana, Pancho es de México y la dueña de la casa donde Balbuena alquila° un cuarto es cubana. Son tres personas "hispanas" que viven en la ciudad de Nueva York. De los 8 millones de residentes de esa ciudad, más de 2 millones son de origen español o latinoamericano. Hay tantos puertorriqueños (unos 800.000) que se inventó la palabra "nuyorriqueños" para referirse a ellos; son ciudadanos de Estados Unidos y no necesitan visa para entrar en el país. Como se ve en la película, muchos dominicanos viven en Nueva York (unos 400.000), especialmente en Washington Heights. En Queens hay una gran comunidad colombiana. Hay más ecuatorianos que en cualquier ciudad del mundo salvo° Quito o Guayaquil. Unos 200.000 mexicanos viven en "la gran manzana"; muchos son de la ciudad de Puebla, los "pobloquinos". (Muchos de los "pobloquinos" trabajan en restaurantes, como Pancho; en Nueva York se venden más tortillas que pizza o bagels y se dice que allí se come el mejor mole poblano° fuera de Puebla.)

alquila: *rents*
salvo: *except*
mole... *dish with chocolate and chilis*

Se usa la palabra "hispana" o "latina" para describir a todas estas personas, pero tienen culturas y tradiciones distintas. Son ricos y pobres, blancos y negros; algunos son de familias que están aquí desde hace siglos y otros cruzaron la frontera ayer sin pasaporte y viven sin documentos legales. Vinieron por una gran variedad de motivos: algunos por razones económicas, otros por razones políticas, otros para asistir a la universidad o para poner un negocio. Algunos tienen antepasados° que ya vivían en San Agustín, Florida en 1539; otros son de comunidades que existían en el suroeste cuando era territorio mexicano, antes de 1848 (cuando se firmó el Tratado° de Guadalupe Hidalgo y ese territorio pasó a manos de Estados Unidos).

antepasados: *ancestors*
Tratado: *treaty*

Un artículo del *Miami Herald* de hace muchos años hizo las siguientes preguntas y observaciones sobre los "hispanos":

"Aquí en estos lugares se entiende mejor *greencard* que tarjeta de residencia... Para quienes usan los beneficios del *welfare*, el *Medicaid* o el *unemployment* es mucho más sencillo referirse a una palabra que a una larga y virtualmente incomprensible explicación. *Hacer lobby* es tan usado como cabildear.° *Surfear* es más fácil que correr tabla... ¿Qué es lo correcto, o lo políticamente correcto: moreno, negro, persona de color, afroamericano o afronorteamericano? ¿Homosexual o gay? ¿Qué medida° utilizar: metros, yardas o pies? ¿Kilos o libras?° ¿Qué somos: latinos, hispanos, chicanos, mexico-americanos, cubano-americanos, guatemalteco-americanos? ... Seguramente

cabildear: *to lobby*
medida: *measurement*
libras: *pounds*

usted no ha conocido a nadie que se presente y diga: 'Hola, me llamo Enrique y soy hispano'? Usted seguramente conoce a un Luis puertorriqueño y Juana la hondureña, a Francisco el colombiano y a Diana la argentina, pero nunca a Pedro o Juan el hispano... El concepto de *Hispanic* o *Latino* sirve al menos para unir° cuando no hay muchos puntos en común en una cultura tan diversa."[1]

unite

Tienen culturas y costumbres distintas, pero los "hispanos" de Nueva York tienen algo en común: todos se adaptan como pueden y, como observa el autor del artículo del *Miami Herald*, todos utilizan un nuevo vocabulario. El título de la película *Nueba Yol* ilustra el concepto; se oyen otras palabras de origen inglés a lo largo de la película: e.g., "la migra", "el crac", el "shock" psicológico. Jorge Ramos, un periodista que nació en México y trabaja en Estados Unidos, dice: "En Estados Unidos el inglés está invadiendo al español y el español está invadiendo al inglés. A veces ninguno de los dos idiomas domina y el resultado—lo que sale de nuestras bocas—es la fusión del espanglish."[2]

Ilan Stavans, profesor de Amherst College y autor de varios libros sobre los hispanos de Estados Unidos, incluso *Spanglish: The Making of a New American Language,* hace la siguiente observación:

"¿Qué simboliza la situación de los latinos de todos los orígenes?: Una rosa con muchos pétalos. Los latinos son una compleja minoría no fácil de categorizar. Son multirraciales, transnacionales, plurilingües,° tienen puntos de vista distintos con respecto a la política, están afiliados a todo un cúmulo°

speaking more than one language / mass

1 "El idioma que hablamos" (*Miami Herald*, 3 abril 1988), p. 12.

2 Jorge Ramos, *La ola latina* (New York: HarperCollins Publishers, 2004) p. 197.

De… *In fact*

amazing

jerga… *street slang of little esteem* / *converge*

media / apunta… *is moving toward*

radio

consumer

de religiones institucionalizadas, etc. De hecho° el spanglish sirve de puente para unirlos a todos… Estados Unidos es una sociedad abierta en la que los inmigrantes juegan un papel crucial. Este papel incluye una constante renovación de la lengua nacional. El spanglish ha sido una fuerza importante en aquella renovación desde hace mucho, pero sólo ahora recibe la atención que merece… Su diversificación es asombrosa:° de una jerga callejera de escasa estimación,° ha pasado a convertirse en la última década en un fenómeno cultural decisivo. Las variantes nacionales empiezan a confluir° en el spanglish mediático° que apunta a° una especie de estandarización verbal. Hay programas de TV que emplean spanglish, anuncios publicitarios, estaciones radiales,° revistas femeninas… Las corporaciones no ignoran su valor comercial. Hallmark Cards, por ejemplo, lanzó hace poco una línea de tarjetas en spanglish destinada a un público consumidor° de entre 10 y 30 años de edad."[3]

environment

reject it

contribute / *growth*

Otra vez, Jorge Ramos: "El español que se habla en los Estados Unidos es un idioma vivo, cambiante, dinámico, sujeto a las influencias del medio° y es una batalla perdida el tratar de resistirse o rechazarlo.° Los latinos de Estados Unidos, en estos días, pueden aportar° más al crecimiento° del idioma español que la mayoría de los grupos de habla hispana."[4]

Y es cierto, como se ve en *Nueba Yol*, que este nuevo idioma va más allá de Estados Unidos. Los hispanos como Balbuena o Pancho lo llevan con ellos; además, se usa en los medios de comunicación. Si quiere más ejemplos, sólo tiene que prender la radio o el televisor o, si vive en un lugar donde hay comunidades hispanas, ¡salir a la calle a pasear!

Agencia de viajes "Balbuena", Washington Heights, Nueva York.

---

3 http://www.barcelonareview.com/40/s_is_ent.htm. *The Barcelona Review: Revista internacional de narrativa breve contemporánea,* Entrevista: Ilan Stavans, enero-febrero No. 40.

4 Jorge Ramos, *La ola latina* (New York: HarperCollins Publishers, 2004) p. 199.

Preguntas

1. ¿Cuántos hispanos hay en Nueva York?
2. ¿Quiénes son los "nuyorriqueños"? ¿Cuántos hay?
3. ¿De qué ciudad vienen muchos de los mexicanos que viven en Nueva York?
4. Según el artículo del *Miami Herald*, ¿para qué sirve el concepto de *Hispanic* o *Latino*?
5. ¿Qué es el spanglish?
6. ¿Quién es Ilan Stavans? ¿Con qué compara a los latinos? ¿Por qué?
7. Según Stavans, ¿en qué se diferencian los latinos? ¿Qué los une?
8. ¿Qué dice Jorge Ramos del español que se habla en Estados Unidos?

Juego de palabras

Trabajen en grupos de tres or cuatro personas. Cada grupo hace una lista de palabras españolas que se usan en inglés (por ejemplo, **patio, rodeo, taco**). Su profesor(a) le dará unos diez minutos para hacer las listas. El grupo con la lista más larga gana.*

¡Traducción, por favor!

Trabajen en grupos. Miren la siguiente lista de palabras que se escuchan en España y Latinoamérica. Todas tienen raíces (*roots*) inglesas. ¿Qué quieren decir?

1. mitin: Tengo un mitin a las cuatro.
2. klinex: Dame un klinex, por favor. ¡Atchú!
3. rosbif: Vamos a almorzar rosbif con papas fritas.
4. márquetin: Mi padre trabaja para IBM en márquetin.
5. beicon: A los ingleses les gusta desayunar huevos con beicon.
6. suéter: ¿Dónde está mi suéter? Hace un poco de frío, ¿no?
7. comics: Siempre leo los comics los domingos.
8. coctel: Mis padres van a un coctel el sábado por la tarde.
9. tenis: Me puse los tenis para salir a correr.
10. hacer un forward: Te voy a hacer un forward del e-mail que recibí de Juana.

Y ahora, para los expertos:

11. vips: Vinieron muchos vips a la fiesta.
12. rocanrol: A mi hermano le gusta el rocanrol y el jazz.
13. faxear: Voy a faxear una carta a mi amiga en Madrid.
14. tupergüer: Metí la comida en un tupergüer y la llevé al colegio.

---

* Hay una lista de palabras españolas que se usan en inglés en el Manual del instructor.

15. Bibaporrú: Abuela se puso Bibaporrú y dijo que se sentía mejor.
16. compacs: Tengo varios compacs de Enrique Iglesias.
17. hacer zapping: No me gusta ver televisión con mi novio porque hace zapping.
18. hacerse un lifting: Mi mamá se hizo un lifting y se ve más joven.

Mire las respuestas abajo y calcule sus puntos: ¿es usted experto(a) en spanglish?

Puntos: 1-6 Usted tiene mucho que aprender. 7-12. Ya sabe bastante. 13-18 ¡Experto(-a)! Ya entiende muy bien el spanglish.

Respuestas: 1. meeting 2. kleenex 3. roast beef 4. marketing 5. bacon 6. sweater 7. comics 8. cocktail party 9. tennis shoes 10. to forward 11. V.I.P.s (Very Important Persons) 12. rock and roll 13. to fax 14. Tupperware 15. Vicks VapoRub™ 16. compact discs 17. to channel surf 18. to have a face lift

Capítulo 12

Belle Epoque

Presentación de la película: Fernando, un joven que acaba de desertar del ejército, es acogido *(taken in)* por don Manolo, un viejo pintor que vive aislado de la dura realidad de España y que le ofrece su casa, su ayuda y su amistad. La llegada de las cuatro hijas del artista hará que el joven desertor se embarque en una aventura en la que enamora a una hermana tras otra…

✷ La película ocurre en algún lugar del campo español durante el invierno de 1931, en vísperas *(on the eve)* de la proclamación de la República, una época de liberación social y sexual en la, hasta entonces, oprimida y reprimida España. Su director, Fernando Trueba, fantasea sobre un momento maravilloso, una "bella época" que hubiera podido ser *(could have been).* (En Francia "Belle époque" se refiere a la época antes de la Primera Guerra Mundial, una era de progreso social y cultural pero también de gran turbulencia política.)

✷ Fernando Trueba nació en Madrid en 1955. Estudió en la Facultad de Ciencias de la Información de la Universidad de Madrid. Fue crítico cinematográfico del diario *El País* y fundador de la revista de cine *Casablanca.* Debutó como director con *Ópera prima* (1980), uno de los pilares de la llamada "comedia madrileña", y más tarde tuvo mucho éxito con *Sé infiel y no mires con quién* (1985) y *El año de las luces* (1986). Consiguió el Oscar a la mejor película en lengua extranjera con *Belle Epoque* en 1993. Ha realizado también la película *Two*

Much (1995) en Estados Unidos, con actores norteamericanos, *Calle 54* (2000) y *Bajo las estrellas* (2007).

✷ Fernando Fernán Gómez—don Manolo en *Belle Epoque*—debutó como actor de cine en 1943; actuó en más de 150 películas, algunas de gran popularidad como, por ejemplo, *El Espíritu de la Colmena* (Víctor Erice, 1973), *La mitad del cielo* (Manuel Gutiérrez Aragón, 1986), *La lengua de las mariposas* (J. L. Cuerda, 1999), *En la ciudad sin límites* (Antonio Hernández, 2002), *Para que no me olvides* (Patricia Ferreira, 2005) y *Mia Sarah* (Gustavo Ron, 2006). Murió en 2007.

✷ Penélope Cruz—Luz en la película—estudió ballet y arte dramático desde muy joven. En 1992 apareció en *Belle Epoque* y en *Jamón, jamón* (Bigas Luna). Desde entonces ha protagonizado películas en España, Italia y en Estados Unidos (*Blow, All the Pretty Horses, Vanilla Sky, Sahara, Bandidas* y *Volver*). En 2009 ganó un Oscar por su actuación en *Vicky Cristina Barcelona.*

✷ Jorge Sanz—Fernando en la película—actor desde los diez años, interpretó a varios protagonistas niños o adolescentes en *Valentina* (Antonio Betancor, 1982), *El año de las luces* (Trueba, 1986) y *Conan the Barbarian* (John Milius, 1982). Alcanzó su madurez en *Amantes* (Vicente Aranda, 1992). Desde entonces ha actuado en *Libertarias* (Aranda, 1996), *La niña de tus ojos* (Trueba, 1998), *Sinfín* (Sanabria, 2005), *Bienvenido a casa* (David Trueba, hermano de Fernando, 2006) y *Oviedo Express* (Gonzalo Suárez, 2007).

Preparación

Vocabulario preliminar

Note: In Spain the plural **tú** form is **vosotros(as).** The **vosotros** command form ends in **-ad**, **-ed**, or **-id** in the affirmative and in **-áis** or **-éis** in the negative. Also, note that **marido y mujer** is more commonly used in Spain than **esposo y esposa.**

Cognados		
la Biblia el carnaval el/la desertor(a)	el divorcio el/la esposo(a)	la república el suicidio

La familia	
el/la cuñado(a)	*brother-in-law (sister-in-law)*
el/la hermano(a)	*brother (sister)*
el/la hijo(a)	*son (daughter)* (pl. *children*)
la madre	*mother*
el marido	*husband*
la mujer	*wife, woman*
la novia	*bride*
el novio	*groom*
el padre	*father*
el/la suegro(a)	*father-in-law (mother-in-law)*
el/la viudo(a)	*widower (widow)*
el yerno	*son-in-law*

Otras palabras	
la boda	*wedding*
el disfraz	*costume*
la maleta	*suitcase*
la risa	*laughter*
la rondalla	*group of serenaders*

Expresiones	
casarse con	*to get married to*
desertar del ejército	*to desert from the army*
enamorarse de	*to fall in love with*
perder (ie) el tren	*to miss the train*

A. Relaciones familiares. Conteste las siguientes preguntas.

1. ¿Cómo se llama al hombre y a la mujer antes de la boda? ¿después de la boda?
2. ¿De qué otra manera se llaman las personas que forman parte de un matrimonio?
3. ¿Qué es el padre de la esposa en relación al esposo?
4. ¿Qué es el esposo en relación al padre de su mujer?
5. ¿Qué es el hermano del esposo en relación a la esposa?
6. ¿En qué se convierte una mujer casada cuando se muere su marido?
7. ¿Quiénes son los descendientes de un matrimonio?

B. **¡Claro que lo sabe!** Escoja la respuesta más apropiada.

1. Un país gobernado por un presidente es…
   a. una monarquía.
   b. una república.
   c. una presidencia.
2. Una persona que escapa del ejército es…
   a. un veterano.
   b. un republicano.
   c. un desertor.
3. Una persona se pone un disfraz para ir a…
   a. un concierto de música clásica.
   b. un carnaval.
   c. un cementerio.
4. Una persona que llega tarde a la estación…
   a. pierde el tren.
   b. toma el tren a tiempo.
   c. pierde la maleta.
5. Un protestante generalmente lee…
   a. la Biblia.
   b. una autobiografía de Jesús.
   c. el Corán.
6. Tradicionalmente los jóvenes que se enamoran…
   a. se casan.
   b. se compran un coche.
   c. se van de viaje.
7. Lo mejor para un matrimonio que no es feliz es…
   a. tener muchos hijos.
   b. el suicidio.
   c. el divorcio.
8. Un grupo de personas que cantan y tocan la guitarra forman…
   a. una risa.
   b. una rondalla.
   c. un disfraz.

Antes de ver la película

A. Relaciones y roles familiares

1. En la vida real, ¿cuáles son los roles tradicionales de los diferentes miembros de una familia? ¿Qué tipo de relaciones suele haber *(are customary)* entre padre e hijas? ¿madre e hijas? ¿esposos?
2. ¿Conoce usted alguna familia en la que las relaciones y roles típicos han cambiado? ¿Por qué son diferentes? ¿Los acepta la sociedad?

B. Los personajes. Mire las siguientes listas. Después de ver la película, diga con qué personaje o personajes se asocia cada cosa y explique por qué.

___ 1. muchas risas y mucha alegría	a. Juanito
___ 2. una Biblia dentro de una maleta	b. don Luis y un guardia civil
___ 3. la canción "Las mañanitas"	c. la rondalla
___ 4. el disfraz de soldado	d. don Manolo
___ 5. el viaje a América	e. las hermanas
___ 6. la escena del río	f. Fernando
___ 7. el uniforme de militar carlista *(Carlist, royalist)*	g. Fernando y Luz
___ 8. los cuadros no acabados	h. doña Amalia y su amante
___ 9. el suicidio trágico	i. Violeta
___ 10. el viaje a Sudamérica	j. Clara y Fernando

Investigación

Busque información sobre uno de los temas que siguen.

1. la época de la República española (1931-1936): cambios socio-políticos
2. el carlismo: orígenes e ideología
3. el escritor y filósofo Miguel de Unamuno y la fe religiosa
4. la Guardia Civil

The **Investigación** sections suggest topics related to the movie that you may want to find out more about. Your instructor may assign these to individuals or groups and have them report the information to the class.

Note: Your instructor may ask you to read over the questions in the section **Exploración** before you see the film, in order to improve your understanding of it.

Exploración

A. **Las circunstancias.** Ponga en orden cronológico los siguientes eventos. Después, explique las circunstancias de cada uno.

___ a. Luz y Fernando se van a América.
___ b. Don Manolo lleva a Fernando a su casa.
___ c. La Guardia Civil encuentra a Fernando en el campo.
___ d. Rocío anuncia que ha triunfado la República.
___ e. Fernando le dice a Luz que la quiere a ella.
___ f. Clara echa a Fernando al río.
___ g. Doña Asun pide la mano de Rocío para su hijo.
___ h. Las hijas de don Manolo llegan de Madrid.
___ i. Fernando le dice a don Manolo que se ha enamorado de Violeta.
___ j. Juanito reniega de *(renounces)* la religión católica.

B. **¿Por qué?** Explique por qué pasan estas cosas.

1. ¿Por qué deserta Fernando del ejército?
2. ¿Por qué mata un guardia civil al otro?
3. ¿Por qué dice don Manolo que tiene tres frustraciones en la vida? ¿Cuáles son?
4. ¿Por qué llegan de Madrid las hijas de don Manolo? ¿Qué está ocurriendo en la capital?
5. ¿Por qué hace el amor Fernando con todas las hijas? ¿Está enamorado de ellas? ¿ellas de él?
6. ¿Por qué quiere Juanito renegar de su religión? ¿Hay más de una razón? ¿Por qué vuelve a ser "carlista hasta la muerte"?

7. ¿Por qué don Manolo le dice a Fernando que el amor que siente por Violeta es imposible?
8. ¿Por qué es extraña la relación entre don Manolo, su mujer y el señor Danglard?
9. ¿Por qué se consideran casados Fernando y Luz aunque el cura no los casa?
10. ¿Por qué deciden irse a América los recién casados?

Análisis y contraste cultural

Vocabulario

Ideología	
el/la agnóstico(a)	*agnostic*
anticlerical	*anticlerical, against the church*
el/la apóstata	*apostate*
el/la carlista	*Carlist (don Carlos de Borbón's supporter, royalist)*
el/la católico(a)	*Catholic*
el/la liberal	*liberal*
el/la libertino(a)	*libertine*
el/la monárquico(a)	*monarchist*
el/la reaccionario(a)	*reactionary*
el/la renegado(a)	*one who has renounced the faith*
el/la republicano(a)	*Republican*

Otras palabras	
el arrebato	*fit, outburst*
el/la criado(a)	*servant*
el/la infiel	*unfaithful (person)*
la Iglesia	*the (Catholic) Church*
matar	*to kill*
el/la mayor	*the eldest*
el/la menor	*the youngest*
el/la pequeño(a)	*the little one, the youngest*
rondar	*to serenade*
suicidarse	*to kill oneself, commit suicide*

Expresiones	
darle pena (a alguien)	*to feel sorry*
portarse como un tío	*(colloquial) to act like a man*
¡Que tengáis suerte!	*Good luck to you!* (vosotros *form)*
ser un buen partido	*to be a good match*
tratar mal	*to treat (someone) badly*

A. ¿Cierto o falso? Indique si las siguientes oraciones son ciertas (**C**) o falsas (**F**).

___ 1. Fernando llevaba una Biblia en la maleta.
___ 2. El suegro del guardia civil lo mata en un arrebato y después se suicida.
___ 3. Don Manolo le coge cariño a Fernando.
___ 4. Luz es la más pequeña y la única que no está enamorada de Fernando.
___ 5. Una rondalla ronda a Clara el día del pedido de mano.
___ 6. A Luz le da pena que Rocío trate mal a Juanito.
___ 7. Rocío cree que Juanito es un buen partido.
___ 8. Violeta se porta como un tío cuando lleva el disfraz de criada.
___ 9. Luz y Fernando se casan por la Iglesia.
___ 10. Don Manolo se despide de sus hijos diciendo "¡Que tengáis suerte!"

B. Los personajes. Descríbalos con los dos adjetivos que mejor los caracterizan.

1. Don Manolo es _____________ y _____________ .
2. Doña Amalia es _____________ y _____________ .
3. Fernando es _____________ y _____________ .
4. Juanito es _____________ y _____________ .
5. Doña Asun es _____________ y _____________ .
6. Las hermanas son _____________ y _____________ .
7. Clara es la hermana _____________ y Luz es la _____________ .

NOTA CULTURAL

Para entender el significado y mensaje de la película, es importante recordar que en la España monárquica y católica pre-republicana nunca hubo un movimiento feminista y que la situación de la mujer era tremendamente tradicional.

Temas de conversación o composición

Discuta con sus compañeros los temas que siguen.*

1. el título de la película (¿Por qué se llama *Belle Epoque*? ¿Le gusta a usted este título o sería mejor otro?)
2. el tema o mensaje de la película (¿Cuál es? ¿Qué nos quiere comunicar el director? ¿Qué posible relación tiene con la España actual?)
3. los personajes (¿Qué los caracteriza? ¿Hay algunas diferencias fundamentales entre los personajes masculinos y femeninos? ¿Es esta caracterización habitual en el cine? ¿Son los roles de padre, marido, madre, esposa, hijas solteras, hija viuda, joven soltero, cura suicida, etc. típicos?)
4. los cambios de identidad (¿Qué importancia y significación tienen los disfraces y la secuencia del carnaval?)
5. la ideología (¿Cómo muestra el director las diferentes ideologías de los españoles de la época? Según Trueba, ¿qué diferencia a los monárquicos carlistas de los republicanos? ¿Le parece a usted que es una representación objetiva?)
6. el humor (¿Cuáles son algunas escenas divertidas de la película? ¿Cómo logra Trueba crear una comedia a pesar de los eventos trágicos del principio y del final de la película? ¿Cómo convierte algunas escenas—que podrían calificarse de "políticamente incorrectas"—en hechos humoristas que hacen reír al público?)
7. el final (¿Qué le parece el final de la película? ¿Es trágico o feliz? ¿Lo esperaba? ¿Qué significado puede tener el viaje de los recién casados a América? ¿Quiere usted proponer otro final?)

---

* Your instructor may ask you to report back to the class or write a paragraph about one of the topics.

Una escena memorable

¿Qué tipo de baile están bailando Fernando y Violeta? ¿Quién ha tomado la iniciativa? ¿Por qué resulta tan divertida esta escena?

Hablan los personajes

Analice las siguientes citas, explique de quién son y póngalas en contexto. (Para una lista de los personajes, ver el ejercicio B en la sección "Antes de ver la película".)

1. "Como no he podido rebelarme contra la Iglesia, ni contra el ejército ni contra el matrimonio que, aparte de la Banca, son las instituciones más reaccionarias que existen, aquí me tienes rebelde, infiel y libertino por naturaleza, y viviendo como un circunspecto burgués."
2. "Pero infeliz, ¿cómo te vas a casar con un hombre?"
3. "Prefiero esperar a que llegue la República. Lo digo porque cuando venga la República habrá divorcio...."
4. "No aguanto (*stand, bear*) a mi madre. Quiero ser libre."
5. "Pero ¿por qué me has traído aquí? ... Perdón, sé que no has sido tú, tampoco he sido yo; han sido mis pies."
6. "En México querían sacarme del teatro a hombros (*on their shoulders*)."
7. "Dijiste que sería un momento: ¡cuatro horas y cuarenta y siete minutos!"
8. "Quien se quita la vida se quita el miedo a la muerte."
9. "Y tú cuídamela bien o, si no, te vas a enterar de lo que es un cuñado."

Hablando de la cultura

Una de las costumbres tradicionales de los españoles es cantar zarzuela, una especie de opereta o comedia musical española que aparece en el siglo XVIII. El famoso cantante de ópera español Plácido Domingo comenzó su carrera cantando zarzuelas en México. ¿Ha escuchado usted una zarzuela alguna vez? ¿Qué relación pueden tener con la película las primeras palabras de la zarzuela que canta Amalia: "En un país de fábula vivía un viejo artista..."?

Hablan los críticos y los directores

"La película no es sólo una comedia vodevilesca de amores libres , sino un muestrario *(showcase)* de arquetipos españoles tratados con particular ternura *(tenderness).* Guardias civiles y curas liberales, carlistas y devotas de Cristo Rey, republicanos y libertarios, señoritas de buena familia y ex-seminaristas rojos *(communists).* Todas las paradojas españolas que florecieron en el oasis de libertad que fueron los años de la República del 31. Un tiempo que fue para el realizador la verdadera "belle époque" de España."

–José Luis Roig y Gustavo Valverde, "Belle Epoque", *Tiempo*, 4 de abril, 1994, p. 27.

"Trueba's version of 1930s Spain, I would argue, has been transfigured by the social and moral revolutions that have come afterwards. It is an example of what we might call the colonization of the past by the present. In fact, the rural paradise depicted in the film is a composite, a mixture, of the 1960s hippy culture, the cult of 'make love not war,' plus generous helpings of 1970s *apertura*, pre-AIDS freedoms of the transition period, 1970s and 1980s feminism, as well as gender bending and a postmodern taste for blurring political, moral, and sexual boundaries. It is the 'anything goes' society. All this is then projected back onto the Spain of the 1930s, producing a luminous, attractively optimistic, joyous view of life."

–Barry Jordan, "Promiscuity, Pleasure, and Girl Power: Fernando Trueba's *Belle Epoque* (1920)," *Spanish Cinema: The Auteurist Tradition,* Peter W. Evans (Oxford: Oxford University Press, 1999), p.303.

¿Qué opina usted? ¿Es real la imagen que Trueba da de la España de 1930 o fue modificada por las revoluciones posteriores?

> "Efectivamente, opino que *Belle Epoque* tiene todos los elementos para constituir una guía maestra de tragicomedia musical canónica… ¿No es inevitable el imaginarse un solo amargo de Manolo barruntando (*guessing about*) los tiempos que se avecinan *(are approaching)*? ¿No tendría su tema musical el atribulado muchacho preguntándose a cuál de ellas elegir? ¿No es cierto que las ensoñaciones (*fantasies*) de cada una de las cuatro hijas merecerían su leit motif? ¿No corresponderían números musicales a Juanito, tránsfugo *(turncoat)* político por amor y hasta a don Luis, confundido entre la fe garbancera *(rustic, naive)* y el sentimiento trágico de la vida…?"
>
> **—Fernando Trueba en una entrevista con Bernardo Sánchez, "Belle Epoque", *Antología crítica del cine español; 1906-1995*, Julio Pérez Perucha (Madrid: Cátedra, 1997), p.931.**

¿Está usted de acuerdo con que *Belle Epoque* podría convertirse en una buena comedia musical? ¿Por qué sí o por qué no?

Más allá de la película

"Así se hizo *Belle Epoque*"

Hubo un día en que un joven Fernando Trueba llegó a una casa donde un notable personaje llamado Manuel Huete le presentó a sus cuatro hijas Lala, Ana, Angélica y Cristina. Algún tiempo después, Trueba se casó con Cristina y se quedó con las ganas,° según propia° confesión, de acostarse con sus tres cuñadas. Poco podía imaginarse que de esa anécdota personal partiría una historia que le había de llevar a conseguir el Oscar y declararse fervoroso hijo espiritual de Billy Wilder.

se… had to forget the idea / his own

Años más tarde, Trueba reunió en una cafetería a sus amigos Rafael Azcona y José Luis García Sánchez y comenzó con ellos a elaborar° un guión. Hasta el momento, nadie ha sido capaz de dilucidar° de quién y dónde empieza Rafael y terminan Fernando o José Luis, pero hay secuencias que tienen sabor especial de uno u otro. Hay mucho Azcona, desde luego, en la primera secuencia de los guardias civiles, en el cura republicano y en la familia de increíbles fascistas formada por Chus Lampreave y su hijo Gabino Diego.

create
explain

Hay, por seguir en el ejercicio de adivinar paternidades, mucho García Sánchez en esa madre cantante de zarzuela° que hace Mary Carmen Ramírez. Su afición por la zarzuela ya quedó demostrada en su película *La corte del faraón*,° protagonizada precisamente por la misma cantante-actriz junto a

light opera

pharaoh

Ana Belén, Antonio Banderas y Quique Camoiras. Y hay mucho Trueba en esa explosión de amor libre y de felicidad juvenil que estalla° entre el soldado desertor Jorge Sanz y las chicas Maribel Verdú, Miriam Díaz-Aroca, Penélope Cruz y Ariadna Gil.

En definitiva, lo que consiguieron fue una maravillosa y sencilla historia con uno de los diálogos más divertidos y chispeantes° que han existido en el cine español. Lo que cada uno aportó quedó asumido con toda felicidad en la película que se iba a llamar *Las cuñadas* y acabó llevando, con valentía, el título extranjero de *Belle Epoque*.

La película se abre con una secuencia tremenda. Es el año de 1931 y está a punto de proclamarse la República; dos guardias civiles detienen a un chico en un rincón perdido de la España rural. El joven resulta ser un soldado de ideas republicanas que ha dejado el Ejército. Uno de los guardias quiere soltarle; el otro, llevarle al cuartelillo.° Los guardias discuten entre ellos y uno mata al otro, que además de compañero es su suegro, de un disparo.° Entonces, horrorizado de lo que acaba de hacer, se quita la bota y accionando el gatillo° con uno de los dedos del pie se dispara un tiro° en la boca. Lo que hace terrible esta escena es que, por la magia del humor negro, Trueba consigue que resulte tremendamente cómica y que el espectador se desternille° con una doble muerte.

La elección de actores fue relativamente sencilla. Trueba suele rodar siempre con una mitad de actores que ya lo han hecho con él anteriormente° y otra mitad de, para él, desconocidos profesionalmente. Maribel Verdú, Jorge Sanz y Chus Lampreave ya habían trabajado con Trueba en *El año de las luces*. Los demás fueron contratados° por diversos motivos y la experiencia futura demostró que la elección no pudo ser más afortunada.

explodes

funny

jail

gunshot

trigger

se... *he shoots himself*

se... *splits his sides laughing*

ya... *have already done this with him in the past*

hired

Un día del mes de julio de 1992, el equipo de *Belle Epoque* con su director al frente, más los productores Andrés Vicente Gómez y Cristina Huete (de la que iban a contar parte de su historia), se trasladó a Portugal, concretamente a la Quinta de Bulhaco, a veinte kilómetros al este de Lisboa, entre los pueblos de Alberca dos Vinhos y Arruda. Seis años antes, Trueba había rodado en Portugal *El año de las luces* y conservaba un recuerdo excelente del lugar. "Rodar allí es más barato y me encanta Portugal. Suelo ir allí a escribir guiones", dijo por entonces el realizador.

Fue un rodaje idílico. No hay una sola palabra de nadie que desmienta° el ambiente de alegre camaradería que hubo entre los protagonistas, muchos de ellos muy jóvenes. Trueba dice que temía que pudieran surgir celos y roces° entre tantas actrices jóvenes que comenzaban a despuntar,° pero que todas se portaron "con enorme madurez y profesionalidad". Ariadna Gil dice que, en realidad, fueron unas vacaciones y que, aunque el rodaje era duro, con muchas horas de trabajo, al final lo pasaron de maravilla. Gabino Diego afirma que la forma de vida le recordaba casi la de un campamento de verano. Incluso la veterana Mary Carmen Ramírez dice que todos se divertían cantando zarzuela. Sus compañeros la recuerdan como el alma de la reunión por su buen talante° y su disponibilidad° para divertir cantando a los presentes.

denies

pudieran... *jealousies and friction might emerge* / *stand out*

humor

availability, willingness

Como en la historia real de su director, *Belle Epoque* tiene como tema central los amores o como dice Trueba "las amistades incestuosas" entre el desertor y las cuatro hijas de un pintor republicano, culto y librepensador, que interpreta Fernán Gómez.

Hay dos secuencias de una sorprendente originalidad y belleza. En una de ellas, Ariadna Gil vestida de soldado seduce a Jorge Sanz vestido de niñera. En otra, la madre de las chicas y mujer del pintor llega y anuncia su llegada con el conocido aria de *La tabernera del puerto* que comienza "En un país de fábula vivía un viejo artista..." Esta segunda, una secuencia que hubiera podido caer en el ridículo,° es salvada con maestría° por el realizador y ha quedado en el recuerdo del equipo de rodaje como una de las más hermosas. Para Ariadna Gil es la más tierna° y emocionante de todas.

hubiera... *could have been ridiculous* / con... *masterfully*

tender

La película no es sólo una comedia vodevilesca de amores libres, sino un muestrario° de arquetipos españoles tratados con particular ternura.° Guardias civiles y curas liberales, carlistas y devotas de Cristo Rey, republicanos y libertarios, señoritas de buena familia y ex seminaristas rojos.° Todas las paradojas españolas que florecieron en ese oasis de libertad que fueron los años de la República del '31. Un tiempo que fue para el realizador la verdadera *belle époque* de España.

showcase / *tenderness, affection*

leftists

El rodaje en Portugal duró algo menos de dos meses, con un presupuesto° medio. Fue seleccionada para el Festival de Berlín y para competir por el Félix, el Oscar europeo. Ganó nueve premios Goya de la Academia de cine española y, al fin, fue nominada para el Oscar de Hollywood. Con ejemplar modestia,

budget

su realizador dice que la "considera una buena comedia con algo especial". No se equivoca, pero se queda corto°.

No... *He doesn't get it wrong, but he understates or underestimates it.*

— Ramiro Cristóbal, "Así se hizo Belle Epoque", *Cambio 16*, 4 abril de 1994, pp. 26-27.

Actividad

Comente con sus compañeros:

1. La experiencia personal del realizador con el tema de su película.
2. Cómo funciona la colaboración en el guión.
3. Cómo se hace la elección de los actores.
4. Por qué fue un "rodaje idílico".
5. Los motivos para la filmación en Portugal.
6. Cómo funcionan el tremendismo o exageración y el humor en la primera secuencia.
7. Las dos mejores secuencias según el periodista de *Cambio 16*. ¿Está usted de acuerdo?

En Carnaval

La secuencia en la cual Violeta le seduce a Fernando tiene lugar en Carnaval, el día antes de Miércoles de Ceniza (*Ash Wednesday*). Describa lo que pasa en la película durante este día de fiesta. ¿Qué hacen los participantes? ¿Hay libertad de expresión? ¿Cómo refleja esta escena los temas de la película? Imagine que usted es uno de los participantes (por ejemplo, Juanito, la madre de Juanito, Fernando, don Manolo o una de las hijas de don Manolo) y escriba una descripción de sus experiencias.

Capítulo 13

Flores de otro mundo

Presentación de la película: Un autobús lleno de mujeres llega a Santa Eulalia, un pueblito español de la provincia de Guadalajara, para asistir a una fiesta organizada por los hombres solteros *(single)* del lugar. Entre ellas están Patricia, una inmigrante de República Dominicana, y Marirrosi, una española de Bilbao. Poco después Carmelo, uno de los solteros del pueblo, vuelve de un viaje a Cuba con la joven Milady.

✷ Icíar Bollaín, directora y co-guionista de *Flores de otro mundo*, nació en Madrid en 1967. Este filme, su segundo largometraje, recibió el premio a la mejor película en el Festival de Cannes de 1999. Ha dirigido otros tres largometrajes, todos con gran éxito de crítica y público: *Hola, ¿estás sola?* (1995), *Te doy mis ojos* (2003) y *Mataharis* (2007). Además de directora y guionista, es actriz y productora de cine. Hizo su debut como actriz en *El sur* (1983) de Víctor Erice y en 1991 fundó la compañía Producciones La Iguana junto a unos compañeros.

✷ Julio Llamazares, co-guionista de *Flores de otro mundo*, ha recibido una variedad de premios literarios y periodísticos.

✷ El conocido actor español Luis Tosar hace el papel de Damián. Es famoso internacionalmente por su papel de Arcángel de Jesús Montoya, el malo de la película *Miami Vice* (2006) de Michael Mann.

Preparación

Vocabulario preliminar

Note: See the information on the **vosotros** form in Chapter 12. One of the characters, Milady, has a Cuban accent (see Chapter 10); several have Dominican accents (see Chapter 11).

Cognados		
arruinar el/la cubano(a)	desaparecer (zc) el/la dominicano(a)	el secreto

El matrimonio	
la boda (ir de boda) casarse el marido el/la soltero(a)	*wedding (to go to a wedding)* *to get married* *husband* *single man (woman)*

La inmigración	
los papeles el permiso de residencia	*(legal) documents* *residency permit*

Expresiones	
dar la bienvenida darse (un golpe) con invitar (a tomar algo)	*to welcome* *to run into* *to treat; to buy, get (someone something to eat or drink)*

Otras palabras	
el/la alcalde (*also* la alcadesa)	*mayor*
el armario	*cupboard, closet*
el/la blanco(a)	*white person*
el caldo	*broth*
el/la calvito(a)	*balding person*
la carretera	*highway*
dar miedo (tener miedo)	*to frighten (to be afraid)*
engañar	*to deceive*
las habichuelas	*beans*
marcharse	*to leave*
mentir (ie)	*to lie*
la mentira	*lie*
el/la negro(a)	*black person*
el/la peloncito(a)	*balding person*
sucio(a)	*dirty*
tacaño(a)	*miserly, stingy*

A. Mini-conversaciones. Complete las oraciones con palabras de la lista siguiente.

armario	dominicana	mentira	tacaño
arruinar	invitas	soltero	

1. A. ¿Qué te pasó en la cara?
   B. Nada, me di con un ____________________________ .

2. A. No gastes tanto dinero, ¡me vas a ____________________________!
   B. ¡Hombre, no seas tan ____________________________!

3. A. Me gustaría hablar con esa mujer, pero…
   B. ¿Por qué no la ____________________________ a un refresco?

4. A. ¿No es ésa la cubana?
   B. No, hombre, es la ____________________________.

5. A. Antonio me dijo que era ____________________________.
   B. Pues es una sucia ____________________________, está casado.

B. Fuera de lugar. Para cada oración, indique cuál de las palabras está fuera de lugar y no tendría sentido en el contexto.

> ***Modelo:***
> El ____ que nos dio la bienvenida es el alcalde.
> (a. calvito / b. peloncito / c. caldo) **c. caldo**

1. Cuando hay trabajo que hacer, Amalia siempre ____.
   ____ a. se casa
   ____ b. se marcha
   ____ c. desaparece

2. Susana se casó con él para obtener ____.
   ____ a. los papeles
   ____ b. la habichuela
   ____ c. el permiso de residencia

3. Rodrigo se casó con ____ en secreto.
   ____ a. una carretera
   ____ b. una negra
   ____ c. una blanca

4. Gloria tiene miedo que su ____ la engañe.
   ____ a. esposo
   ____ b. marido
   ____ c. boda

Antes de ver la película

> Your instructor may ask you to do this exercise with a partner (using the **tú** form of the verbs) and report the information to the class.

A. Preguntas. Conteste las siguientes preguntas.

1. ¿Cuáles son las ventajas y desventajas de vivir en una ciudad grande? ¿de vivir en un pueblo pequeño? En general, ¿prefiere usted la vida rural o la vida urbana? ¿Por qué?
2. Si estuviera soltero(a) y viviera en un lugar donde hubiera muy pocas personas de su edad, ¿qué haría para buscar novio o novia?
3. ¿Cómo reaccionaría si un miembro de su familia se casara con una persona desconocida (*stranger*) de otra cultura y raza?
4. ¿Qué obstáculos enfrentan (*face*) las personas que inmigran a otro país?

B. **Los personajes.** Lea las descripciones y los nombres de los personajes. Después de ver la película, empareje cada personaje con su descripción.

____	1. Alfonso	a. agricultor (*farmer*) de Santa Eulalia
____	2. Aurora	b. persona de la que Patricia no quiere hablar
____	3. Carmelo	c. constructor (*builder*) de Santa Eulalia
____	4. Damián	d. cuñado de Alfonso que tiene un bar en Santa Eulalia
____	5. Felipe	e. dominicana, madre de dos hijos pequeños
____	6. Fran	f. española de Bilbao (ciudad del noroeste de España)
____	7. Gregoria	g. hermana de Alfonso que tiene un bar en Santa Eulalia
____	8. Janay	h. hija de Patricia
____	9. Marirrosi	i. hijo de Patricia
____	10. Milady	j. horticultor de Santa Eulalia que cultiva flores y plantas
____	11. Orlandito	k. joven cubana
____	12. Oscar	l. joven de Santa Eulalia, ayudante de Carmelo
____	13. Patricia	m. madre de Damián

Investigación

Busque información sobre uno de los temas que siguen.

1. la despoblación del campo en España
2. la inmigración de mujeres a España
3. la violencia doméstica en España

The **Investigación** sections suggest topics related to the movie that you may want to find out more about. Your instructor may assign these to individuals or groups and have them report the information to the class.

Note: Your instructor may ask you to read over the exercises in the section **Exploración** before you see the film, in order to improve your understanding of it.

Exploración

A. ¿Marirrosi, Milady o Patricia? Algunas de las siguientes oraciones describen a Patricia, otras describen a Marirrosi y todavía otras describen a Milady. Marque P (Patricia), MR (Marirrosi) o ML (Milady), según el caso.

___ 1. Vive con Alejandro, su hijo adolescente.

___ 2. Trabajó como empleada doméstica en Madrid.

___ 3. Tiene un novio italiano.

___ 4. Es enfermera (*nurse*) y trabaja en un hospital.

___ 5. Tiene una tía y algunas amigas que viven en Madrid.

___ 6. Extraña (*misses*) a su familia.

B. **¿Alfonso, Carmelo o Damián?** Algunas de las siguientes oraciones describen a Alfonso, otras describen a Carmelo y todavía otras describen a Damián. Marque A (Alfonso), C (Carmelo) o D (Damián), según el caso.

___ 1. Es activista comunitario.

___ 2. Ha hecho varios viajes a Cuba.

___ 3. Ha vivido en una ciudad y prefiere la vida rural.

___ 4. Habla poco.

___ 5. Tiene una casa grande y nueva.

___ 6. Vive con su madre.

C. **Patricia y Damián**

1. ¿Cómo empieza la historia de esta pareja (*couple*)? ¿Dónde se conocen?
2. ¿Cuál es la actitud de Gregoria (la madre de Damián) hacia Patricia, sus hijos y sus amigas?
3. ¿Cuándo empieza a cambiar la actitud de Gregoria hacia Patricia?
4. ¿Cómo reacciona Damián cuando Patricia le habla de Fran? ¿Qué le dice que haga?
5. ¿Cómo termina la historia de esta pareja?

D. **Milady y Carmelo**

1. ¿Dónde conoce Carmelo a Milady?
2. ¿A Milady le gusta el clima de Santa Eulalia? ¿Se divierte con Carmelo? ¿Con quiénes habla por teléfono?
3. ¿Por qué trabaja Milady en el bar de Aurora? ¿Por qué deja de trabajar allí?
4. ¿Por qué les pega (*hit*) Carmelo a Milady y a Óscar, su ayudante?
5. ¿Cómo termina la historia de esta pareja?

E. **Marirrosi y Alfonso**

1. ¿Cómo empieza la historia de esta pareja? ¿Dónde se conocen?
2. ¿Dónde y cuándo se ven? ¿Cómo se comunican durante la semana?
3. ¿Qué le parece a Alfonso la idea de vivir en Bilbao?
4. ¿Qué le parece a Marirrosi la idea de vivir en Santa Eulalia?
5. ¿Cómo termina la historia de esta pareja?

Análisis y contraste cultural

Vocabulario

Expresiones	
Anda.	*Go on, come on.*
cargar con	*to take on, take responsibility for*
Chau.	*Bye, bye-bye.*
Claro que sí.	*Of course.*
corazón	*sweetheart*
Está feo…	*It's not nice to…*
guapo(a)	*honey*
mi amor	*sweetheart*
el/la tipo(a)	*guy (woman)*
Qué sé yo.	*I don't know. How should I know?*
Ya verás.	*You'll be in for it.*

Expresiones de España*	
el/la chaval(a)	*kid, youngster; (form of address) kid, buddy, honey*
Me haces (cantidad).	*I like you (a lot). I think you're cool.*
pasarse de	*to be indifferent to*
la patata	*potato*
el/la tío(a)	*guy (woman)*
Venga.	*Come on. Go on.*
¡Vale! (¿Vale?)	*Sure, fine, OK. (OK?)*

Expresiones del Caribe*	
Dale.	*Come on. Go on. (Cuba)*
el/la gallego(a)	*Spaniard*
m'hijo (m'hija)	*dear, sweetie, darling, honey*
negro(a)	*dear, darling, honey*
la plata	*money, cash*

* These terms are not used exclusively in Spain or the Caribbean—some are heard elsewhere as well. All of them are colloquial.

A. **¿Cómo se dice?** Complete las oraciones con palabras o expresiones de la lista "Expresiones".

1. Javier es un ________________ sensacional.
2. ¿Va a querer ________________ dos niños pequeños?
3. ________________, por favor, llévame al cine, Abuelo.
4. ________________ contar mentiras.
5. Cuando llegue tu papá ________________.
6. ________________, mi amor, pregúntale a tu mamá.
7. ¿Quieres saber si te quiero? Pues ________________, corazón.
8. ________________, guapa, hasta mañana.

B. **¿Y en España?** Para cada palabra subrayada, busque una palabra o frase que se podría oír en España. (Consulte la sección "Expresiones de España".)

> ***Modelo:***
> Me gustas mucho.
> **Me haces cantidad.**

1. El hijo de Marirossi es indiferente a todo.
2. Gregoria le pregunta a Damián si quiere papas.
3. Unos tipos insultan a Milady en el bar.
4. Anda, dime el secreto.
5. No se lo cuentes a nadie, ¿de acuerdo?
6. Patricia está muy ocupada con su trabajo y los dos niños.

C. **¿Y en el Caribe?** Para cada palabra subrayada, busque una palabra o frase que se podría oír en Cuba o República Dominicana. (Consulte la sección "Expresiones del Caribe".)

1. Ese señor tiene bastante dinero.
2. ¡Anda, vámonos, que ya es tarde!
3. Ese español sólo piensa en trabajar.
4. Alicia, ven acá, hija.
5. Oye, Pablo, corazón, ¿me invitas a un café?

NOTAS CULTURALES

Los autores del guión de *Flores de otro mundo* ponen en boca de algunos personajes dos refranes tradicionales (*old sayings*): "Cada oveja (*sheep*) con su pareja (*mate*)" y "Quien lejos va a casar, o va engañado o va a engañar."

Santa Eulalia es un pueblo ficticio de la provincia de Guadalajara. La película fue rodada en Cantalojas.

Muchos de los españoles que inmigraron a Latinoamérica eran de la región de Galicia. Por eso en muchas partes de Latinoamérica la palabra "gallego" (persona de Galicia) es sinónimo de "español".

Cerca del final de la película Janay hace la primera comunión junto a otra niña del pueblo. La primera comunión es una ceremonia católica en la que participan los niños de entre siete y quince años.

En la Nochebuena, mientras Carmelo cena solo en su casa, se escucha el mensaje de Navidad del rey Juan Carlos I de Borbón. España es una monarquía parlamentaria.

Temas de conversación o composición

Discuta con sus compañeros los temas que siguen.*

1. el título (¿Qué representan las "flores"? ¿A qué otro mundo se refiere? ¿Qué representan las orquídeas que cultiva Alfonso?)
2. la inmigración (¿Qué motiva a Patricia y Milady a inmigrar a España? ¿Qué dificultades tuvo Patricia durante el tiempo que vivió en Madrid? ¿Qué dificultades tienen las dos en Santa Eulalia? ¿Cómo se ayudan entre sí las mujeres inmigrantes?)
3. la despoblación del campo (¿Qué le pasó al pueblo donde creció Alfonso? ¿Por qué hay tan pocas mujeres jóvenes y niños en Santa Eulalia?)
4. las diferencias sociales y económicas (¿Qué diferencias y semejanzas [*similarities* sociales y económicas existen entre los miembros de las tres parejas protagonistas?)
5. las diferencias culturales (¿En qué escenas hay un choque [*clash*] de culturas y mentalidades? ¿Reaccionan todos los personajes de la misma manera ante estas diferencias? Explique. ¿Hasta qué punto cree usted que la xenofobia demostrada por algunos personajes es producto de las diferencias culturales? ¿de las diferencias raciales?)
6. la soledad (¿Qué personajes se asocian con la soledad? ¿Se resuelve el problema o no? Explique.)
7. el engaño y la mentira (¿Cuál es el secreto de Patricia? ¿y de Milady? ¿Cuáles son las consecuencias del engaño en cada caso?)
8. el personaje de Gregoria (la madre de Damián) (¿Cómo evoluciona este personaje durante la película?)
9. el final (¿Es abierto o cerrado? ¿Es positivo o negativo para los protagonistas? ¿esperanzador para el pueblo? Explique.)

Una escena memorable

¿Dónde están Damián y Janay? ¿Cómo es la relación entre ellos? ¿Qué pasa inmediatamente después?

* Your instructor may ask you to report back to the class or write a paragraph about one of the topics.

Hablan los personajes

Analice las siguientes citas, explique de quién son y póngalas en contexto. (Para una lista de los personajes, ver "Antes de ver la película", ejercicio B.)

1. "Pues porque todas éstas buscan lo mismo… Los papeles y el dinero y, cuando los tienen, aire (*they take off*)."
2. "Las cosas pequeñas no me gustan nada."
3. "Las judías (*beans*) de toda la vida de Dios se hacen con caldo."
4. "Sí, pero ni lo sueñes (*don't even think about it*), son muy tacaños… tacaños y sucios."
5. "Oye… Te quiero decir una cosa… que me haces cantidad."
6. "Mire… así no podemos seguir."
7. "Cuidándolo, crece todo."
8. "Qué sé yo. Supongo que si uno hace algo malo, pues tiene que pagarlo, ¿no?"
9. "Me da como miedo… tanta tierra… y tanto silencio… me siento pequeña…"
10. "¡Huuuy, qué feo está eso de contar mentiras! ¿Eh, negra?"

Hablando de la cultura…

La visita de la tía y las amigas de Patricia muestra el choque de culturas y mentalidades entre las inmigrantes caribeñas y los habitantes del pueblo. Gregoria no puede aceptar la comida o la música caribeña. Para ella, Patricia y sus visitas bailan, se visten y hablan de una manera demasiado desinhibida.

Hablan los críticos y los directores

Ivan Cavielles-Llamas opina que "*Flores de otro Mundo* presenta una nueva visión del romance intercultural. En primer lugar, no serán hombres inmigrantes los que mantienen relaciones con mujeres españolas..., sino a la inversa y estas parejas generan familias híbridas que no hacen sino reforzar (*only reinforce*) la idea del futuro de diversidad étnica de una España pluricultural que es la realidad hoy en día."

—Ivan Cavielles-Llamas, "De Otros a Nosotros: El Cine Español sobre Inmigración y su Camino hacia una Visión Pluricultural de España (1990-2007)" (2009). *Master's Thesis.* Paper 246. p. 102.

¿Opina usted que en *Flores de otro mundo* se refuerza la idea de un futuro de diversidad étnica para España? Explique. ¿Ha visto una película que presente una visión pluricultural de Estados Unidos o Canadá? Compárela con *Flores de otro mundo.* ¿En qué se parece? ¿En qué se diferencia?

Según José María Caparrós Lera y Jerónimo José Martín, "La honda (*profound*) mirada femenina—no feminista—está presente a lo largo del amoral relato. Icíar Bollaín llega a emocionar (*manages to move*) al espectador con su introspección psicológica de esas mujeres desdichadas (*unfortunate*) a quienes los rudos (*rough*) protagonistas—a excepción de Damián, al final—no saben comprender, ni querer de verdad, más allá (*beyond*) del mero interés egoísta (*selfish*)."

—Jose María Caparrós Lera, Jerónimo José Martín, *El cine de fin de milenio (1999-2000),* p. 50.

¿Está usted de acuerdo en que el punto de vista de la directora es femenino, pero no feminista? ¿en que el relato es amoral? ¿en que Damián es el único protagonista masculino que sabe comprender y querer de verdad, y sólo al final? Explique.

Dice Icíar Bollaín: "Me atrajo (*appealed*) pensar que se podían tocar muchos temas a la vez. No solamente la emigración, sino también la soledad en el campo, la xenofobia; y por el lado de los hombres, el hecho que la soledad también supone la muerte."

—J. Salvat, "Entrevista a Icíar Bollaín: 'L'amor te l'has de currar'",
***Avui*, 28 de mayo de 1999.**

¿Por qué dirá la directora que la soledad supone la muerte para los hombres y no para las mujeres? ¿Está usted de acuerdo? Explique.

Más allá de la película

Este texto es un fragmento de "Vidas de película", un reportaje periodístico en el que Icíar Bollaín cuenta la vida de tres parejas que le inspiraron para *Flores de otro mundo.*

Icíar Bollaín: "Diana y Fernando: De La Habana a Soria"

Aquí la gente es diferente, no sé, rara°. Aquí una no puede salir a la ventana y gritarle a la vecina: ¡ooooye, qué hay, vente para acáaaa y nos tomamos un cafelitoooooo!, porque la miran a una como a una loca. Diana hace un gesto con la mano, las cejas y la boca, todo a la vez, para zanjar° la explicación. Llegó de La Habana hace cuatro años. Vive con su marido, Fernando, de 35 años, en San Esteban de Gormaz (Soria). Tienen un niño de 10 meses, Gabriel. Diana suelta la risa° y ataca de nuevo: Y es que estoy de marujona°, oye, desde que nació éste, que no salgo de la casa, acostumbrada a pisar sólo la calle°, a ir al trabajo, a inventar°, a ganarme mi dinerito, a tener mi independencia, qué sé yo...

Así conoció a Fernando, mientras inventaba en Varadero para pagarse lo que no le alcanzaba° con su trabajo en un supermercado. Vendiendo a los turistas cajas de puros a 25 dólares que previamente alguien había distraído° de la fábrica se fijó en Fernando porque dice que tenía una cara de perro° hasta aquí. Fernando aprovecha un momento de pausa de su mujer para contar que se fue de vacaciones a Cuba con un amigo que iba a lo que iba, y que, recién llegados, entró en la habitación del hotel con una maleta en cada mano y una chica a cada lado. Nada más llegar°, ¿eh?, subraya° Fernando, que se pone otra vez de mal humor° al recordarlo. Todo cambió cuando Diana le asaltó, entre carcajadas°, en el bar del hotel internacional en Varadero. ¡Oye, ésa no es cara para estar de fiesta! ¿Qué te pasa a ti, chico?

strange

finish

suelta... *bursts out laughing / housewife /* acostumbrada... *only used to being out of the house / eke out a living*

lo... *what she couldn't afford*

cigars / stolen

angry expression

Nada... *As soon as he arrived / emphasizes /* se... *gets in a bad mood again / peals of laughter*

Después de ese encuentro continuaron viéndose cada día hasta que Fernando tuvo que volver a España, a su trabajo en Caja Duero°. Antes del año regresó un mes completo para arreglar los papeles y casarse. Dice que más de uno y más de una en el pueblo le preguntaron que por qué tenía que irse a casar a Cuba habiendo chicas aquí. Pero todo eso no fue casualidad°, ¿eh?, interrumpe Diana, sino que a los 20 me senté un día a pensar y me dije: me voy a casar a los 23 con un europeo y a los 27 tendré un niño allá, en Europa, porque en Cuba la cosa está fea, y eso que° a mí no me faltó nunca de nada°, que yo me dije que no iba a pasar nunca necesidad°.

Y aquí está Diana, sin inventar nada, porque dice que aquí está todo inventado. En Cuba vivimos pensando en mañana, no en el futuro como aquí… no sé, hay muchas diferencias y no me he acostumbrado°, qué va°, más bien me he conformado°. Aquí me siento cohibida°, me falta como…, como libertad para expresarme. Al principio me pareció que nada tenía color. Fíjate° que me puse rapidito a pintarlo todo, y ya viste: el salón anda de un color, la cocina de otro, y ya verás tú cuando vayamos para la casa nueva. ¡Aquello sí que va a ser una casita de colores! Diana, que no ha vuelto a Cuba, asegura que aquí conoció el significado de la palabra depresión, aunque viendo su vitalidad cuesta trabajo imaginarla° en ese estado. ¿Has pensado en volver?, le pregunto. ¿A qué, a darle qué vida a éste?, señala a Gabriel. Luego se contradice: Sí, he ganado un marido y un hijo, pero nada tapa° tu país, tu gente, tu familia. Me falta mi mamá, me falta sentarme por la mañana a la mesa con ella y charlar mientras bebemos café…

Me pregunto cómo sería la vida de Fernando sin este ciclón caribeño.

—Icíar Bollaín, "Vidas de película", *El País Semanal*, 30 de mayo de 1999, pp. 66-72.

Caja… *a savings bank*

coincidence

eso… *even though* / no… *I never lacked for anything* / pasar… *never suffer hardship*

no… *I haven't gotten used to them* / qué… *no way* / más… *rather, I've accepted them* / *inhibited* / *Notice*

cuesta… *it's hard to imagine her*

makes up for

Preguntas

1. ¿De dónde es Diana? ¿Dónde vive ahora, y con quiénes?
2. ¿Cómo ha cambiado la vida de Diana?
3. ¿Cómo llegó Fernando a Cuba?
4. ¿Qué hacía Diana para complementar (*supplement*) el salario que ganaba en el supermercado?
5. ¿Cómo se conocieron Diana y Fernando?
6. ¿Dónde se casaron Fernando y Diana?
7. ¿Por qué dice Diana que no fue casualidad que ella y Fernando se casaran?
8. ¿Qué dice Diana sobre las diferencias entre Cuba y España?
9. ¿Cuáles son las ventajas (*advantages*) de vivir en España, según Diana?
10. ¿Cuáles son las desventajas? ¿Qué extraña?

Todos somos guionistas

A diferencia de (*Unlike*) las otras dos parejas protagonistas de *Flores de otro mundo*, no sabemos exactamente dónde ni cómo se conocieron Milady y Carmelo. Escriba la parte del guión que corresponde a su primer encuentro.

Modelo:

Discoteca de Varadero. Interior noche.

Una banda toca merengue y salsa. Carmelo se acerca a la mesa donde está sentada Milady. Ella parece estar esperando a alguien.

Carmelo: Hola. Me llamo Carmelo, ¿y tú?

Milady: Milady. Oye, tú eres gallego, ¿no?

…

CAPÍTULO 14

Todo sobre mi madre

Presentación de la película: Para celebrar su cumpleaños número diecisiete, Esteban y su madre Manuela van al teatro para ver *Un tranvía llamado Deseo (A Streetcar Named Desire)* de Tennessee Williams. El mayor deseo de Esteban es conocer a su padre, del que no sabe nada. Manuela le promete contarle todo sobre él cuando lleguen a casa, pero Esteban muere atropellado *(run over)* por un coche al tratar de conseguir un autógrafo de la gran actriz Huma Rojo. Hace dieciocho años, Manuela llegó a Madrid huyendo *(running away)* de su marido; ahora vuelve a Barcelona en su busca...

✷ *Todo sobre mi madre* ha recibido numerosos premios internacionales, incluso el Oscar y el Golden Globe a la mejor película extranjera (2000).

✷ Pedro Almodóvar se independizó de su familia a los diecisiete años y fue a Madrid, donde consiguió un trabajo administrativo en la compañía telefónica. Empezó a escribir guiones para historietas gráficas y a actuar y rodar películas en super-8. Eran los años de "la Movida", un movimiento que representó la "nueva ola *(wave)*" y la estética punk y post-moderna que llegó a Madrid después de la muerte del dictador Francisco Franco en 1975. Almodóvar fue tan popular dentro de este movimiento que lo llamaron "el Andy Warhol español". Su película *Mujeres al borde de un ataque de nervios* (1988) lo convirtió en el director español más conocido internacionalmente. Otros filmes suyos: *¿Qué he hecho yo para merecer esto?* (1984), *¡Átame!* (1989), *Tacones lejanos* (1991), *Hable con ella* (2002), *La mala educación* (2004) y *Los abrazos rotos* (2009). Hoy lo llaman "Almodólar".

✷ Cecilia Roth hace el papel de Manuela, el personaje central de la película. Nació en Argentina y pasó los años de su formación artística como exiliada en España. Allí comenzó su carrera de actriz en películas de Pedro Almodóvar y otros directores. Al terminarse la dictadura militar en Argentina, Roth volvió a su país, donde trabajó con éxito en el cine, el teatro y la televisión. En 1977 recibió el premio Goya a la mejor actriz por su actuación en *Martín (Hache)* del director argentino Adolfo Aristarain. Tras el éxito internacional de *Todo sobre mi madre*, Roth apareció junto a Javier Bardem en la película española *Segunda Piel* (2000).

✷ Después de ganar fama internacional por su trabajo en *Belle Epoque* (ver el Capítulo 12) y *Todo sobre mi madre*, Penélope Cruz ha protagonizado una serie de películas norteamericanas: *All the Pretty Horses* (con Matt Damon, 2000), *Woman on Top* (2000), *Blow* (con Johnny Depp, 2001), *Vanilla Sky* (de Cameron Crow, 2001) y *Sahara* (con Matthew McConaughey, 2005).

✷ En la película se hace referencia a *Eva al desnudo* (*All About Eve*, 1950), la clásica película de Joseph Mankiewicz que cuenta la historia de Eva Harrington, una joven ambiciosa que reemplaza *(supplants)* a una actriz veterana.

Preparación

Vocabulario preliminar

Cognados		
el alcohol auténtico(a) el autógrafo	maravilloso(a) el órgano los resultados	la silicona el transplante el virus

Profesiones	
el actor (la actriz)	*actor (actress)*
el/la asistente personal	*personal assistant*
el/la camionero(a)	*truck driver*
el/la cocinero(a)	*cook*
el/la enfermero(a)	*nurse*
el/la escritor(a)	*writer*
el/la médico(a)	*doctor*
la monja	*nun*

En el hospital	
el análisis	*(medical) test*
el caso	*case*
el corazón	*heart*
la donación (el/la donante)	*donation (donor)*
el embarazo (embarazada)	*pregnancy (pregnant)*
negativizar	*to neutralize (e.g., a virus)*
la sangre	*blood*
seropositivo(a) (con el VIH)	*(HIV) positive*
el sida	*AIDS*

La drogadicción	
el caballo	*(colloquial, Spain) heroin*
el chino	*(colloquial, Spain) lump, piece (of hashish)*
desintoxicarse	*to undergo detoxification*
enganchado(a)	*hooked*
fumar(se)	*to smoke*

Otras palabras	
atropellar	*to knock down, run over*
la bondad	*kindness*
confiar en	*to trust; to rely or depend on*
el/la desconocido(a)	*stranger*
huir (de)	*to escape, run away (from)*
el marido	*husband*
ocultar	*to hide*
la paliza	*beating*
el travesti	*transvestite, cross-dresser*

A. Profesiones. Dé el nombre de una o más personas famosas para cada categoría, si puede. ¿Cuáles son las ventajas y desventajas de cada profesión? Explique.

1. actor (actriz)
2. asistente personal
3. camionero(a)
4. cocinero(a)
5. enfermero(a)
6. escritor(a)
7. médico(a)
8. monja

B. ¿Cuál es? Indique con un círculo la palabra que no pertenece al grupo y explique por qué.

1.	la silicona	el transexual	maravilloso	el travesti
2.	el autógrafo	el análisis	los resultados	el embarazo
3.	el caballo	el chino	el marido	fumarse
4.	el órgano	la donación	el transplante	huir
5.	seropositivo	atropellar	el sida	el virus
6.	el corazón	la sangre	auténtico	el caso
7.	desintoxicarse	el alcohol	enganchado	negativizar

C. Padres e hijos. Complete las oraciones de manera lógica con una palabra de las listas.

1. Los padres les dicen a los niños que no hablen con ________________ porque no se puede ________________ ellos.
2. A veces un niño recibe una ________________ a manos de otro niño en la escuela.
3. Los niños pueden ser crueles y los padres tratan de enseñarles la importancia de la ________________.
4. Hay ciertas cosas que los padres les ________________ a los niños porque creen que no entenderán la verdad.

Antes de ver la película

A. Relaciones personales

1. ¿Cómo se lleva *(get along)* o llevaba usted con sus padres? ¿Ha deseado alguna vez que sus padres fueran otras personas?
2. ¿A usted le han ocultado alguna vez algo muy importante que lo (la) afectaba? ¿Cómo se sintió cuando se enteró *(found out)*?
3. ¿A usted le han hecho alguna vez una ofensa que consideraba imperdonable? ¿Pudo perdonar por fin a esa persona? Si es así, ¿cómo se sintió después? Si no es así, ¿le gustaría poder hacerlo?

4. ¿Ha confiado usted alguna vez en la bondad de un(a) desconocido(a)? ¿Cómo lo (la) ayudó esa persona?

B. **Los personajes.** Mire los nombres de los siguientes personajes. Después de ver la película, explique las relaciones entre los personajes: de parentesco *(relationship)*, amistad *(friendship)*, de trabajo, amorosas…

Agrado	Lola	Mario
Esteban	Mamen	Nina
Huma Rojo	Manuela	Rosa

The **Investigación** sections suggest topics related to the movie that you may want to find out more about. Your instructor may assign these to individuals or groups and have them report the information to the class.

Investigación

1. Busque información sobre uno de los temas que siguen.
2. Barcelona
3. la Sagrada Familia (catedral de Antoni Gaudí)
4. el idioma catalán
5. España después de la dictadura *(dictatorship)* de Francisco Franco

Note: Your instructor may ask you to read over the exercises in the section **Exploración** before you see the film, in order to improve your understanding of it.

Exploración

A. **¿Quién es quién?** ¿Con qué personaje, o personajes, se asocian las siguientes profesiones, adicciones y enfermedades? Explique.

1. el actor, la actriz
2. el/la asistente personal
3. el/la camionero(a)
4. el/la cocinero(a)
5. el/la enfermero(a)
6. el/la escritor(a)
7. la monja
8. el/la pintor(a)
9. la prostituta
10. el alcohol
11. el hachís
12. el caballo
13. el tabaco
14. las complicaciones del embarazo
15. el sida

B. Lola

1. ¿Cuál es la historia de Lola y Manuela?
2. ¿Qué pasó entre Lola y Agrado?
3. ¿Qué pasó entre Lola y Rosa?
4. ¿Quiénes son los tres Estébanes?
5. ¿Qué pasa entre Lola y Manuela al final de la película?

C. Los viajes de Manuela. Explique el motivo de los viajes de Manuela. ¿Por qué va…

1. de Madrid a La Coruña?
2. de Madrid a Barcelona?
3. de Barcelona a Madrid?
4. de Madrid a Barcelona otra vez?

Análisis y contraste cultural

Vocabulario

El teatro	
el/la aficionado(a) (de aficionados)	*fan (amateur)*
el altavoz	*loudspeaker*
el camerino	*dressing room*
el espectáculo	*show*
el éxito	*success*
la función	*performance, show*
hacer de	*to play the part of (e.g., a character)*
el papel (hacer un papel)	*role (to play a role)*
suspender	*to cancel*
sustituir	*to replace; to stand in for*

Otras palabras	
el/la bruto(a) (bruto[a])	*brute (ignorant, stupid; rude)*
coger	*to take; to catch**
conducir	*to drive (Spain)*
contar (ue)	*to tell*
cuidar	*to take care of*
despedirse (i)	*to say goodbye*
enterarse	*to find out*
instalarse	*to move in*
Lo siento.	*I'm sorry.*
molestar (molestarse)	*to disturb (to bother, trouble oneself; to get upset)*
pedir perdón	*to ask for forgiveness*
Perdón.	*Excuse me.*
perdonar	*to forgive*
preocupado(a)	*worried*
prometer	*to promise*
quienquiera	*whoever*
la vida	*life*

* This word has a vulgar meaning in many parts of Latin America.

A. **Asistente personal.** Complete el párrafo con palabras de la lista.

aficionados	bruto	conducir	espectáculo	preocupada
altavoces	camerino	cuenta	hacía	quienquiera

Después de ver *Un tranvía llamado Deseo* en Barcelona, Manuela se dirige al (1) ____________ de Huma Rojo cuando ve a Nina salir corriendo del teatro. Manuela le (2) ________________ a Huma que Nina se ha ido. Huma se pone muy (3) ________________ y le pregunta a Manuela si sabe (4) ________________ . Las dos mujeres consiguen un coche y van en busca de Nina. Huma le repite a Manuela las famosas palabras de Blanche DuBois: "Gracias. (5) ________________ que seas, siempre he confiado en la bondad de los desconocidos." Así Manuela empieza a trabajar para Huma como asistente personal. En el camerino de Huma, Manuela escucha el (6) ________________ por los (7) ________________ . De joven ella (8) ________________ de Stella en una producción de (9) ________________ . Allí conoció a su marido, que hacía el papel del (10) ________________ Stanley Kowalski.

B. Enfermera otra vez. Complete el párrafo con palabras de la lista.

cuidar	papel	siento
despedirse	perdón	suspender
éxito	promete	sustituye
función	se entera	vida
instalado	se molesta	

Un día Nina está tan drogada que no puede actuar. Parece que habrá que (1) ________________ la (2) ________________, pero Manuela (3) ________________ a Nina y hace muy bien el (4) ________________ de Stella. Su actuación es un gran (5) ________________. Nina (6) ________________ cuando (7) ________________ de lo ocurrido y parece que Manuela ha perdido su trabajo. El día siguiente Huma va a la casa de Manuela para pagarle y para pedirle (8) ________________. Quiere que Manuela siga como su asistente personal, pero Manuela tiene que (9) ________________ a Rosa, quien se ha (10) ________________ en su casa. En el hospital Manuela (11) ________________ que no le ocultará nada al niño si algo le pasa a Rosa. En el cementerio, Manuela le informa a Lola de la existencia y muerte de su hijo Esteban. "Vine a Barcelona sólo para decírtelo. Lo (12) ________________", le dice. Manuela vuelve a Madrid con el pequeño Esteban sin (13) ________________ de Agrado y Huma. La (14) ________________ con los abuelos del niño se ha hecho insoportable *(unbearable).*

NOTAS CULTURALES

Cuando Agrado necesita asistencia médica durante la noche, Manuela la lleva a una farmacia de guardia *(duty pharmacy).* En España, las farmacias se turnan para atender a la gente durante la noche y los días festivos. Agrado saluda al farmacéutico con "bona nit" (buenas noches) porque en Barcelona y en el resto de Cataluña se habla catalán. En La Coruña (Galicia), la ciudad adonde va Manuela para ver al receptor del corazón de Esteban, se habla gallego.

Huma ensaya *(rehearses)* un parlamento (*speech*) de *Haciendo Lorca* de Lluís Pasqual en el que se combinan pasajes de *Bodas de sangre* y *Yerma*, dos dramas del gran poeta y dramaturgo español Federico García Lorca (1898-1936).

Manuela habla del antiguo dictador militar de Argentina, Jorge Rafael Videla (Manuela y Lola son argentinas). Videla fue condenado a reclusión perpetua *(life in prison)* por crímenes contra la humanidad en 1985 e indultado *(pardoned)* en 1990. Fue detenido *(arrested)* nuevamente en 1998 por el sistemático secuestro *(kidnapping)* y adopción ilegal de los niños de las prisioneras políticas durante la dictadura (1976-1983). (Ver *La historia oficial,* Capítulo 8.)

Temas de conversación o composición

Discuta con sus compañeros los temas que siguen.*

1. la bondad de los desconocidos (¿Qué personajes ayudan a gente desconocida? ¿Qué personajes reciben ayuda de gente desconocida?)
2. la verdad oculta (¿Por qué le oculta Manuela la verdad a Esteban? ¿Por qué no quiere Rosa que se oculte la verdad a su hijo? ¿Por qué le oculta Rosa la verdad a su madre? ¿Por qué no quiere la madre de Rosa que se sepa la verdad sobre el embarazo de su hija y los anticuerpos de su nieto?)
3. la maternidad (¿Cómo se llevan Manuela y Esteban? ¿Rosa y su madre? ¿A qué personajes sirve Manuela como figura materna? ¿y Mamen? ¿y Agrado? ¿y la madre de Rosa? ¿y Huma? ¿Le gustaría tener una madre como Manuela? Según su opinión, ¿hay hombres que quieren ser madres?)
4. el cine, el teatro y la vida (¿Cuál es la relación entre la acción de *Todo sobre mi madre* y las escenas de *Eva al desnudo, Un tranvía llamado Deseo* y *Yerma?* ¿Hay personajes que actúan aun cuando no están sobre un escenario *(stage)* o delante de una cámara? ¿Le parece que la mentira puede ser más atractiva que la verdad? ¿incluso más auténtica?)

---

* Your instructor may ask you to report back to the class or write a paragraph about one of the topics.

5. la intolerancia (¿Qué personajes son víctimas de la intolerancia? ¿Qué personajes se muestran tolerantes? ¿intolerantes? ¿Cómo se manifiestan su tolerancia o intolerancia? ¿Cómo interpreta usted las rejas *(bars)* de la farmacia que separan a Manuela y Agrado del farmacéutico?)
6. el sida, la droga y el sexo (¿Cómo contrajo el virus Lola? ¿la hermana Rosa? ¿el hijo de Rosa? ¿Qué les pasa a los tres? ¿Qué ideas equivocadas tiene la madre de Rosa sobre la transmisión del virus?)
7. el perdón (¿Quiénes perdonan a quiénes? ¿Cuáles son las ofensas perdonadas? Si usted estuviera en la misma situación, ¿perdonaría o no? Para usted, ¿hay ofensas imperdonables?)
8. el personaje de Agrado (¿Cómo es Agrado? ¿Se la presenta como persona ordinaria o extraordinaria? ¿Por qué se puso ese nombre? ¿Por qué decide cambiar de profesión? ¿Le parece a usted que piensa y actúa como mujer o como hombre? ¿Cuál es la reacción del público ante su monólogo en el teatro? ¿Cuál es la reacción de usted?)
9. el melodrama (Comente los elementos intencionalmente melodramáticos de *Todo sobre mi madre:* acumulación de calamidades, mentiras, coincidencias improbables. Según su opinión, ¿funciona la película? ¿trasciende el melodrama? Explique.)

Una escena memorable

¿Por qué lleva Rosa a Manuela a conocer a su madre? ¿Cuál es la reacción de su madre? ¿Qué pasa más tarde entre Manuela y la madre de Rosa?

Hablan los personajes

Analice las siguientes citas, explique de quién son y póngalas en contexto. (Para una lista de los personajes, ver el ejercicio B, en la sección "Antes de ver la película".)

1. "El éxito no tiene sabor ni olor y cuando te acostumbras es como si no existiera."
2. "Ese perro se va con cualquiera."
3. "No me atrevo a decirle la verdad. Tampoco la entendería."
4. "Prométeme que no le ocultarás nada al niño."
5. "Sé mentir muy bien, y estoy acostumbrada a improvisar."
6. "Una es más auténtica cuanto más se parece a lo que ha soñado de sí misma."
7. "A los padres no se les elige. Son los que son."
8. "Tú no eres un ser humano..., eres una epidemia."
9. "Tengo que hacerle comprender... que no me importa quién sea ni cómo sea ni cómo se portó *(behaved)* con ella. No puede quitarme ese derecho."
10. "¿Ese monstruo es el que ha matado a mi hija?"

Hablando de la cultura...

Comente los medios de transporte que se usan en la película. ¿En qué viaja Manuela entre Madrid y Barcelona? ¿Cómo se desplazan los personajes por la ciudad? ¿Hay personajes que no tienen auto? ¿que no saben manejar? ¿Sería diferente si ésta fuera una película norteamericana?

¿En qué tipo de vivienda viven Manuela y Esteban en Madrid? ¿Manuela y los padres de Rosa en Barcelona? Si la acción de esta película tuviera lugar en una gran ciudad norteamericana o canadiense, ¿serían similares o diferentes las viviendas? Imagine cómo serían.

Hablan los críticos y los directores

Roger Ebert afirma que "Self-parody is part of Almodóvar's approach, but *All About My Mother* is also sincere and heartfelt; though two of its characters are transvestite hookers, one is a pregnant nun and two more are battling lesbians, this is a film that paradoxically expresses family values."

http://www.suntimes.com/ebert/ebert_reviews/1999/12/122201.html

¿Cree usted que la película expresa valores familiares? Explique.

Leonel Delgado Aburto dice de Manuela: "La madre móvil, angélica, apegada a *(close to)* la tierra (Manuela siempre viaja por vía terrestre), aceptadora, vital y moderna, es casi un sueño de revista femenina. Pero es también el trasvase *(transfer)* para un futuro más aceptable."

http://www.geocities.com/Paris/Villa/2989/todo.html

¿Le parece exacta esta descripción de Manuela? ¿Cuál es su contribución a un futuro mejor?

Más allá de la película

profiles

Las chicas de Pedro: Seis perfiles° escritos por Pedro Almodóvar

Cecilia Roth

Goya a la mejor actriz de 1997 por Martín (Hache), vuelve a rodar con Almodóvar después de veinte años.

posee… *she has the kind of solidity that comes with being a self-made woman* / delante… *right in front of her* / hecho… *such an event* / *journey*

Cecilia Roth es Manuela. Trabaja como coordinadora en la Organización Nacional de Trasplantes. Sólo vive para su hijo. Podrían ser hermanos, les separan únicamente dieciocho años. De origen argentino, buena cocinera, posee ese tipo de solidez que proporciona el haberse hecho a sí misma° desde muy pronto. Hasta que una noche de lluvia, un coche atropella a su hijo adolescente delante de sus narices°. Ante un hecho semejante° no hay solidez que se mantenga sólida. Huye de Madrid y se va a Barcelona, vagamente en busca del padre del chico. Ese mismo trayecto° lo hizo dieciocho años antes; también venía huyendo, pero entonces huía, paradójicamente, del padre.

Cecilia es una enciclopedia de aflicción. Físicamente más bella y más delicada que en los ochenta°, como actriz el tiempo la ha convertido en° una virtuosa.

los... *the eighties* / la... *has turned her into*

Candela Peña

La gran revelación de Días contados (Imanol Uribe) y Hola ¿estás sola? (Icíar Bollaín) se estrena° con Almodóvar.

se... *makes her debut*

Nina es tan esquiva° [*aloof*] que sólo se lleva bien con° Agrado. La película no refleja su mejor momento. Es difícil estar a la sombra° de la estrella, especialmente si estás empezando. En el escenario° del *Tranvía*... Nina es Stella. Un ama de casa enamorada de su marido, el bruto e insensible° Kowalski, lo cual la hace estar muy pegada a lo real°. Al contrario de su hermana Blanche. Fuera del escenario, Nina es una chica que tontea cada vez con más frecuencia° con El Gran Analgésico°, el antídoto por excelencia de cualquier desazón°...: la heroína. Esta circunstancia la hace ser antipática, mezquina°, estar todo el tiempo rebotada°, como con prisa. Borde° sin causa. Su relación con Huma está condenada°, pero Huma nunca la olvidará. Con este personaje, Candela Peña demuestra un registro inédito° en ella. Es lo contrario a Candela, lo opuesto a una colega. Y me consta° que Candelita se ha dejado los ovarios° para hacerlo. Gracias, tronquita°.

aloof / sólo... *she gets along only with* / a... *in the shadow*
stage
insensitive
pegada... *in touch with reality* / tontea... *fools around more and more* / *Painkiller* / *unease, anxiety* / *petty*
on the rebound / *A jerk*
doomed to failure
unprecedented
me... *I know for a fact* / se... *gave her all* / *buddy*

Penélope Cruz

La flamante° ganadora del Goya por La niña de tus ojos repite con el director manchego° tras Carne trémula.

new
from La Mancha

La hermana Rosa es Penélope Cruz... Penélope reúne° en ella sola las cualidades que más me interesan de las tres actrices que han reinado sucesivamente en mi filmografía. Esta hermana Rosa es un hueso duro de roer°, y a Penélope le ha costado horas de preparación. E insistencia artesana. Pero no se nota°. Niña extraviada° desde pequeña, errática y rara°, lo único que tiene claro° es que ayudar a la gente es bueno. Lo demás es un absoluto caos. Va tan a la deriva como° Manuela. La pareja° que forma con Cecilia me emociona° enormemente. Penélope va a hacer un carrerón°, ya lo está haciendo. No importa lo que venga después, estoy seguro de que su personaje en *Todo sobre mi madre* será una de sus cimas°.

has
hueso... *tough nut to crack*
no... *you can't tell* / *unruly* / *strange* / lo... *the only thing she's sure of* / Va... *she's as directionless as* / *pair* / *moves* / hacer... *have a big career*
peak performances

Marisa Paredes

La actual reina° almodovariana *(Tacones lejanos, La flor de mi secreto)* ***protagoniza el último filme del maestro.***

present queen

Marisa Paredes es Huma Rojo. Diva del teatro. Su nombre basta para llenarlo, en una época en que las divas son cantantes babosas° o deportistas

dimwitted

no... *doesn't act like a diva*

tense / condenada... *doomed*

reigns / lama... *she may lick the floor*

named herself / humo... *smoke is the only thing*

sabor... *taste or smell*

diosa... *fallen goddess*

uselessly / borda... *portrays brilliantly the daily failure*

tan expresivas como un bloque de cemento. Huma no ejerce de diva°. En *Un tranvía llamado Deseo* interpreta a Blanche Dubois. Una Blanche menos loca y más crispada° que en versiones anteriores, pero condenada sin remisión°. En el escenario, Huma reina°. Aunque lama el suelo° con la lengua, hay una majestad inherente en ella (cualidad exclusiva de la actriz que la interpreta, Marisa Paredes). Frágil desde su majestad, tal vez más elegante de lo que Williams la imaginó, no concibo otra Blanche que Marisa. Huma fumó desde niña, como Bette Davis. Por eso se autobautizó° Huma: humo es lo único° que ha habido en su vida. También tiene éxito, pero, como ella misma dice, "el éxito no tiene sabor ni olor°, y cuando te acostumbras es como si no existiera". Ama a Nina, su compañera de función. La ama tanto y tan dolorosamente como Nina ama la heroína. No hay nada más espectacular que ver a una diosa caída° sufrir y tratar inútilmente° de salvar lo insalvable. Marisa borda el fracaso cotidiano° de esta diosa.

Antonia San Juan

has to her credit / *résume*

shout

La nueva chica Almodóvar acredita° un buen currículo° cómico: La primera noche de mi vida y El grito° en el cielo.

youth

harsh

wanted

hasta...*disconcertingly* / *rough manners* / *tenderness* / *end up* / les... *she may drive them crazy* / prestarle... *pays too much attention* / *tits* / *tail* / *combination* / *butler*

sassy

genre / *side-splitting*

Amiga de juventud° de Manuela, de cuando Manuela estaba casada, Agrado es una bruta adorable. Tono bronco°, pero relajante, le llaman la Agrado porque en toda su vida sólo pretendió° hacer la vida agradable a los demás. Espontánea hasta el desconcierto°, su rudeza° es una forma de ternura°; todos los personajes de la película acaban° adorándola, aunque les saque de quicio° con frecuencia. La vida ha sido muy dura con ella, pero Agrado trata de no prestarle demasiada atención° a las cosas malas. Es un ángel, o una niña con tetas° y rabo°. Acaba siendo para Huma una mezcla° del mayordomo° de *Arthur, el soltero de oro* (John Gielgud) y la Thelma Ritter más respondona° de *Eva al desnudo.* Con Agrado, la película cambia de género°. *Todo...* se convierte en una comedia tierna y dura, desternillante° y patética, en caso de que todo eso sea posible. Antonia San Juan es la Gran Revelación; bueno, todo el mundo lo sabe antes de verla.

Rosa María Sardá

Bregada... *a battle-seasoned veteran* / se... *makes her grand debut with Almodóvar*

Bregada en mil batallas°, la gran actriz catalana se estrena con Almodóvar por la puerta grande°.

especie... *kind of* / ha... *has procreated* / *nature* / *characteristics* / Su... *Her husband holds the mortgage on her affections*

Rosa María Sardá es la Madre. En una película sobre la maternidad, Rosa es la única madre real, quiero decir que tiene una hija y está viva (la hermana Rosa); sin embargo, es una especie de° madre estéril; su cuerpo ha fecundado°, pero la naturaleza° no le ha regalado los sentimientos propios° de una madre. Su pasión está hipotecada por su marido°, un hombre mayor que ella y enfermo

(demencia senil) a cuyo cuidado ella se entrega° sin límites. A su hija no la entiende. No es que sea fácil. La niña le ha salido cardo° y con inquietud° social. En un momento crucial, la Madre le pregunta qué espera de ella. La hija le responde que nada. Debe ser muy duro para una madre oír semejante consejo° de labios de su hija enferma. Es necesario que los problemas sean descomunales° para que esta Madre Estéril... se acerque, entienda y ame a su hija.

se... *devotes herself*
le... *turned out to be prickly* / *concern*
judgment
enormous

— ***El País semanal*, Número 1.174.**
Domingo 28 de marzo de 1999, págs. 28-35.

Preguntas

1. ¿Cómo es Manuela, el personaje que interpreta Cecilia Roth? ¿De dónde es este personaje? ¿Cuál es su relación con su hijo? ¿Qué opina Almodóvar de Cecilia Roth como actriz?
2. ¿Cómo es Nina, el personaje que interpreta Candela Peña? ¿Cómo es Stella, el personaje que interpreta Nina en el escenario? ¿Con qué tontea Nina fuera del escenario? ¿Ha interpretado Peña a personajes similares en el pasado? Según Almodóvar, ¿se parece Candela Peña al personaje que interpreta?
3. ¿Cómo es la hermana Rosa, el personaje que interpreta Penélope Cruz? ¿Qué opina Almodóvar de Penélope Cruz como actriz? ¿y de su actuación en *Todo sobre mi madre?*
4. ¿Cómo es Huma Rojo, el personaje que interpreta Marisa Paredes? ¿A quién ama este personaje? ¿Qué opina Almodóvar de la actuación de Marisa Paredes en esta película?

Capítulo 15

Mar adentro

Presentación de la película: Ramón, un ex-marinero *(sailor)* gallego (de Galicia) que amaba el mar, los viajes y las mujeres, lleva (*has been*) veintiséis años en cama tras un accidente que lo dejó tetrapléjico *(a quadriplegic)*. Desde entonces su único deseo es terminar con su vida dignamente. Pero un día su mundo es alterado por la llegada de dos mujeres: Julia, una abogada que desea apoyar su lucha *(support his fight)* por la muerte; y Rosa, una mujer de pueblo que quiere convencerlo de que la vida vale la pena *(is worth it)*...

✷ *Mar adentro* es el resultado de la lectura que Alejandro Amenábar hizo de *Cartas desde el infierno*, libro escrito por Ramón Sampedro y publicado en 1996. La acción del filme ocurre en Porto do Son, un pueblo de Galicia situado en el extremo noroeste de España, en los años noventa *(nineties)*. El protagonista, Ramón, es un personaje real que ha pasado la mitad de su vida en cama desde aquel 23 de agosto de 1968 cuando fue con su novia a la playa y lo que iba a ser un día de descanso y diversión se convirtió en tragedia. Ramón cree que su vida de tetrapléjico no es digna *(has no dignity)*; por eso pide a la justicia que permita que alguien lo ayude a morir, pero no tiene éxito *(success)*.

✷ Alejandro Amenábar nació en Santiago de Chile en 1972 de padre chileno y madre española quienes, tras el golpe militar de Augusto Pinochet, decidieron residir en España. Tuvo claro desde muy joven que quería ser realizador, pero la limitada experiencia práctica que ofrecía la Facultad de Ciencias de Información de Madrid no le permitió terminar sus estudios, por lo que comenzó a rodar con sus amigos y una cámara de video. Su gusto por el suspense y el *thriller* dio por resultado *Tesis* (1996) y *Abre los ojos* (1997), películas de género "a la americana", muy novedoso en España. Su tercer largometraje, *Mar adentro*, fue galardonado con numerosos premios Goya en España y con el Oscar a la mejor película extranjera en 2005.

✷ Javier Bardem (Ramón) nació en Las Palmas de Gran Canaria en 1969. Hijo de la actriz Pilar Bardem y sobrino del conocido cineasta Juan Antonio Bardem, comenzó su carrera con pequeños papeles en *Las edades de Lulú* (Bigas Luna, 1990) y *Tacones lejanos* (Almodóvar, 1991). Lo lanza a la fama el filme de Bigas Luna, *Jamón, jamón* (1992), seguido por *Huevos de oro* (Bigas Luna, 1993), *Boca a boca* (Gómez Pereira, 1995), *Éxtasis* (Barroso, 1995) y *Antes de que anochezca* (Julián Schnabel, 2002). En ésta última, Javier hace el papel del poeta homosexual cubano Reinaldo Arenas por el que logró varios premios y fue propuesto para un Oscar al mejor actor. Recibió el premio Goya al mejor actor por su trabajo en *Mar adentro.* Otras películas suyas: *Goya's Ghost* (2006), *Love in the Time of Cholera* (2007) y *Vicky Cristina Barcelona* (2008).

✷ Belén Rueda (Julia) debutó en cine con *Mar adentro.* Amenábar la había visto actuar en televisión y dice que "sabía que tenía complejidad emocional y capacidad de imaginación e improvisación para hacer frente a Bardem." Hizo *El orfanato* en 2007 y *8 citas* en 2008.

✷ Lola Dueñas (Rosa) era una actriz sólo conocida en Galicia hasta que realizó el papel de antiheroína convertida en heroína en *Mar adentro.* Dice el director: "Cuando aparece en pantalla sabes que alguien reirá o llorará." Otros filmes suyos: *Fuera de carta* (2008) y *Los abrazos rotos* (2009).

Preparación

Vocabulario

Cognados		
el caso convencer	la dignidad la eutanasia	publicar (la publicación) suicidarse (el suicidio)

Términos legales	
el/la abogado(a)	*attorney*
la audiencia provincial	*provincial hearing*
declarar(se)	*to testify (to declare oneself)*
el derecho	*right*
el juez, la juez(a)	*judge, justice*

Términos médicos	
la enfermedad (degenerativa)	*(degenerative) illness*
el infarto cerebral	*stroke*
la silla de ruedas	*wheelchair*
el/la tetrapléjico(a)	*quadriplegic*

Expresiones	
depender de	*to depend on*
los demás	*other people*
(no) ser digno(a)	*to have (no) dignity*
valer la pena	*to be worth it*

Otras palabras	
apoyar (el apoyo)	*to support (support)*
el cariño	*affection*
la conservera	*cannery*
el/la cuñado(a)	*brother-in-law (sister-in-law)*
dispuesto(a)	*willing*
ejemplar	*copy (e.g., of a book)*
la ensoñación	*daydream, fantasy*
huir	*to run from*
el infierno	*hell*
juzgar	*to judge*
el/la marinero(a)	*sailor*
las migajas	*crumbs*
el ordenador	*computer (Spain)*
quitarse la vida	*to take one's own life*
volar (ue)	*to fly*

A. **¿Cuál es?** Indique con un círculo las palabras apropiadas para completar las oraciones.

1. El autor me dedicó (una ensoñación / un ejemplar) de su libro.
2. El libro se (publicó / convenció) hace un mes.
3. No voy a aceptar (cuñados / migajas) por el trabajo que hice.
4. No me gusta (volar / juzgar) a las personas que no piensan como yo.
5. Tengo demasiada dignidad para (convencer / huir) de mis problemas.

6. Mi cuñada Begoña es (abogada / marinera) y prepara muy bien sus casos.
7. Un cliente de Begoña declaró ayer ante una (juez / conservera) en la audiencia provincial.

B. **Luisa.** Complete el párrafo con palabras apropiadas de la lista.

cariño	eutanasia	pena	ruedas
derecho	ordenador	quitarse	

Hace año y medio Luisa tuvo un accidente y desde entonces solamente puede mover la cabeza. Al principio quería morir, pero gracias al (1) ________________ de toda su familia y amigos tiene muchas ganas de vivir y amar. En su cuarto hay un póster que dice "Los tetrapléjicos también tienen (2) ________________ a enamorarse." Anda por la universidad con su silla de (3) ________________ eléctrica y tiene un (4) ________________ especialmente adaptado. Aunque para Luisa la vida vale la (5) ________________ , comprende a otras personas que quieran (6) ________________ la vida y sigue con mucho interés el debate sobre la (7) ________________ .

C. **Carlos.** Complete el párrafo con palabras apropiadas de la lista.

apoyo	digna	infartos	los demás
degenerativa	dispuestos	infierno	suicidio

Hace varios años que Carlos sufre del CADASIL, una enfermedad (1) ________________ que le ha provocado una serie de (2) ________________ cerebrales. Aunque recibe mucho (3) ________________ de sus familiares y amigos, quienes están muy (4) ________________ a cuidarlo, para él la vida es un (5) ________________ . Depende de (6) ________________ para todo, y considera que la vida así no es (7) ________________ . Carlos busca el (8) ________________ y está en contacto con la asociación Derecho a Morir Dignamente.

Antes de ver la película

A. **¿Conoce usted… ?**

1. ¿Conoce usted a alguien que haya tenido un accidente y se haya quedado paralítico(a)? ¿Cuáles fueron las circunstancias?
2. ¿Cómo cree usted que se siente esa persona? ¿Está deprimida o tiene esperanzas? ¿Es feliz? ¿Puede amar?

3. ¿Cómo la ayuda su familia? ¿sus amigos? ¿la religión? ¿Qué podría hacer usted para ayudarla?
4. ¿Conoce a alguien que sea paralítico(a) de nacimiento? ¿Hay alguna diferencia entre los paralíticos por accidente y los que lo son de nacimiento en cuanto a cómo se sienten, cómo actúan, qué esperan de la vida...?

B. Los personajes

Lea las descripciones y los nombres de los personajes. Después de ver la película, diga con qué personaje se asocia más apropiadamente cada cosa y explique por qué. Sólo puede usar una vez a cada personaje.

___ 1. Ramón	a. la abnegación *(selflessness)* y la comprensión
___ 2. José, hermano de Ramón	b. la asociación Derecho a Morir Dignamente
___ 3. Manuela, cuñada de Ramón	c. la audiencia provincial
___ 4. Javier (Javi), sobrino de Ramón	d. la conservera
___ 5. Julia, abogada de Ramón	e. la grabadora (*tape recorder*)
___ 6. Gené	f. la oposición a la eutanasia
___ 7. Marc, abogado de Ramón	g. el ordenador
___ 8. Rosa, vecina de Ramón	h. la silla de ruedas
___ 9. el padre Francisco	i. la sonrisa y el humor

Investigación

Busque información sobre uno de los temas que siguen.

1. Galicia: su historia, su cultura, su lengua
2. Las leyes sobre la eutanasia en el estado de Oregón, Estados Unidos
3. Las células madre *(stem):* ¿posible cura para la parálisis?

The **Investigación** sections suggest topics related to the movie that you may want to find out more about. Your instructor may assign these to individuals or groups and have them report the information to the class.

Note: Your instructor may ask you to read over the exercises in the section **Exploración** before you see the film, in order to improve your understanding of it.

Exploración

A. **Las circunstancias.** Ponga en orden cronológico los siguientes hechos. Después explique las circunstancias de cada uno.

___ a. Ramón le dedica un poema a Javier.
___ b. Gené va a la casa de Julia.
___ c. Rosa visita a Ramón por primera vez.
___ d. Ramón sale en un reportaje en la televisión.
___ e. Ramón va a La Coruña.
___ f. Llega por correo un paquete a la casa de los Sampedro.
___ g. Julia se cae en casa de los Sampedro.
___ h. Gené y Ramón se despiden.
___ i. El padre Francisco y Ramón tienen un debate.
___ j. Julia y Ramón hacen un pacto.
___ k. Ramón tiene ensoñaciones con Julia.
___ l. Ramón va a Boiro.

B. **Los porqués.** Explique por qué pasan estas cosas.

1. ¿Por qué Ramón se quiere quitar la vida?
2. ¿Por qué Ramón no se casó con su novia?
3. ¿Por qué Ramón no quiere la silla de ruedas?
4. ¿Por qué Ramón sonríe tanto?
5. ¿Por qué Rosa le dedica una canción a Ramón?
6. ¿Por qué Julia necesita saber tantos detalles de la vida de Ramón?
7. ¿Por qué Julia quiere que se publiquen las poesías de Ramón?
8. ¿Por qué las palabras del padre Francisco en televisión le causan dolor a la familia Sampedro?
9. ¿Por qué discuten Rosa y Manuela?

Análisis y contraste cultural

Vocabulario

El mar	
mar adentro	*out to sea, out at sea*
la resaca	*undertow*
tirarse	*to dive*

Términos legales	
el delito	*crime*
la demanda	*lawsuit*
el juicio (ir a juicio)	*trial, case (to go to court)*
el juzgado	*court, courthouse*
Señoría	*your Honor*
la sentencia	*ruling*

Otras palabras	
el cianuro	*cyanide*
claro	*of course; clear*
tener claro	*to be sure of*
darle ganas de…	*to make someone feel like…*
disponer de	*to do what one likes with*
la dosis	*dose*
echarse atrás	*to back out*
el estado	*condition; state*
frustrado(a)	*frustrated*
hacer el amor	*to make love*
intentar	*to try*
llevar… (período de tiempo)	*to have been… (for a period of time)*
el olor	*smell*
rechazar	*to reject*
sentir (ie)	*to feel*
volver a (caminar, hablar, ver)	*to (walk, talk, see) again*

Expresiones regionales*	
¡Hala!	*Come on! Wow!*
írsele la cabeza / la olla	*to lose one's head, to "lose it"*
Vale.	*Okay. Sure. Fine.*
Venga.	*Come (Go) on.*

* These terms are not used exclusively in Spain—some are heard elsewhere as well.

A. ¿Qué dicen? Complete los diálogos con palabras apropiadas de la lista "Expresiones regionales".

1. Ramón: Y no me llame "amigo". Y déjeme en paz.
   El padre Francisco (a los jóvenes que lo acompañan): ________________ . Vámonos.
2. Gené: O sea que esto es… es la… la despedida.
   Ramón: Sí. Es mejor así.
   Gené: ________________ .
3. Manuela: Tu tío se va a Boiro. Se va con la mujer esa… Rosa.
   Javi: ________________ ¿Se van a casar?
4. Javi: ¿Y el abogado?
   Ramón: Es abogada. Por allí anda, con Gené y con Abuelo. Se los llevó a la playa.
   Javi: A ver si van a acabar en Coruña. Con lo que se le va la ________________ .

B. La justicia. Complete las oraciones con palabras apropiadas de la lista.

adentro	demanda	juzgado	sentencia
cianuro	disponer	lleva	tiró
claro	juicios	Señorías	volver

1. Ramón busca la legalización de la eutanasia desde el día que se ________________ al mar y la resaca se llevaba el agua mar ________________ .
2. Ramón tiene ________________ que no quiere seguir viviendo.
3. Según Juan, Ramón se morirá como un perro si gana los ________________ y Javi no lo volverá a ver.
4. Delante del ________________ hay una manifestación a favor de la legalización de la eutanasia.
5. Según Marc, las personas tienen derecho a ________________ de su propia vida.
6. Marc les dice a los jueces, " ________________ , yo les pido una respuesta racional y humana."
7. La ________________ de Ramón es rechazada otra vez.

8. Según la ________________ de la audiencia provincial, sería un delito ayudar a morir a Ramón.
9. Ramón ________________ esperando veintiocho años y ha perdido la paciencia. Sabe que no va a ________________ a caminar.
10. Con la ayuda de Rosa y de otros amigos, Ramón toma una dosis de ________________ en secreto.

C. **Un triángulo amoroso.** Complete las oraciones con palabras apropiadas de la lista.

darle ganas	frustrada	olor	siente
estado	hacer el amor	se echa atrás	

1. Ramón no puede moverse y no quiere amar en ese ________________ .
2. El ________________ de Julia le provoca fantasías a Ramón.
3. En sus ensoñaciones, Ramón ________________ las manos de Julia y se le va la cabeza.
4. Julia le promete a Ramón que se quitarán la vida juntos, pero ________________ .
5. Rosa intenta ________________ de vivir a Ramón.
6. Ramón se enoja con Rosa y le dice que es una mujer ________________ .
7. Ramón le promete a Rosa que van a ________________ en los sueños de ella.

NOTAS CULTURALES

En esta película hay varios personajes que hablan gallego a veces, sobre todo Juan, el hermano mayor de Ramón. Muchos lingüistas consideran que el gallego y el portugués son variedades o dialectos del mismo idioma. La mayoría de los habitantes de Galicia hablan gallego además del español. El gallego es una de las cuatro lenguas oficiales de España. Las otras son el castellano o español, el catalán o valenciano y el vasco.

Rosa quiere comprarle un telescopio a Ramón para Reyes; para él, la visita por sorpresa de Julia es un maravilloso regalo de Reyes. Para una explicación del Día de los Reyes Magos, véase la sección “Hablando de la cultura” en la página 47.

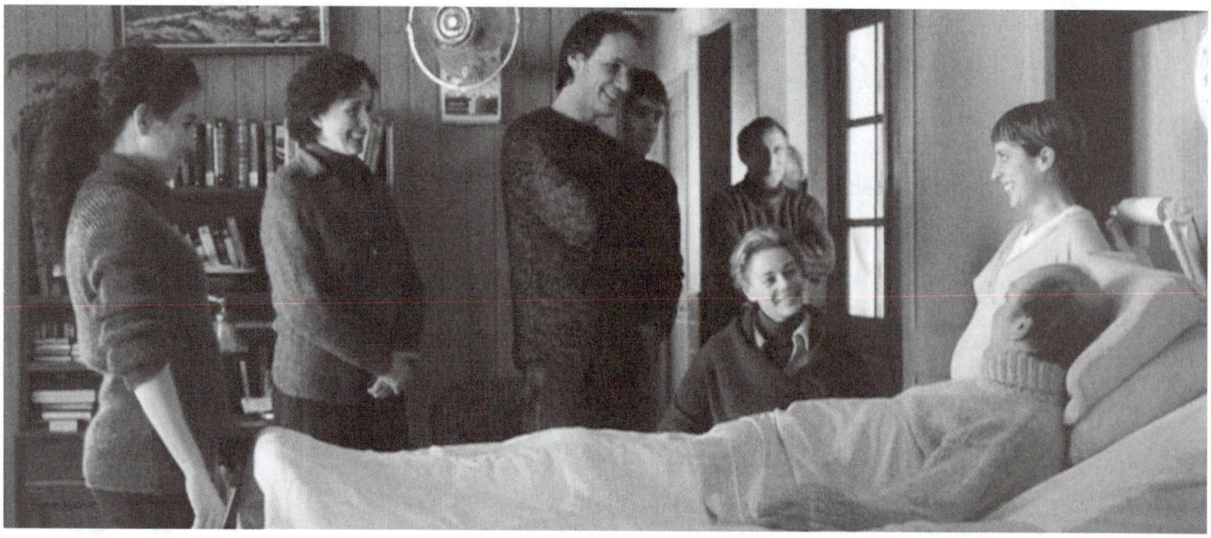

Temas de conversación o composición

Discuta con sus compañeros los temas que siguen.*

1. el derecho a la libertad (¿Somos libres para decidir el momento de nuestra muerte, como cree Ramón?)
2. el derecho a la muerte (¿Debe considerarse la muerte como un derecho fundamental, igual que la vida?)
3. la muerte como solución al dolor (¿Debe considerarse la muerte como solución al dolor físico? ¿al dolor psicológico, como en el caso de Ramón?)
4. la despenalización (*decriminalization*) de la eutanasia y el auxilio al suicidio *(assisted suicide)* (¿Deben despenalizarse o no? En caso afirmativo, ¿cuáles son los posibles riesgos y abusos? ¿Qué condiciones, garantías y límites serían necesarios para evitarlos?)
5. las consideraciones morales (¿Cuáles son algunas de las consideraciones morales que mantienen muchas iglesias para prohibir la eutanasia y el auxilio a quien desea quitarse la vida?)
6. casos particulares y generales (¿Se puede legislar para la generalidad de la gente a partir de un caso excepcional? ¿Cree usted que la mayoría desea lo que Ramón Sampedro deseaba?)
7. el futuro de la eutanasia (¿Cree usted que la eutanasia va a ser aprobada pronto? ¿Por qué sí o por qué no?)
8. el personaje de Ramón (¿Cómo es? ¿Qué argumentos emplea para defender su deseo de morir? ¿Le parecen convincentes o no? Explique. ¿Por qué cree él que la Iglesia Católica mantiene una postura de temor ante la muerte? ¿Por qué aceptó Ramón que Julia llevara su caso? ¿Por qué la llama "mi Julieta"? ¿Por qué hace el video? ¿Por qué es importante su caso?)

* Your instructor may ask you to report back to the class or write a paragraph about one of the topics.

9. el personaje de Julia (¿Cómo es? ¿Por qué lleva el caso de Ramón gratis *(free of charge)?* ¿Por qué se enamora de él? ¿Por qué se echa atrás con respecto a su promesa de morir con él?)
10. el personaje de Rosa (¿Cómo es? ¿Por qué se enamora de Ramón? ¿Por qué decide ayudarlo a morir?)
11. el personaje de Marc (¿Qué argumentos emplea para defender a Ramón ante la audiencia provincial? ¿Le parecen convincentes o no? Explique.)

Una escena memorable

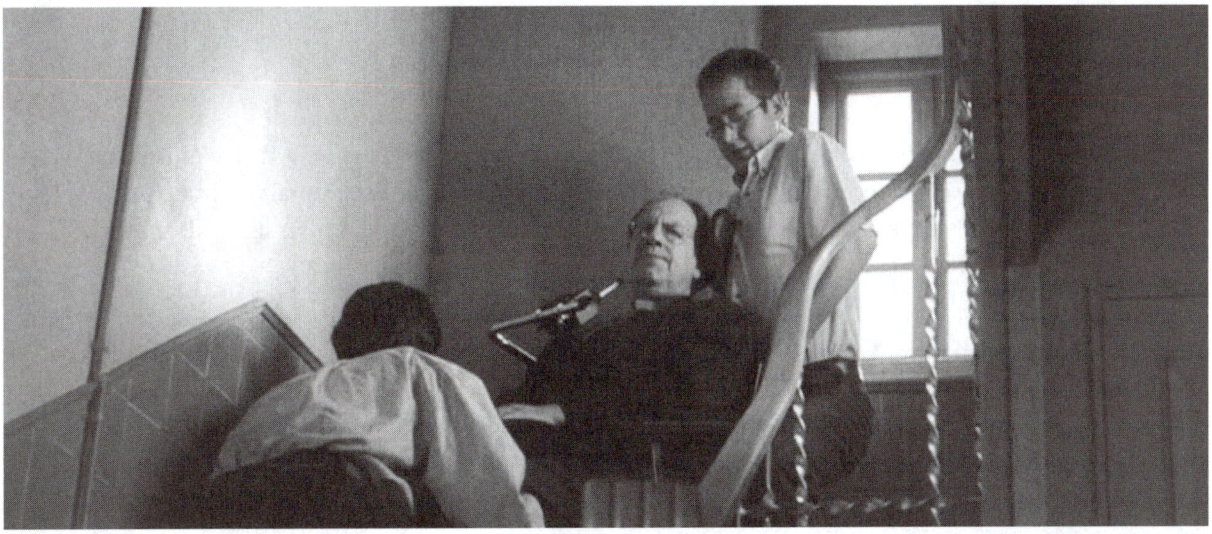

¿Qué le dice el padre Francisco a Ramón en el "debate" que tienen? ¿Qué le responde Ramón? ¿Cuál es el papel del hermano Andrés? ¿Cuál es la opinión de Manuela? ¿Qué le dice ella al padre Francisco? ¿Cómo usa el director el humor en estas escenas?

Hablan los personajes

Analice las siguientes citas, explique de quién son y póngalas en contexto. (Para una lista de los personajes principales, ver el ejercicio B en la sección "Antes de ver la película".) También hay Joaquín, el padre de Ramón.

1. "Sólo hay una cosa peor que se te muera un hijo… que quiera morirse."
2. "Ya no pasa un minuto sin que entre una mujer en esta casa."
3. "Por eso quería venir… para darte ganas de vivir. Para decirte que la vida… que vale la pena, ¿no?"
4. "Una libertad que elimina la vida no es libertad."
5. "Te he llamado porque quiero hacerme socia del DMD. […] Es que no puedo más. Esto no es vida."

6. "No, lo que nosotros apoyamos es la libertad, la de los que quieren vivir y la de los que quieren morir."
7. "Considero que vivir es un derecho, no una obligación."
8. "Yo quiero lo mejor para él, todos en esta casa queremos lo mejor para él. Entonces ¿por qué va a querer morirse?"
9. "Señorías, mi cliente desea dirigirse a ustedes directamente para que oigan de su propia voz…"
10. "Cuando uno no puede escapar y depende constantemente de los demás, aprende a… a llorar riendo, ¿no?"

Hablando de la cultura

Ramón vive en casa de su hermano mayor y su cuñada lo cuida con devoción. Viven también en la misma casa el abuelo y el nieto. Aunque de vez en cuando a Javi le molestan la presencia del abuelo y el mal humor de Ramón, parece que todos aceptan la situación como normal y desean que continúe. ¿Cómo refleja esta situación familiar las costumbres de la sociedad gallega? ¿Cómo sería en Estados Unidos?

Hablan los críticos y directores

"Una reconstrucción a ratos casi documental, pero privilegiando el lado humano y no la lucha política o discusión ideológica."

—Daniel Olave. *La tercera*, Cultura, Crítica de cine, Santiago de Chile, 27/1/2005

"La historia de Ramón Sampedro… está contada con destreza (*skill*), pero carece de un contrapeso (*it lacks a counterweight*) que represente a los millones de atribulados *(suffering people)* que apuestan por la vida… Lo malo es que en *Mar adentro* no hay debate, sólo exposición ideológica."

—Eva Latonda. *Forumlibertas*
http://www.forumlibertas.com/frontend/forumlibertas/noticia.php?id_noticia=512

"...la nueva obra de Alejandro Amenábar ofrece una óptica nada imparcial: presentada con un enorme aparato de propaganda como una defensa de la libertad... para elegir el tipo de vida deseada, en la práctica se convierte en una sentimental apología de la eutanasia."

—Julio Rodríguez Chico. "Sentimiento para una ideología". Crítica. *La Butaca Revista de Cine*, http://www.labutaca.net/films/27/maradentro3.htm

¿Es la obra de Amenábar parcial o imparcial? ¿Con cuál de los tres críticos está usted más de acuerdo? Explique.

"Si Mateo [Mateo Gil, co-autor del guión con Alejandro Amenábar] hubiera escrito solo esta película, hubiera sido una historia completamente fragmentada con muchos saltos en el tiempo. A él le atraía el Ramón de antes del accidente, sus viajes y sus mujeres, lo que había vivido, mientras que a mí me interesaba más el Ramón de después, que empieza a leer filosofía. Pero no hemos renunciado a *(given up)* nada y en el presente de Ramón está muy presente su pasado."

—Alejandro Amenábar. *Mar adentro* http://www.clubcultura.com/clubcine/clubcineastas/amenabar/mar06.htm

Y ahora, su opinión: ¿Está usted de acuerdo con el director? ¿Le hubiera gustado más la mirada de Mateo Gil? Entonces, ¿qué aspectos de la personalidad de Ramón y qué otros detalles de su vida le hubiera gustado conocer?

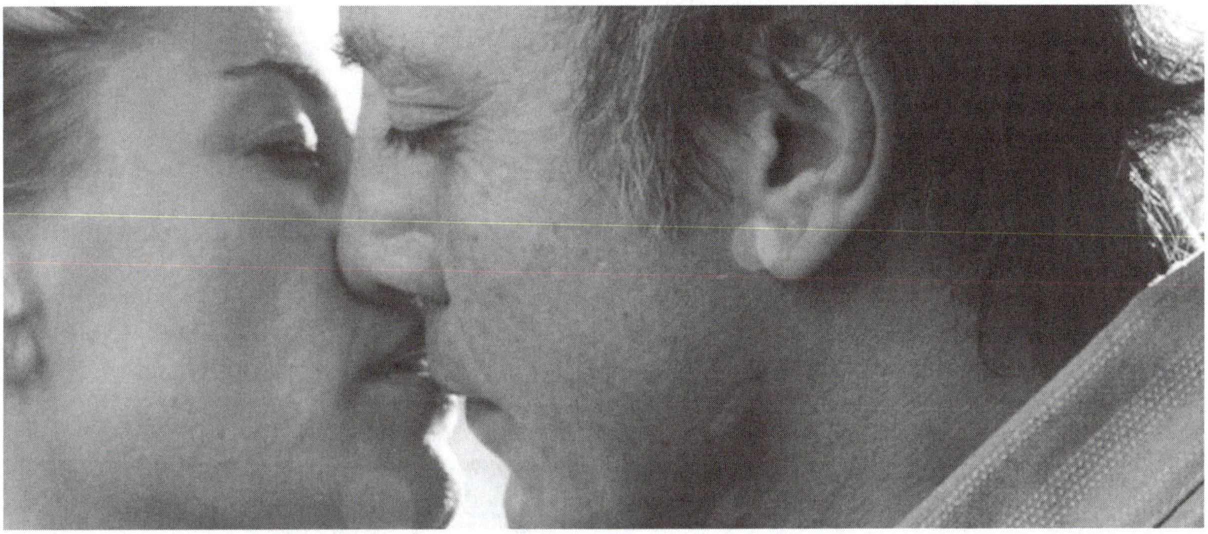

Mas allá de la película...

Selección 1. Ramón Sampedro: Los ensueños

lightness
se… *are fulfilled*
lights, kindles
lightning bolt / thunderclap
entangled

Mar adentro, mar adentro,
y en la ingravidez° del fondo,
donde se cumplen° los sueños,
se juntan dos voluntades
para cumplir un deseo.

Un beso enciende° la vida
con un relámpago° y un trueno°,
y en una metamorfosis
mi cuerpo no era ya mi cuerpo;
era como penetrar al centro del universo:

El abrazo más pueril
y el más puro de los besos,
hasta vernos reducidos
en un único deseo:

Su mirada y mi mirada
como un eco repitiendo, sin palabras:
mar adentro, mar adentro,
hasta el más allá del todo
por la sangre y por los huesos.

Pero me despierto siempre
y siempre quiero estar muerto
para seguir con mi boca
enredada° en tus cabellos.

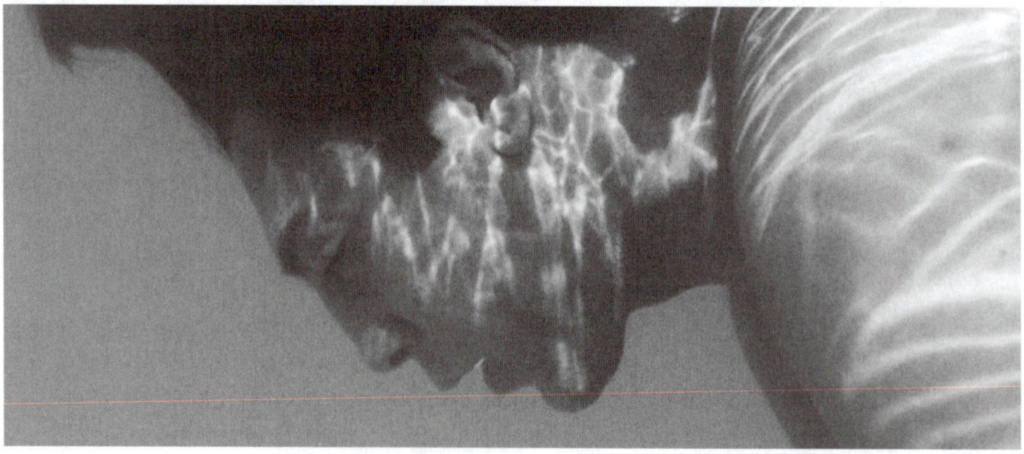

Preguntas

Comente con sus compañeros lo siguiente:

1. ¿Qué significan las palabras "mar adentro"?
2. ¿A qué deseo se refiere el poeta? ¿Por qué "único"?
3. ¿Cómo se representa metafóricamente el encuentro?
4. ¿Qué imágenes tiene el poeta del cuerpo?
5. ¿Por qué quiere el poeta estar muerto?

Selección 2. Carta de Ramón Sampedro

[Lo siguiente son fragmentos de una carta de Ramón Sampedro a una periodista que tratará de ayudarlo.]

Querida Laura:

Me dices que te escriba y que te cuente lo que pienso sobre dios, la vida, el amor y la muerte. También me preguntas en la última carta—o te preguntas—con la lógica curiosidad de la periodista—si lloro, si me desespero o si deseo tanto la muerte que no hay nada que me haga cambiar de idea....

De la vida pienso que comienza por el amor; y todo lo que se entiende por amor es en la ley universal de la vida un placer: una llamada tuya por teléfono es una forma de amarme porque me agrada° escuchar tu voz. Y si tú me dices que te agrada recibir alguna de mis cartas, ésa es una forma de amarte, pues a mí me satisface saber que mis tonterías° pueden hacerte alguna ilusión. La ilusión de un ensueño que dure un momento, no porque yo diga nada interesante, sino por el simple hecho de saber que hay alguien que idealiza nuestra imagen en sus pensamientos.

Después hay el placer de contemplar el mar, oler° su perfume de algas y ensoñar con miles de otros placenteros° recuerdos—los desagradables se dejan a un lado°—, y oler el perfume del bosque y de la tierra, y escuchar los sonidos de la naturaleza toda. Todo eso es placer, como es un placer recibir en la cara, un día de invierno, la cálida ternura de un rayo de sol° como si fuera una caricia de la naturaleza—madre cósmica que nos parió°. Sin embargo, todo ese placer, para mí, no equilibra° el peso° entre el deseo de vivir y la necesidad de morir. No es amor suficiente el que me da la vida....

El día que me tiré al mar—más bien me caí—estaba pensando, precisamente, en el otro amor: en uno que había durado justo veintidós días. Ella tenía dieciocho años y yo veinticuatro. Hacía casi un año, en un pequeño puerto de Fortaleza (Brasil). Comparaba aquel amor de marinero, loco, libre, sin ningún prejuicio moral, con éste de ahora, honesto y atemorizado° por perder el virgo°, y pensaba en que tenía que cenar en compañía de su familia

me... *it gives me pleasure*

silly remarks

to smell

pleasant

se... *are set aside*

cálida... *warm caress of a sunbeam* / *gave birth*

balance / *weight*

fearful

virginity

aquella noche. Si te digo la verdad, tenía dudas sobre si dejar plantada° la formal cena de compromiso°, esposa y cadenas°, y largarme al Brasil donde las putas no cobraban tarifa°.

si... *whether to forget about* / cena... *engagement dinner* / *chains* / putas... *prostitutes didn't charge [such] a price*

En el reportaje que me hiciste sobre la eutanasia (morir para vivir), cuando me preguntaste por la novia, lo primero que me vino a la memoria fue lo que te acabo de contar, por eso dudaba entre narrar la anécdota o dejarlo en lo esencial de la última mujer en la que se había detenido mi barco, como si fuese el último puerto que tocase en busca de un amor de mujer. Tal vez eso que tanto idealizamos no sea más que una simple ley universal, la de la gravedad, que nos lleva siempre, inexorablemente, a girar° alrededor de la figura de la mujer, y la mujer del hombre....

revolve

Me preguntas si me desespero. No, sólo que ya no tengo nada que hacer aquí. Sólo recordando la vida no se puede vivir. Tiene que haber un equilibrio entre el cuerpo y la mente. Si uno de los dos falla, falla el mismo proyecto que la vida ideó°. ¿De qué sirve que se conserven en la memoria intactos todos los sentimientos, fantasías y pasiones intrínsecas a todo ser humano, si sólo sirven para atormentarme con deseos que jamás se podrán realizar? No es desesperación. Es lógica racional. La idea de la muerte en estas circunstancias es más que un simple deseo de separarse de la vida. Es el deseo de terminar una existencia que no encaja° dentro de las leyes de mi razón.

falla... *the project that life conceived fails*

fit

No hay belleza posible, porque no queda esperanza. Y cuando a la vida no le queda belleza, nos ofrece la muerte, la poesía del sueño que busca la razón. No hay que darle más vueltas°. El ser humano no acepta su mortalidad porque la ley universal del miedo a la muerte no se lo permite. Una persona puede sobrevivir con la ayuda de sus semejantes°. Puede y debe ser así, si él solicita su ayuda. Pero, cuando uno no puede sobrevivir por sus propios medios°, y solicita ayuda de los demás, los demás deben prestarle esa ayuda que él solicita, no la que los demás quieran darle de acuerdo con sus prejuicios morales....

No... *It's just as it looks, no need to turn it around.*

fellow beings

means

Cuando se debate el derecho de la persona a terminar su vida, siempre aparecen en la escena los médicos—menos en tu reportaje—y siempre repiten la misma irracionalidad: nosotros estamos para salvar vidas.

Los médicos no salvan vidas. Reparan accidentes o curan enfermedades, y esperan, como lógica consecuencia, prolongar la vida un poco más de tiempo. Pero cuando no se puede reparar el accidente o curar la enfermedad, su autoridad moral o sus juicios de valor sobre cómo y cuándo una persona puede terminar su vida, su influencia sobre las decisiones judiciales o sobre la conciencia de los legisladores no debería tener más peso que las mías—en este caso—o las de otro ciudadano cualquiera que reclame° el derecho a su muerte....

claims, demands

Mi incapacidad física me causa un sufrimiento del que no puedo liberarme. Eso me causa una humillación que mi concepto de la dignidad no admite°. ¿Quién me causa esta humillación? La vida, la circunstancia. No es dios, ni

allow

su voluntad porque yo no la creo. Pero en un informe que pidió el Ministerio de Asuntos° Sociales a no sé qué consejeros, o autoridades sobre el tema de la eutanasia, el portavoz° de dicho consejo dice que no se puede saber cuándo un sufrimiento es o no insoportable. ¿Cómo pueden juzgar entonces?...

Affairs
spokesperson

Si alguien me quiere, me ama y me respeta, que me preste la ayuda que yo le pida, que me ame con el respeto que yo le solicito. Si no es así, será una violación de mis principios, de mi personalidad, de mis creencias, de mi dios. Lo mejor será aquello que yo amo y comprendo. Y lo mejor que todo ser humano—y no humano—comprende es el amor. Y el amor es dar como dan el sol, el agua, la mar y el aire. ¿Dios? ¿La naturaleza? No piden nada a cambio. Sólo el equilibrio. No hay error o crimen más atroz° que negarle° a una persona el derecho de poner fin a su vida para terminar su sufrimiento incurable. ...

atrocious / denying

— Poema y carta de Ramón Sampedro, *Cartas desde el infierno* (Barcelona: Editorial Planeta, 2004).

Preguntas

Comente con sus compañeros lo siguiente:

1. Para Ramón la vida se relaciona con el placer y el amor. ¿Cuáles son algunos de los placeres que menciona? ¿Cómo entiende él esta relación?
2. Según Ramón, ¿cuál es la mejor opción cuando ya no hay esperanza?
3. ¿Entre qué cosas tiene que haber un equilibrio, según Ramón?
4. Para Ramón, ¿cuál es el resultado de tener memorias de los sentimientos y fantasías del pasado?
5. Según Ramón, ¿por qué no acepta el ser humano su mortalidad?
6. Ramón habla del miedo a la muerte física como una ley universal del ser humano; sin embargo, ¿cómo define Ramón la muerte? ¿Qué es la muerte física para él? En este sentido, ¿puede usted explicar su opinión sobre la ciencia médica y legal?
7. ¿Qué visión tiene Ramón de Dios y de la naturaleza? ¿Cree que para él son lo mismo? En ese sentido, Ramón no cree que Dios quiera que él sufra; ¿cómo justifica él su deseo a morir físicamente desde su visión del mundo?

Artículo de periódico sobre Ramona Maneiro

[Ramona Maneiro es la amiga que ayudó a Ramón Sampedro a morir; el siguiente artículo salió en 2005, cuando la causa° contra ella fue sobreseída.°]

case / dismissed

Viernes, 18 de marzo, 2005

Extinguida° la responsabilidad penal

Nullified

Sobreseída la causa contra Ramona Maneiro por la muerte de Sampedro

El Juzgado de Instrucción número 2 de Ribeira ha sobreseído de manera provisional la causa contra Ramona Maneiro por un delito° de cooperación al suicidio del tetrapléjico gallego Ramón Sampedro...

crime

En su casa de Boiro (A Coruña), Ramona Maneiro se encontraba "muy contenta" y "agradecida°" a la justicia tras conocer° la noticia. "Siempre he estado aliviada° y muy tranquila", aseguró° la amiga del tetrapléjico gallego.

grateful / tras... *after learning*
relieved / *said with assurance*

Ramona Maneiro, que el pasado 10 de enero confesó en un programa de televisión haberle ayudado° a morir, indicó que "hay muchos casos más importantes para gastarse el dinero y resolver"...

haberle... *having helped him*

Maneiro comentó que su vida a partir de ahora seguirá "como siempre" y apostó° por continuar con la lucha de Sampedro . "Ahora, la lucha de Ramón tiene que seguir, pero quienes la tienen que llevar° son los políticos", apuntó...

pledged
carry on

Ramona consideró la decisión de la justicia "una victoria" de su amigo Ramón Sampedro. "Lo más importante está por venir, que sería que se legalice la eutanasia", sentenció...

Por su parte, la familia del tetrapléjico gallego no ocultaba° su malestar por la decisión de la justicia, que consideran "equivocada°". "Por mí, la querría encerrar° toda la vida por ser tan mentirosa, pero si la justicia lo cerró, está cerrado", manifestó la cuñada de Sampedro, Manuela Sanlés.

hide
wrong
lock up

Así, la cuñada de Sampedro, visiblemente afectada, señaló a Ramona como "la mujer más asesina° que hay en el mundo". "Debería pagar como todos..."

murderous

— "Sobreseída la causa contra Ramona Maneiro por la muerte de Sampedro", ***Ciencia*****, 18 de marzo de 2005.**

Punto de vista

Comente usted la actitud de Ramona ante el caso de Ramón. Compárela con la actitud de la familia de Ramón. Explique su reacción personal ante la noticia.

Capítulo 16

Volver

Presentación de la película: Dos hermanas, Raimunda y Sole, están de visita en su pueblo natal de La Mancha, España. En el cementerio *(cemetery),* ven a Agustina, una vecina de su tía Paula. Al volver al pueblo, las dos hermanas han vuelto a su familia, a las tradiciones del pueblo y a un pasado lleno de secretos y misterios.

✷ Pedro Almodóvar, el director de la película, nació en La Mancha en 1949. Ver el capítulo 14, *Todo sobre mi madre.*

✷ *Volver* fue nominada a más de 90 premios prestigiosos y ganó 44 (incluso cinco Goyas). Penélope Cruz (Raimunda, ver el capítulo 12, *Belle Epoque*) fue nominada al Oscar y al Globo de Oro.

✷ Carmen Maura (Irene) nació en Madrid en 1945. Formó parte de "la Movida" y trabajó con Almodóvar en seis películas anteriores, incluso *Mujeres al borde de un ataque de nervios.* Otros filmes de Maura: *La ley del deseo* (Almodóvar, 1987), *¡Ay, Carmela!* (Carlos Saura, 1990), *Lisboa* (Antonio Hernández, 1999), *La comunidad* (Alex de la Iglesia, 2000), *Valentín* (Alejandro Agresti, 2002), *Al otro lado* (Gustavo Loza, 2004) y *Tetro* (Francis Ford Coppola, 2009).

✷ Además de Cruz y Maura, las siguientes "chicas de Almodóvar" participaron en el filme: Lola Dueñas (Sole), Blanca Portillo (Agustina) y Chus Lampreave (la tía Paula). El elenco de actrices obtuvo el premio a la mejor actriz en el festival de Cannes.

Preparación

Vocabulario preliminar

Note: See the information on the **vosotros** form on page 196. Notice in the conversations in this film that often the letter *d* disappears between vowels: e.g., **dado** becomes **dao** o **pesado** becomes **pesao**. Note also the many diminutives (**regularcilla, poquito**), and especially the diminutive **–ico(a)**: **igualicos (iguales), tened cuidaíco (cuidado), dinerico (dinero), deseandico (deseando).** One of the characters, Regina, has a Cuban accent: see page 158.

Cognados		
el cáncer la clínica	el espíritu el/la hippie	el tupperware

La muerte y los muertos	
la aparición	*ghost, apparition*
el cementerio	*cemetery*
descansar en paz, descansar tranquilo(a)	*to rest in peace*
echar de menos a alguien	*to miss someone*
enterrar (ie)	*to bury*
el entierro	*funeral*
el fantasma	*ghost*
limpiar una tumba	*to clean up (the area around) a tomb or grave*
llorar	*to cry*
matar	*to kill*
morir(se) (ue)	*to die*
el recuerdo	*memory*
velar	*to watch over; to have a vigil or wake*

Otras palabras	
abusar de algo o alguien	*to take advantage of something or someone*
aparecer(se) (zc)	*to appear*
arreglar	*to fix, fix up, arrange*
arreglarse	*to fix oneself up, get ready*
arreglárselas	*to manage*
ciego(a)	*blind*
la costumbre	*custom*
desaparecer (zc)	*to disappear*
el disparate	*nonsense, senseless idea*
echarle una mano a alguien	*to lend someone a hand, help out*
enterarse de	*to find out (about)*
el frigorífico *(Spain)*, el congelador	*freezer*
el incendio	*fire*
el maletero	*trunk (of a car, for* maletas, *suitcases)*
la peluquería	*hair salon*
quedarse con algo	*to keep or hold onto something*
robar	*to steal, rob*
la rosquilla	*ring-shaped pastry, doughnut*
ruso(a)	*Russian*
la sequía	*drought*
sordo(a)	*deaf*
la "telebasura"	*"telegarbage" (low-quality programs)*
tener miedo	*to be afraid*
el viento	*wind*

A. **Un paseo a Almagro.** Complete el párrafo con palabras de la siguiente lista.

arregló	maletero	rosquillas
enteramos	mató	sequía
incendio	recuerdo	viento

El sábado pasado fuimos a Almagro, un pequeño pueblo de La Mancha. Allí hace mucho sol y mucho (1) ________________. Ahora hay una (2) ________________ porque no ha llovido durante varios meses. Nos dijeron que hace un mes hubo un (3) ________________ terrible en La Mancha que (4) ________________ a varias personas. Pero el sábado hacía un tiempo magnífico; el cielo estaba azul y el aire muy limpio. Fuimos en coche por un camino muy bonito y al mediodía paramos para comer. Llevábamos comida en el (5) ________________: una tortilla de patatas en un tupperware, unas (6) ________________ y fruta. Al llegar a Almagro, nos (7) ________________ de que habría una presentación de *La Celestina* esa noche en el famoso "Corral de Comedias". Mi amigo se las (8) ________________ para conseguir entradas *(get tickets)*. Lo pasamos muy bien, y nos quedamos con el (9) ________________ de un paseo muy bonito.

B. **Fuera de lugar.** Para cada oración, indique cuál de las palabras está fuera de lugar y no tendría sentido en el contexto.

> ***Modelo:***
>
> Mi abuela tiene un problema: es ________________ (a. sorda / b. rusa / c. ciega).
>
> **b. rusa**

1. Mucha gente supersticiosa cree en ________________ (a. las apariciones / b. los fantasmas / c. los frigoríficos).
2. Don Eduardo, el único hippie del pueblo, se murió hace una semana. Que descanse ________________ (a. en paz / b. ciego / c. tranquilo).
3. Recogimos medicinas en la ________________ (a. peluquería / b. farmacia / c. clínica).
4. Oye, ¿me puedes ________________ (a. ayudar / b. echar una mano / c. robar)?
5. El hombre que ________________ (a. abusó de / b. mató a / c. murió) esa chica está muerto.
6. ¿No te ________________ (a. das cuenta / b. enteras / c. entierras) de nada?
7. ¿Piensas ________________ (a. arreglar / b. desaparecer / c. quedarte con) la casa de tus abuelos?
8. Mucha gente no quiere ir a los cementerios de noche porque tienen miedo de ________________ (a. los fantasmas / b. las tumbas / c. los espíritus de los muertos).

C. **Un entierro.** Escoja las palabras apropiadas para completar el párrafo.

Hace unos meses ________________ (1. se murió / desapareció) mi tío Rafael, el hermano de mi padre, de cáncer. Volví a mi pueblo natal para el ________________ (2. entierro / miedo). Cuando llegué, mis familiares y sus vecinos y amigos estaban ________________ (3. velando / apareciendo) a mi tío en su casa. Todos ________________ (4. lloraban / se arreglaban) y rezaban *(were praying)*. Al día siguiente del velorio, fuimos al _______________ (5. congelador / cementerio), donde ________________ (6. enteraron / enterraron) a mi tío al lado de sus padres y abuelos. Unos meses después, mi tía regresó allí para limpiar la ________________ (7. telebasura / tumba), como es ________________ (8. disparate / costumbre) en el pueblo. Echamos mucho de ________________ (9. menos / lejos) a mi tío, que fue un hombre muy bueno y muy generoso.

Antes de ver la película

> Your instructor may ask you to do this exercise with a partner (using the **tú** form of the verbs) and report the information to the class.

A. **Preguntas.** Conteste las siguientes preguntas.

1. ¿Ha vuelto usted alguna vez a un lugar después de mucho tiempo? ¿Estaba igual que antes o había cambiado? ¿Le sorprendió algo que vio? Describa la experiencia.
2. Muchos habitantes de las grandes ciudades buscan la tranquilidad en los pueblos pequeños porque quieren escaparse del "corre corre" *(rat race)* de la ciudad. En cambio, mucha gente de los pueblos pequeños se aburre y va a las grandes ciudades en busca de diversiones, actividades culturales o deportivas, etc. ¿Cuáles son las ventajas y desventajas de vivir en una ciudad grande? ¿de vivir en un pueblo pequeño o en el campo *(country)*? ¿Dónde hay más peligro *(danger)*? ¿tolerancia? ¿libertad? En general, ¿prefiere usted la vida del campo o la vida urbana? ¿Por qué?

B. **Los personajes**. Lea las descripciones y los nombres de los personajes. Después de ver la película, empareje cada personaje con su descripción.

___	1. una mujer que tiene una peluquería	a.	Raimunda
___	2. un hombre que toma mucho y que no tiene trabajo	b.	Sole
___	3. la hermana de Irene	c.	la tía Paula
___	4. una mujer cubana que vive en Madrid	d.	Irene
___	5. la abuela de Paula	e.	Agustina
___	6. la vecina de la tía Paula	f.	Paco
___	7. una mujer que vive en Madrid y tiene una hija	g.	Regina
___	8. un hombre que tiene un restaurante en Madrid	h.	Emilio

Investigación

Busque información sobre uno de los temas que siguen.

1. "la Movida" madrileña de los años ochenta (1980)
2. el sol y el viento de La Mancha y los famosos molinos de viento *(windmills)* del *Quijote* (la novela de Miguel de Cervantes)
3. la canción "Volver" de Carlos Gardel con letra de Alfredo Lepera (1935)

The **Investigación** sections suggest topics related to the movie that you may want to find out more about. Your instructor may assign these to individuals or groups and have them report the information to the class.

Note: Your instructor may ask you to read over the exercises in the section **Exploración** before you see the film, in order to improve your understanding of it.

Exploración

A. **¿Agustina o Raimunda?** Algunas de las siguientes oraciones describen a Agustina y otras describen a Raimunda. Marque A (Agustina) o R (Raimunda), según el caso.

___ 1. No está casada.
___ 2. Se casó cuando era muy joven.
___ 3. Busca a su madre.
___ 4. Vela a la tía Paula en su casa.
___ 5. Canta bien.
___ 6. Su hermana trabaja en un programa de televisión (la "telebasura").
___ 7. Está enferma.
___ 8. Trabaja en el aeropuerto de Madrid y en un restaurante.
___ 9. Su padre fue a Venezuela a trabajar.
___ 10. Vive en un pueblo pequeño.

B. **La historia**

1. ¿Cómo murieron los padres de Raimunda y Sole?
2. ¿Qué hace Agustina en el cementerio?
3. Cuando la tía Paula ve a Raimunda, la reconoce *(recognizes)*. ¿A quiénes no reconoce?
4. Según la tía Paula, ¿quién pasa por su casa todos los días y le lleva pan? ¿Quién le hace la comida?
5. ¿A quíen busca Agustina? ¿Cómo era esa persona?

6. ¿Qué hace Paula cuando su padre, borracho *(drunk)*, intenta abusar de ella sexualmente?
7. Sole llama a Raimunda por teléfono. ¿Qué le dice?
8. Un señor que trabaja con un equipo de filmación pasa por el restaurante. ¿Qué le pide a Raimunda?
9. ¿Tiene Raimunda dinero? ¿Cómo obtiene los ingredientes para la comida?
10. ¿Qué hace Raimunda con el cadáver de Paco?
11. ¿Adónde va Sole? ¿Por qué? ¿A quiénes ve allí?
12. ¿Quién se esconde *(hides)* en el maletero del coche de Sole? ¿Cómo reacciona Sole?
13. ¿Qué tipo de negocio *(business)* tiene Sole en su apartamento? ¿Quién es "la rusa"?
14. ¿Por qué se enoja *(get angry)* Raimunda cuando ve las cosas de la tía Paula en la maleta en casa de Sole?
15. ¿A quíen visita Raimunda en el hospital? ¿Qué favor le pide esta persona? ¿Cómo reacciona Raimunda?
16. Cuando Paula le pregunta a Irene, "¿Por qué te apareces, abuela?", ¿qué le contesta Irene?
17. ¿Adónde van Raimunda y Regina de noche? ¿Qué hacen allí?
18. Agustina aparece en la televisión en el programa de su hermana Beatriz. ¿De quién quiere la locutora *(host)* que ella hable? ¿Lo hace?
19. ¿Qué le había contado la tía Paula a Irene el día del incendio?
20. ¿Qué le había prometido *(promised)* la gente que trabaja en el programa de televisión a Agustina? ¿Qué decide ella?

Análisis y contraste cultural

Vocabulario

Cognados	
el buffet	justificar
la coincidencia	el purgatorio

Otras palabras	
agradecer (zc)	*to appreciate, be grateful*
aprovecharse de	*to take advantage of*
cuidar	*to take care of*
cumplir una promesa	*to fulfill a promise*
despedir (i)	*to fire (from a job)*
despedirse (i)	*to say good-bye*
extrañarse	*to be surprised*
funcionar	*to work, function*
harto(a) de	*sick of, fed up with*
la mentira	*lie*
mentir (ie)	*to lie*
molestar	*to bother (with); to annoy*
ocultar	*to cover up, hide*
ocupado(a)	*busy*
pedirle perdón a alguien	*to ask someone's forgiveness*

Expresiones	
¿A cómo tiene los tomates (mangos, etc.)?	*How much are the tomatoes (mangos, etc.)?*
contar (ue) con alguien (e.g., Cuenta conmigo.)	*to count on someone (e.g., You can count on me.)*
quitarle a alguien un peso (e.g., Me quitas un peso.)	*to take a load or weight off someone's shoulders (e.g., You're taking a weight off my shoulders.)*
venirle bien a alguien (e.g., Eso me vendría muy bien.)	*to suit someone, fill the bill or work well (e.g., That would work very well for me.)*
hacerse a la idea (e.g., No se hace a la idea.)	*to get used to the idea (e.g., He/She can't get used to the idea.)*
¡Qué poca vergüenza!	*What a lot of nerve! (literally, "How little shame!")*

Expresiones regionales*	
fatal	*bad, terrible, awful; terribly, badly*
flipar	*to flip out (over), be astonished about*
liado(a)	*linked, hooked up with (romantically); busy*
mogollón (de)	*a lot, huge number (of)*
estar molido(a)	*(literally, "to be ground down") to be beat, exhausted*
ser pesado(a) (pesa'o)	*to be a pain, pest*

* These terms are not used exclusively in Spain—some are heard elsewhere as well. All of them are colloquial.

A. Resumen. Escoja las palabras apropiadas para completar las oraciones.

1. Raimunda ________________ (oculta / miente) la identidad del padre biológico de Paula.
2. Agustina dice que la tía Paula no se ________________ (cuenta / hace) a la idea de la muerte de Irene.
3. A Paco lo ________________ (despiden / se despiden) del trabajo.
4. Raimunda dice que Paco no es el padre biológico de Paula pero que eso no ________________ (justifica / aprovecha) lo que hizo.
5. Agustina parece muy sola cuando ________________ (despide / se despide) de Sole después del entierro.
6. Sole le pregunta a su mamá si volvió para hacer algo: por ejemplo, para ________________ (cumplir / agradecer) una promesa.
7. Irene volvió para ________________ (velar / cuidar) a su hermana, la tía Paula.
8. Irene también volvió para pedirle ________________ (perdón / ayuda) a Raimunda y para acompañar a Sole (Soledad), que vive sola.
9. Irene y la madre de Agustina desaparecieron el mismo día, una gran ________________ (coincidencia / mentira).
10. Cuando Sole lleva la maleta de la tía Paula a Raimunda, Raimunda le dice que no se hubiera ________________ (molestado / arreglado).
11. Irene dice que ha vivido en un auténtico ________________ (liado / purgatorio).

B. Pequeñas conversaciones. Complete las conversaciones con palabras de la siguiente lista.

agradezco	extraña	quitas
aprovecha	funciona	tiene
buffet	harta	vendrían
conmigo	miente	vergüenza

A: Juan, ¿tienes algunas estampillas? Tengo que mandar varias cartas hoy.

B: Sí, ¡cómo no! ¿Cuántas necesitas?

A: Cuatro o cinco me (1) ________________ muy bien.

B: Te doy cinco, pues.

A: Gracias. Te lo (2) ________________ mucho.

A: Oye, tengo un problema con la computadora. ¿Me puedes echar una mano mañana para arreglarla?

B: Sí, cuenta (3) ________________.

A: Mil gracias. La necesito para el trabajo. Estoy (4) ________________ de tener tantos problemas con ella. Me (5) ________________ un peso.

A: ¿A cómo (6) ________________ los tomates?

B: A tres euros el kilo.

A: Me pone dos kilos, por favor. Hoy tengo que preparar un (7) ________________ para veinte personas.

A: Enrique me pidió cien euros y me dijo que me los pagaría hoy, pero ¡mentiras! No me ha dado nada.

B: No me (8) ________________.

A: Pero, ¡qué poca (9) ________________!

B: Se (10) ________________ de la gente. Y (11) ________________ mucho. Así es.

A: Buenos días. Necesito alquilar un coche.

B: ¿De qué clase y por cuánto tiempo?

A: Lo más barato que tenga. Sólo por el día. El mío no (12) ________________ y hoy está en el taller *(shop)*.

C. **¿Y en España?** Para cada palabra subrayada, busque una palabra que se podría oír en España. (Consulte la sección "Expresiones regionales".)

> ***Modelo:***
>
> <u>Te vas a extrañar mucho</u>.
>
> **Vas a flipar.**

1. Me siento <u>muy mal</u>.
2. ¿Tienes mucha comida? — Sí, <u>muchísima</u>.
3. Trabajé diez horas y estoy <u>muy cansada</u>.
4. ¿Qué te pasa? ¿Estás muy <u>ocupado</u>?
5. Ese chico me pide ayuda todo el tiempo. <u>Molesta mucho</u>.

NOTAS CULTURALES

Al principio de la película, cuando se ve "Pedro Almodóvar" en los créditos, el director aparece, vestido de mujer, limpiando una tumba en el cementerio. La película fue filmada en Almagro, un pueblo cerca del pueblo natal de Almodóvar. La costumbre de limpiar y arreglar las tumbas de los muertos es un acto de respeto y amor; las mujeres siguen cuidando a sus familiares como si todavía vivieran. También representa el deseo de preservar la historia de la familia, el recuerdo de las generaciones anteriores (aunque en esta escena, el viento sigue cubriendo las tumbas de polvo *[dust]).*

La Mancha es famosa por sus molinos de viento desde la época del *Quijote*, la novela de Miguel de Cervantes. Ahora existen molinos modernos, como los que se ven en la película. España es un líder mundial de la "revolución verde"; produce más energía solar que cualquier país salvo Alemania y a veces hay que desconectar los molinos de viento porque no se puede utilizar toda la energía que producen.

En esta película, hay varias escenas relacionadas con la comida (y, en especial, las comidas típicas de La Mancha). La hermana de Almodóvar, María Jesús, preparó los barquillos *(wafer-like cookies).*

Temas de conversación o composición

Discuta con sus compañeros los temas que siguen.*

1. la sobrevivencia *(survival)* en condiciones adversas (¿Cómo es el clima de La Mancha? ¿Cómo se ayudan los personajes principales? Por ejemplo, ¿cómo ayuda/ayudó la tía Paula a Irene? ¿Irene a la tía Paula? ¿Agustina a la tía Paula? ¿Sole a Raimunda y Paula? ¿Qué hace Raimunda cuando tiene que hacer una comida y no tiene dinero para los ingredientes? ¿Cómo protege *(protect)* Raimunda a Paula? Cuando la tía Paula muere, ¿qué hace la gente del pueblo?)
2. las mentiras (¿Qué mentiras dice Raimunda acerca de: Paco, el restaurante, el congelador, el motivo por el que no puede ir al entierro de la tía Paula? ¿Qué mentiras dice Sole sobre: la maleta de la tía Paula, la "rusa"? ¿Qué secretos tenía el esposo de Irene? ¿Cuáles son "mentiritas blancas" que se dicen para proteger o ayudar a alguien? ¿Es necesario o preferible mentir en ciertas situaciones?)
3. las drogas (¿Cómo reaccionan Sole y Raimunda cuando Agustina empieza a fumar marijuana delante de ellas, con Paula allí en la casa? ¿Qué dice Agustina sobre los "porros" [cigarillos de marijuana]? Más tarde, Agustina se entera de que tiene cáncer y dice que los "porros" la ayudan a sentirse mejor. ¿Cree usted que se debe permitir el uso medicinal de la marijuana? ¿que se debe legalizar? ¿Por qué sí o por qué no?)
4. la maternidad (La madre de Pedro Almodóvar, Francisca Caballero, apareció en varios de sus filmes; murió en 1999. El director dice que con esta película, volvió al tema de la maternidad. ¿Es Raimunda una buena madre? ¿Irene? ¿la madre de Agustina? ¿Por qué sí o por qué no?)

---

* Your instructor may ask you to report back to the class or write a paragraph about one of the topics.

5. los fantasmas (¿Qué papel tienen los fantasmas en la cultura estadounidense, por ejemplo en los días de fiesta? ¿Qué películas conoce sobre los fantasmas, o las apariciones? ¿Le gusta esa clase de película? ¿Es Irene un fantasma?)
6. la "patria chica" (En España, mucha gente se identifica con su pueblo o región, su "patria chica", más que con España o Europa. ¿Qué influencia tiene el pueblo manchego sobre los personajes de la película? ¿Es distinta según la generación del personaje? ¿Tiene usted una "patria chica"? ¿Se identifica usted con el estado o con el pueblo en que vive? ¿con el país en que nació?)
7. los "reality shows" y la "telebasura" (¿Cómo es el programa de televisión "Dondequiera que estés"? ¿Está nerviosa Agustina en el programa? ¿Cómo reacciona el público cuando Agustina confiesa que su madre nunca se casó? ¿cuando dice que era hippie? ¿Por qué pide la locutora *[host]* un aplauso para Agustina? ¿Cómo reacciona Agustina cuando la locutora dice, "Para ir a Houston, tienes que hablar claro"? ¿Conoce usted algún "reality show" similar a "Dondequiera que estés", en inglés o en español? ¿Cómo se llama? Descríbalo. ¿Le gustan a usted los "reality shows", en general?)
8. la comida (¿Qué papel tiene la comida en esta película? Describa las escenas del mercado, del restaurante y del velorio. ¿Por qué se sorprenden Raimunda y Sole cuando ven los barquillos *[wafer-like cookies]* en casa de la tía Paula y la otra comida en el tupperware? ¿Hay alguna comida típica de su pueblo o región natal? ¿Qué es? ¿A usted le gusta?)
9. la justicia (¿Quiere Agustina llamar a la policía para ayudarla a encontrar a su madre? ¿Por qué no quiere hablar de Irene durante la entrevista en el programa de televisión? ¿Qué crímenes o delitos se cometen en esta película? ¿Qué transgresiones [actos malévolos que no son ilegales] se ven? ¿Cómo pagan las personas que los cometen? ¿Por qué dice Irene que ha "vivido en un auténtico purgatorio"? ¿Qué quiere decir Agustina cuando dice que "los trapos sucios debemos lavarlos entre nosotras"? En esta película, ¿se responsabilizan los personajes de sus propias acciones?)

Una escena memorable

Después de la muerte de Paco, Raimunda abre el restaurante de Emilio para servirles comida a un equipo que rueda una película. El último día de la filmación, después de dar las gracias a los miembros del equipo, decide cantar. ¿Sabía Paula que su madre cantaba cuando era niña? ¿De qué se trata la canción? ¿Cree usted que Raimunda se siente liberada? ¿triste? ¿Dónde está Irene y cómo reacciona?

Hablan los personajes

Analice las siguientes citas, explique de quién son y póngalas en contexto. (Para una lista de los personajes, ver "Antes de ver la película", ejercicio B.)

1. "Muchos días me vengo sola y me siento aquí, y se me pasan las horas muertas *(spare time).*"
2. "¿Qué tal el cementerio? ¡Vuestra madre se ha puesto tan contenta! ¿Habéis fregoteado *(scrubbed)* bien la lápida *(tombstone)*?… A ella le gusta que esté muy limpia. Si pudiera, ella misma la limpiaría, pero, claro, la pobre no puede."
3. "Recuerda que fui yo quien lo mató, y que tú no lo viste, porque estabas en la calle. ¡Es muy importante que recuerdes eso!"
4. "Dile lo bien que ha salido todo, y que ha venido el pueblo entero."
5. "Pero se le apareció a tu tía Paula y la cuidó hasta que se murió. Lo sabe todo el pueblo. Si se os aparece a vosotras, pregúntale por mi madre."
6. "¡Qué remedio! ¡Ahora soy tu cómplice!"

7. "¿Quién crees que hacía los barquillos y los ponía en un tupperware, uno para ti y otro para mí? ¿Quién crees que se trajo las muñecas *(dolls)* y las cosas de valor de la tía...?"
8. "He vuelto para pedirte perdón."
9. "Ella, cuando me vio, no se extrañó en lo más mínimo *(in the least).* Yo venía del pasado, que era donde ella vivía, y me recibió como si acabara de salir por la puerta. La tragedia le hizo perder la poquita razón que tenía."
10. "Los fantasmas no lloran."

Hablando de la cultura...

En esta película se ven las costumbres locales de La Mancha relacionadas con el tema de la muerte; por ejemplo, un **velorio**. Los amigos y vecinos de la tía Paula llegan a la casa de Agustina para acompañar a Agustina y Sole, consolarlas y rezar por el alma *(pray for the soul)* de la tía. Agustina les sirve comida y bebida. Según la tradición hispana, el velorio es parte del **novenario**, nueve días de rezos por el alma del muerto. Algunas personas creen que el alma camina entre los seres humanos, quizás despidiéndose o apareciéndoseles para pedirles algo. En *Volver*, los vecinos de la tía Paula dicen que su espíritu llevó a Agustina a su puerta; Agustina le cuenta a Sole que el espíritu de su abuelo no pudo descansar en paz porque tenía que cumplir una promesa. Describa la escena del velorio. ¿Dónde están los hombres? ¿Dónde están las mujeres? ¿Qué hacen? ¿Cómo saludan a Sole? Describa la próxima escena, la de la procesión fúnebre. ¿Quién está a la cabeza de la procesión? ¿Quiénes caminan directamente detrás del ataúd *(coffin)*? ¿Hay costumbres semejantes en este país?

Hablan los críticos y los directores

"Sé que decir que *Volver* puede ser la película más sincera de Almodóvar desde hace años es un atrevimiento *(presumption, bold statement)*. Pero es que no puedo dejar de conmoverme (*help but be moved*) al ver lo bien que retrata *(he portrays)* ese pueblo castellano asolado *(devastated)*, por el viento y la locura de sus habitantes. Todos aquéllos que venimos de pueblo, más o menos directamente, deberíamos estar agradecidos por ver cómo Almodóvar ha retratado un paraíso casi en descomposición."

—Alejandro G. Calvo, "*Volver*: Un film de Almodóvar", *Miradas de Cine*, No. 46, enero, 2006. http://www.miradas.net/2006/n48/actualidad/articulo4.html

¿Qué piensa usted del retrato del pueblo manchego? ¿Cree que los pueblos pequeños de Estados Unidos o Canadá también están "casi en descomposición"? ¿Por qué sí o por qué no?

Blanca Portillo (Agustina) "representa fielmente a todas las vecinas a las que el director quería rendir tributo".

—Carlos Aguilar Sambricio, "Aventuras de un fantasma en La Mancha", cinestrenos.com http://www.cinestrenos.com/vercritica.asp?Codigo=943

Almodóvar ha dicho que las vecinas de su madre la ayudaron cuando estaba muy mayor, que las mujeres de los pueblos españoles se ayudan mucho entre sí. Describa al personaje de Agustina. ¿Es un ejemplo de "la buena vecina"? ¿Tiene (o ha tenido) usted alguna vecina como Agustina? ¿Cómo es esa persona?

"Sólo más tarde, descubriremos que se trata del pueblo español que presenta mayor índice *(rate)* de locura por habitante, en una España siempre árida, porque sus ríos, como nos enteramos por una de las secuencias centrales de la película, están ahora completamente secos. Es ese viento lo que hace enloquecer a la gente, un viento que consigue incluso mover y arrastrar *(drag along)* los contenedores de basura, pero que es también el aliento *(breath)* de la vida...."

—Jean-Max Méjean, *Pedro Almodóvar* (Barcelona: Ediciones Robinbook, 2007), p. 168.

¿Qué papel tiene el viento en la película? ¿Y el río?

"It is refreshing to see [Penélope] Cruz acting in the culture and language that is her own. As it did with Sophia Loren in the 1950s, Hollywood has tried to force Cruz into a series of show-biz categories, when she is obviously most at home playing a woman like the ones she knew, grew up with, could have become. For Almodóvar, too, *Volver* is like a homecoming. Whenever we are most at ease, we fall most easily and gracefully into our native idioms. Certainly as a young gay man in Franco's Spain, he didn't feel at home, but he felt displaced in a familiar way, and now he feels nostalgia for the women who accepted him as easily as if, well, he had been a ghost."

—Roger Ebert, "*Volver*" *Chicago Sun-Times*, November 22, 2006. http://rogerebert.suntimes.com/apps/pbcs.dll/article?AID=/20061121/ REVIEWS/611210302/1023

¿Ha visto otra película con Penélope Cruz? ¿Qué opina de ella, como actriz? (En *Volver* está vestida de manera provocativa, como Sophia Loren en los años 1950.)

Muchos críticos han comentado sobre el cine de Almodóvar y el rechazo *(rejection)* de la autoridad y de la familia patriarcal de la época del general Francisco Franco. ¿Qué película estadounidense muestra el rechazo de la autoridad o de la familia patriarcal? Compárela con *Volver*. ¿En qué es semejante? ¿En qué se diferencia?

Más allá de la película

Entrevista con Pedro Almodóvar: "La muerte en La Mancha está llena de vida y de gracia"

El abuelo de Pedro Almodóvar volvió un día a su pueblo para arreglar algunos asuntos pendientes°. Llevaba años muerto, pero durante un tiempo volvió. Al menos, eso les contaba a sus hijos Francisca Caballero. Historias de fantasmas y cementerios que no le daban miedo a nadie y que la madre contaba como si tal cosa° a sus cuatro hijos. De aquellos recuerdos arranca° gran parte de *Volver*, la nueva película de Almodóvar: la historia de una madre que un día decide volver, la historia de unas vecinas que sobreviven en los suburbios de Madrid y la historia de mujeres de pueblo que limpian y cuidan sus futuras tumbas como parte del rito de la vida. Una comedia naturalista, explica él, con "mucho humor y, ¿cómo no?, con un drama de fondo°". [...]

unresolved

como... *in a matter of fact way* / *starts out*

de... *as a background*

con… *with wrinkles on one's forehead*

Volver, con la frente marchita°… título de tango.

Sí. El tango *Volver* tiene su importancia. *Volver* tiene múltiples sentidos, más allá de mi vuelta al trabajo con Carmen Maura y Penélope Cruz. Hay un momento en el que Penélope, que es un ama de casa con multitud de problemas, canta *Volver* a ritmo de bulerías° en una fiesta. *Volver* era una canción que le había enseñado su madre de pequeña. En esa secuencia, que no voy a destripar°, vuelve su madre, Carmen Maura, con la frente marchita. Su madre vuelve… del más allá°.

type of Andalusian music

reveal, spoil

del… *from beyond the grave*

¿Del más allá?

Sí. *Volver,* además de hablar de las complicadísimas relaciones entre madres e hijas, además de mostrar ese puente geográfico que se crea entre las ciudades y los pueblos, habla de la cultura de la muerte, de esa cultura que está muy arraigada° en pueblos como donde yo nací y donde viví los primeros ocho años de mi vida. Yo, por ejemplo, viví con el fantasma de mi abuelo... Yo no me lo creía, pero mis hermanas sí. Vivir con fantasmas era algo cotidiano° en mi infancia.

rooted

day to day, routine

¿Y no le daba miedo?

No. Y era algo admirable. La muerte era algo cotidiano, social, algo que se compartía°. El dolor estaba dentro de las personas, pero fuera, en las casas, en los cementerios, lo que había era otra cosa, un rito social tan festivo como una boda o un bautizo°. Se convivía° con la muerte sin miedo.

shared

baptism / lived

¿Y por qué volvió su abuelo?

Él murió cuando mi madre era muy pequeña, de un accidente. Por eso dejó muchas cosas sin resolver. Luego se le apareció a un cuñado° suyo, que se puso enfermo por las apariciones. Hasta que un día las mujeres le dijeron que no tuviera miedo, que le preguntara al fantasma que qué quería. La cosa es tan increíble que un día el pueblo entero acompañó al cuñado de mi abuelo y al espíritu de mi abuelo hasta el cementerio para despedirlo. A mí esa imagen de una comitiva° acompañando a un fantasma al cementerio me parece genial°. El cementerio es fundamental en esta película, como el viento, que es otro de los protagonistas de esta película.

brother-in-law

procession, delegation / funny

¿Y por qué el viento?

El viento ensucia° las tumbas, las llena de polvo y yerbajos°. En mi pueblo, las mujeres iban a los cementerios a cuidar y limpiar su tumba. Pero con alegría, sin miedo, como una actividad más. La muerte en La Mancha está llena de vida y de gracia°.

gets…dirty / weeds

quality of being amusing

Y esta relación con la muerte, ¿es siempre más de mujeres que de hombres?

Desde luego°. Las mujeres son las que se sienten realizadas en el dolor y en duelo°. Y lo digo como algo muy positivo. Las mujeres de los pueblos hablan del último viaje con mucha naturalidad, con mucho valor. Ellas saben que es un ciclo y allí están ellas para hacerlo más fácil.

Desde... *Of course*
grief

¿Y cuál es su relación con la muerte?

Nada fácil. No la tengo resuelta. Es algo que todavía tengo pendiente con el psiquiatra.

Pero, ¿cree en el más allá?

Bueno, yo no soy creyente°, soy agnóstico. Pero a mí me gusta que la gente crea. Además, desde que murió mi madre quiero creer que ella está aquí conmigo, que vive con nosotros, y no de una manera abstracta y psicológica, sino de una manera física. Creo que es algo muy bueno, muy analgésico, pensar que los muertos nos acompañan. Con la muerte de mi padre no fue así, era muy joven, estaba rodando *Pepi, Luci...* y casi no lo recuerdo. Pero con la muerte de mi madre ha sido diferente. De hecho° hago esta película sólo para invocarla a ella. Mi madre es la inspiradora, porque mi relación con el pueblo es siempre a través de ella. Me fui de La Mancha muy niño y mis recuerdos son los suyos. La Mancha es mi madre. Todos los ritos, todo lo que yo cuento, me viene de su voz. Esta película nace de las cosas que mi madre nos contó de los duelos, de los cementerios...

believer
De... *In fact*

¿Y se han perdido esas tradiciones?

Ni muchos menos°. Mis hermanas todavía viven esas costumbres, aunque soy yo el que le está sacando partido° [se ríe]. Ésta es una película muy familiar. Mis hermanas me están ayudando mucho.

Ni... *Far from it*
sacando... *making the most of it*

¿Qué le cuentan?

Todos los detalles. Ellas son muy manchegas. Me ayudan en todo, en los detalles de las mujeres de Madrid también. Me dan muchas ideas, de sus amigas de Parla°.

small town near Madrid

Entonces hace trabajo de campo.

Pues claro. Yo voy a las casas de sus amigas para observar. Esa relación con las vecinas es fundamental. El mundo de las vecinas está lleno de ideas. Mis hermanas me llaman y me dicen "hemos encontrado a una peluquera que te va a encantar". Pues yo voy y allí encuentro unos detalles que es imposible renunciar... *disregard the real world (literally, "the street")*

school

make sure

inventarse. Hay que documentarse. No se puede renunciar a la calle°. Las películas deben inspirarse siempre en cosas reales. Y a mí las vecinas me fascinan. Mi madre, ya de mayor, tenía un grupo de vecinas en el pueblo que habían sido sus amigas del colegio° de pequeña. Todas viudas y todas juntas otra vez. Se cuidaban, se hacían la compra o tocaban cada mañana a la ventana de al lado para comprobar° que todo estaba bien. [...]

Con Penélope Cruz lo que transmite es una relación que casi parece paterno-filial. Para tener dos mundos tan distintos parecen muy unidos.

no... *we have little in common*

captivating

mixture

punto... *wild, crazy side*

Obviously

confía... *trusts*

Es verdad que no tenemos nada que ver, por la edad, por nuestros gustos, pero nos queremos muchísimo. Y siempre fue así, desde que nos conocimos. Tiene mucha fuerza, es algo que va más allá de ser buena actriz o no. Es arrolladora°. Esa mezcla° de inocencia y pasión. Y, además, me divierte mucho. Tiene un punto disparatado° que me encanta. Sí, tenemos una relación muy especial, y sé que hay algo de figura paterna en mí. Evidentemente°, no se relaciona conmigo como con un padre, porque tiene el suyo y se lleva muy bien con él, pero es verdad que confía en° mí como sólo se puede confiar en un padre. [...]

— Elsa Fernández-Santos, "La muerte en La Mancha está llena de vida y de gracia", *El País*, 26 de junio de 2005.

Preguntas

1. Según Almodóvar, ¿por qué es importante para la película *Volver* el tango que tiene ese mismo título?
2. ¿Qué nos cuenta Almodóvar sobre la relación entre la muerte, los fantasmas y la gente de los pueblos manchegos? ¿Cómo explica que "la muerte en La Mancha está llena de vida y de gracia"?
3. ¿Cómo murió el abuelo del director? ¿Qué historia oyó el director de niño sobre él? ¿Cree la historia Almodóvar? ¿Su familia?
4. ¿Quién le inspiró la película, según el director? ¿Qué quiere creer Almodóvar?
5. En la entrevista, Almodóvar afirma que sus hermanas lo ayudaron mucho en la realización de *Volver*. ¿Cómo lo ayudaron?
6. Se dice que Almodóvar es un "director de mujeres". A las actrices de sus películas se las conoce como "las chicas Almodóvar". Penélope Cruz es una de ellas, probablemente la más conocida. ¿Cómo la describe el director? ¿Qué tipo de relación los une?

El "más allá"

En el sitio Web de Pedro Almodóvar, el director habla de *Volver:* "A pesar de mi condición de no creyente, he intentado traer al personaje (de Carmen Maura) del más allá. Y la he hecho hablar del cielo, (d)el infierno *(hell)* y del purgatorio. Y, no soy el primero en descubrirlo, el más allá está aquí. El más allá está en el más acá. El infierno, el cielo o el purgatorio somos nosotros, están dentro de nosotros…." ¿Está usted de acuerdo? Explique.

Credits

pp. 16–18, "Entrevista con Patricia Riggen", from "Patricia Riggen aborda el tema de los migrantes por el desemebramiento," by Jorge Caballero, La Jornada/México, 12 Sept. 2007. Used with permission.

pp. 34–35, Extracto de "Deberíamos hacer menos cine de ese que imita mal la fórmula de EE.UU," entrevista con Roberto Sneider por Ada Aparicio Ortuñez, Madrid. Casa de América, 24 de julio de 2009. Used with permission.

pp. 48–49, From *Como agua para chocolate* by Laura Esquivel, copyright © 1989 by Laura Esquivel. Used by permission of Doubleday, a division of Random House, Inc. and the Colchie Agency in New York. All rights reserved.

pp. 65–67, Otra vez en la frontera: entrevista con Federico Luppi / *La Nación*. 21 de abril de 1998. Lorena García/LA NACION ©. Used with permission.

pp. 81–85, "Lo latino marcha en Hollywood" Film-Historia 6 n2 (1996): 115-126. Originally published in *Aceprensa*, Nov. 1, 1995. Reprinted with permission.

pp. 99–101, The story "El viaje de María" written by Rafael Estafanía for BBC Mundo.com and published on the website www.bbcmundo.com on February 22nd, 2005. © BBC 2005. Courtesy BBC Mundo.

pp. 118–119, Excerpts from Ernesto "Che" Guevera, *Notas la Viaje* (La Habana, Casa Editora Abril, 1992). Used with permission.

p. 120, Excerpts from the diary of Alberto Granado, as published in *Con el Che por Sudamérica*, pp. 20-21, 23-24, 81, 111. (La Habana: Editorial Letras Cubanas, 1986).

pp. 134–38, "Viejos republicanos españoles y joven democratización latinoamericana: imagen de exilados en películas de Argentina y Chile: 'La historia official' y 'La frontera'" © Tzvi Tal 2000. Dr. Tal teaches Film Theories, Latin American and Third World Cinema, Colonialism and Multiculturalism in Cinema, and History and Film at Israel's universities.

pp. 154–56, Adapted from http://www.dw-world.de with permission. "Hay tanta expectación por Bachelet como la hubo por Allende," by Luna Bolivar Manaut.

pp. 168–72, Interview with Jorge Perugorría, "Sigo viviendo en Cuba por amor," Lilith Courgeon/EFE. Used with permission.

pp. 190–92, Más allá de la pelicula: Nueba Yol/New York. Copyright Mary McVey Gill, used by permission.

pp. 206–209, "Así se hizo 'Belle Epoque,'" Ramiro Cristóbal, *Cambio* 16, 4 abril 1994, pp. 26-27. Reprinted with permission.

pp. 224–25, "Diana y Fernando: De la Habana a Soria," extracto de Icíar Bollaín, "Vidas de película", El País semanal, 30 de mayo de 1999, pp. 66-72. Copyright EL PAIS - Spain. Reprinted with permission.

pp. 238–41, Las chicas de Pedro por Angel S. Harguindey / *El País semanal,* Numero 1.174. Domingo 28 de marzo de 1999, pgs. 28-35. Copyright EL PAIS - Spain. Reprinted with permission.

pp. 256, Poem from Ramón Sampedro, *Cartas desde el infierno* (Barcelona, Editorial Planeta, S.A., 2004), p. 52. © Editorial Planeta, S.A., 1994-2004, Barcelona. © Herederos de Ramón Sampedro Careán, 1996-2004. © Sociedad General de Cine, S.A., Himenopato, S.L. 2004, Used with permission.

pp. 257–59, Letter from Ramón Sampedro, *Cartas desde el infierno* (Barcelona, Editorial Planeta, S.A., 2004), pp. 90-98. © Editorial Planeta, S.A., 1994-2004, Barcelona. © Herederos de Ramón Sampedro Careán, 1996-2004. © Sociedad General de Cine, S.A., Himenopato, S.L. 2004, Used with permission.

p. 260, "Sobreseída la causa contra Ramona Maneiro por la muerte de Sampedro," *Ciencia*, Viernes, 18 de marzo 2005. Periodistadigital.com. Used with permission.

p. 277, Excerpt from Roger Ebert, movie review, "Volver," Chicago Sun-Times, November 22, 2006. Courtesy of Chicago Sun-Times.

p. 277–80, "La muerte en La Mancha está llena de vida y de gracia", entrevista con Pedro Almodóvar por Elsa Fernández-Santos, *El País*, el 26 de junio de 2005. Copyright EL PAIS - Spain. Reprinted with permission.